Erlebnis Rems-Murr-Kreis

Erlebnis
Rems-Murr-Kreis

Geschichte – Kultur – Ausflugsziele

Herausgegeben vom Landratsamt Rems-Murr-Kreis

mit Beiträgen von

Eberhard Bohn | Albrecht Ebinger | Julius Fekete

Uwe Heckert | Georg F. Kempter | Barbara Schunter

Andreas Thiel | Michael Vogt | Renate Winkelbach

Reinhard Wolf

Fotografie Gerhard Neusser

Inhalt

Der Rems-Murr-Kreis

Als „Sonntagswinkel im württembergischen Land" hat der schwäbische Heimatdichter August Lämmle das Land an Rems und Murr bezeichnet. Der Facettenreichtum des 1973 aus der Fusion der Kreise Backnang und Waiblingen entstandenen Rems-Murr-Kreises mit einer Fläche von 858 km² und 420.000 Einwohnern in 31 Städten und Gemeinden wird bestimmt durch eine Vielgestaltigkeit aus Natur- und Kulturlandschaft.

Das Gebiet des Rems-Murr-Kreises ist seit der Steinzeit besiedelt. Von einer abwechslungsreichen Vergangenheit und reichen Geschichte künden das UNESCO Welterbe Limes – der im Rems-Murr-Kreis zwischen Murrhardt und Alfdorf verläuft – wie die Grablegen der Markgrafen von Baden in Backnang und der Grafen von Württemberg in Beutelsbach – die den Kreis zur Wiege Baden-Württembergs machen. Eindrucksvolle Baudenkmale und malerische Fachwerkkulissen in den Städten und Gemeinden des Kreises laden zum Verweilen ein.

Mit der zu Anfang der zweiten Hälfte des 19. Jahrhunderts beginnenden Industrialisierung setzte entlang der Flusstäler Rems und Murr eine rasante Entwicklung ein. Tüftler und Denker wie Gottlieb Daimler und Ernst Heinkel waren Wegbereiter des technischen Fortschritts. Heute ist der Rems-Murr Kreis eingebettet in eine der wirtschaftsstärksten Regionen Europas, seine gute Mischung kleiner und mittelständischer innovativer Unternehmen mit knapp 130.000 Beschäftigten sind Rückgrat und Garant eines attraktiven und zukunftsweisenden Wirtschaftsstandortes, in dem Spitzentechnologie, Handwerk und Handel für eine große Leistungskraft sorgen. Eine breite schulische Infrastruktur ist Basis für ein solides Bildungsniveau und qualifizierte Nachwuchsförderung. Traditionsreiche diakonische Einrichtungen wie die Paulinenpflege Winnenden oder die Diakonie Stetten leisten in ihren Einrichtungen einen hohen Beitrag für die berufliche und soziale Integration behinderter Menschen.

Weinberge und Streuobstwiesen, die in der Frühjahrsblüte ein prächtiges Naturschauspiel bieten, gestalten die Landschaft und sind Erwerbsquelle wie auch Landschaftsschutz. Im Weinbau sind 45 % der baden-württembergischen Spitzenbetriebe im Rems-Murr-Kreis heimisch. Sie pflegen traditionelle wie auch neue Rebsorten und laden im Verbund mit einer breit gefächerten Gastronomie zur Einkehr. Viele Ortsbilder sind bis heute geprägt von Weingütern, Kellern und Keltern. Wanderwege und Lehrpfade, wie der 28 km lange Mühlenwanderweg, der Limes-Wanderweg oder der Jakobsweg, dessen Teilstück von Oppenweiler über Winnenden in den Schurwald reicht, machen den Rems-Murr-Kreis zu einem Paradies für alle auf „Schusters Rappen" abseits von Lärm und Hast. Der Schwäbische Wald mit seinen Klingen, Höhlen und Grotten lädt zu Entdeckertouren ein. Badeseen mit ausgezeichneter Wasserqualität locken zur Erholung und Abkühlung.

Eine beachtliche Kulturszene mit Kultur- und Kunstwegen, Kleintheatern, deren Spektrum vom Puppentheater bis zur Experimentalbühne reicht, prägen das pulsierende kulturelle Leben, das durch eine vielfältige und sehenswerte Museumslandschaft ergänzt wird. Der Rems-Murr-Kreis war und ist Lebens- und Schaffensort zahlreicher bekannter Künstler, zu denen beispielhaft der Komponist und Liedersammler Friedrich Silcher oder der Murrhardter Maler Reinhold Nägele zählen. Politiker wie der in Schorndorf geborene erste Ministerpräsident des Landes Baden-Württemberg Reinhold Maier oder Theologen wie der in Murrhardt wirkende Prälat Friedrich Christof Oetinger haben mit ihren Gedanken, die bis heute wirken, ihre Zeit geprägt.

Dank der guten Mischung aus Wirtschaftskraft, mannigfaltiger Natur, sozialer Einrichtungen und eines hohen Kultur- und Freizeitwertes ist der Rems-Murr-Kreis für junge und alte Menschen lebenswerte Heimat. Begeben Sie sich auf die Reise durch landschaftliche Schönheit, kulturellen Reichtum und wirtschaftliche Stärke. Sie sind stets herzlich willkommen.

Johannes Fuchs
Landrat des Rems-Murr-Kreises

N
S

Großerlach

Spiegelberg

Sulzbach
an der Murr

Murr

Oppenweiler

Murrhardt

Aspach

Kirchberg
an der Murr

Backnang

Auenwald

Kaisersbach

Burgstetten

Weissach im Tal

Althütte

Allmersbach
im Tal

Leutenbach

Rudersberg

Winnenden

Welzheim

Schwaikheim

Berglen

Lein

Korb

Alfdorf

Waiblingen

Fellbach

Urbach

Remshalden

Rems

Schorndorf

Kernen

Weinstadt

Winterbach

Plüderhausen

Neckar

Stuttgart

Blicke ins Land hinaus ...

Ein schöner Sommerabend auf dem Kleinheppacher Kopf. Wer das Wege-Zickzack durch die Weinberge vom Ort heraufgeschnauft ist, sitzt nun auf einer der massiven Holzbänke, genießt die Sonne und träumt in die Ferne. Wie eine Spielzeugeisenbahn liegt die Landschaft vor einem ausgebreitet: ein Puzzle aus bunten Siedlungen und grünen Zwischenräumen. Häuschen reiht sich an Häuschen, Ortschaft an Ortschaft, dazwischen Felder, Wiesen, Obstbaumkulturen, Straßen. Zwischen Bäumen und Fabriken die S-Bahn und im Vordergrund das Mosaik der Weinberge. Überall

Spielzeugautos und, wenn man genau hinschaut, überall auch Menschen: In den Hausgärten wird der Rasen gemäht, Spaziergänger führen ihre Hunde aus, Wengerter gipfeln in den langen Rebzeilen ihre Reben mit der Schere. Ein undefinierbares Summen und Brummen dringt aus dem Tal herauf: das Gemisch zahlloser Motorengeräusche und dazu das Rauschen nahezu allgegenwärtiger Flugzeuge im Landeanflug auf den Landesflughafen Stuttgart. Überlagert wird das allgemeine Gebrumme und Gesumme von einzelnen Geräuschen aus der Nähe: ein Traktor, ein Mähgerät, ein

Am Kleinheppacher Kopf erkennt man noch das Mosaik der alten Mauerweinberge.

Interregio auf der Remstalstrecke und irgendwo hämmert jemand. Der Lärm im Tal zeugt von Betriebsamkeit, hier oben aber kommt man sich fast vor wie im Urlaub auf einem einsamen Berggipfel hoch über dem Alltag.

Das Remstal mit Schurwald und Berglen

Ausgebreitet hat man das Remstal vor sich liegen, trichterförmig öffnet es sich nach Westen, als ob sich der Fluss in eine Ebene ergießt. Den Lauf der Rems erahnt man nur an den begleitenden Baumreihen. Remshalden, Weinstadt und Kernen mit den verschiedenen Ortsteilen liegen einem zu Füßen, das Häusermeer von Waiblingen geht über Fellbach unmerklich in die Großstadt Stuttgart über. Wer sich auskennt, kann sich leicht orientieren – Form und Farbe der Hochhäuser sind in den einzelnen Orten unterschiedlich, markante Gewerbebauten, die Masten einer Hochspannungslei-

tung, Gewächshäuser und anderes mehr bilden vertraute Bezugspunkte. Unverwechselbare Bergnasen der Höhen rechts und links des Remstales bilden die Kulisse der Betriebsamkeit im Tal. Von hier oben reicht der Blick sogar noch weiter bis zum Stuttgarter Fernsehturm, bis zum fernen Albtrauf und im Westen gar bis zu den Ausläufern des Nordschwarzwaldes.

Auf der gegenüberliegenden Seite des Remstals erhebt sich die Höhe des Schurwaldes, die im Westen gegen das

Blick vom Kleinheppacher Kopf

Neckartal mit dem Sporn des Kappelbergs bei Fellbach ihr Ende findet. An den Talflanken wechseln westexponierte Weinberglagen und Obstwiesenhänge in Nordlage. Auf dem Schurwald-Dach sieht man nur bei Aichwald einige Felder, ansonsten weite Wälder. Die „blaue Mauer" der Schwäbischen Alb mit dem markanten Höcker der

Teck bildet die Horizontlinie über dem Wald.

Der Höhenzug der Berglen, an deren äußerstem Rand – Buocher Höhe genannt – man sich gerade befindet, hat etwa dieselbe Höhe wie der Schurwald. Auch hier charakterisiert ein von Rodungsinseln durchlöcherter weiter Wald die Anhöhe. Aber im Gegensatz zum Schurwald, dessen Nordhänge gegen das Remstal keinen Weinbau zulassen, sind die Süd- und Westflanken der Berglen durchweg Weinlandschaft. Im Remstal zwischen Großheppach und Schorndorf wiederholt sich immer wieder das typische Bild: an den Südhängen Weinberge, die Talaue dicht besiedelt mit nur schmalen Grünzäsuren, die Nordhänge Obstbaumwiesen – und oben beiderseits der Wald.

Korb-
Kleinheppach

Das Murrtal

Ortswechsel mit Kontrast: Vom Holz-
turm des Schwäbischen Albvereins
auf dem Juxkopf in den Löwensteiner
Bergen schweift der Blick über nahezu unendliche Wälder. Wie große
Wellen im Meer fügen sich Kuppen
und Senken aneinander. Dass diese
Wälder von Lichtungen und Siedlungen durchsetzt sind, ahnt man nur.
Die Waldhöhen fallen in tiefe Taleinschnitte ab, im Osten ins Lautertal mit
dem Ort Spiegelberg, im Süden windet
sich das Murrtal durch die Waldland-
schaft. Es gibt hier kaum einen Hektar
ebene Fläche, alles ist in Bewegung.
Die Örtchen Jux und Nassach, die
man, eingebettet in Wiesenhänge, vor
sich liegen hat, erinnern von hier aus
ebenfalls an eine Spielzeuglandschaft,
strahlen aber im Vergleich zum unteren Remstal pure Ruhe aus. Wenn
man ein Auto fahren sieht, dann bewegt es sich scheinbar langsamer als
im Remstal. Hier geht alles etwas be-

Jux, Blick ins
Lauter- und Murrtal

Juxturm

dächtiger zu – meint man zumindest.
Das Urlaubsgefühl ist kaum zu über-
treffen – zumal, wenn man als Wanderer hier ist und nicht an den steilen
Hängen Heu machen muss.

Voller Dynamik:
die Kulturlandschaft

Zwei Welten, nur wenige Kilometer auseinander. Von derartigen Kontrasten lebt der Rems-Murr-Kreis. Verdichtungsraum und ländlicher Raum stoßen hier aneinander und verzahnen sich innig. Nur wenige Kilometer von den hektischen Siedlungsachsen und Hauptstraßen entfernt finden sich idyllische Nebensträßchen mit Dörfern, Weilern und einsamen Gehöften sowie Mühlenanwesen, die der heutigen Welt entrückt zu sein scheinen. Doch dieser Schein trügt: Auch hier ist man nah am Puls der Zeit, die eine Welt bedingt die andere.

Ob vom Kleinheppacher Kopf, vom Juxturm oder einem der zahlreichen anderen Aussichtspunkte des Landkreises: Man blickt in eine reichhaltige, vielgliedrige Kulturlandschaft. Berg und Tal bilden die natürliche Bühne, das Mosaik aus Wald, Feld und

Besiedlung ist das Werk des wirtschaftenden Menschen. Der Mensch hat den Naturraum erobert und sich über Jahrhunderte seinen Lebensraum gestaltet. Triebfeder der Umformung der Naturlandschaft zum Kulturraum waren stets wirtschaftliche Kräfte. Was man zum Leben braucht, was etwas einbringt, was einen vorwärts bringt, wird getan – was nichts bringt, bleibt Wald, könnte man vereinfacht sagen. Was wir heute sehen, wenn wir in die Landschaft schauen, ist das Ergebnis eines jahrhundertelangen Gestaltungsprozesses. Was vor uns liegt, ist ein Augenblicksausschnitt aus der dynamischen Welt: Vor zehn, zwanzig und erst recht vor hundert Jahren hat das Bild der Kulturlandschaft ganz anders ausgesehen und es wird in zehn, zwanzig oder in hundert Jahren wieder ganz anders aussehen.

Für die letzten 100, 200 Jahre gibt es Bilder, Karten, Aufzeichnungen, für die Zeit vorher und erst recht für die Zukunft müssen wir unsere Fantasie

Fritzhof und Steinberg

Rems bei Winterbach

walten lassen. Begeben wir uns doch nochmals auf den Kleinheppacher Kopf: Wer kann sich vorstellen, dass die Ortschaften klein und bescheiden inmitten weiter Felder lagen? Dass die Streuobstwiesen allesamt Weinberge waren? Dass hier eine Ruhe herrschte, in der man ein Glöckchen vom Kirchturm in Waiblingen hören konnte? – Und wer kann sich vorstellen, wie es hier im unteren Remstal aussehen wird, wenn der Zuwachs an Bevölkerung, der wirtschaftliche Fortschritt und damit die Bebauung und der Flächenhunger so weitergehen wie in den letzten drei Jahrzehnten?

Doch solche tiefschürfenden Gedanken sollen nicht belasten beim Blick in diese schöne Landschaft. Versucht wird im Folgenden vielmehr, die Entwicklungslinien von der Natur- zur heutigen Kulturlandschaft im Rems-Murr-Kreis nachzuzeichnen und das derzeitige Erscheinungsbild zu erklären.

Strümpfelbachtal

Kreisgrenzen über Berg und Tal

Grenzen von Gemeinden, Landkreisen und Bundesländern sind nichts Naturgegebenes, sondern Kunstgebilde. Wie man von der letzten Kreisreform 1973 weiß, sind sie das Ergebnis politischer Entscheidungen, kleine Gemeinden vereinigten sich zu großen, und bis der Rems-Murr-Kreis so auf der Landkarte gezeichnet war, wie er nun ist, gab es manche heftige Diskussion in einigen Randgemeinden, in welchem Kreis man denn wohl besser aufgehoben sei. Tatsache ist, dass das Kreisgebiet ein politisches Gebilde ist und nichts mit naturräumlichen Zusammenhängen gemein hat. Die Kreisgrenzen verlaufen über Berg und Tal und schneiden dabei immer wieder Naturräume.

Blick auf Sörenberg und Korber Kopf

An knapp einem Dutzend unterschiedlich großer Naturräume hat der Rems-Murr-Kreis Anteil: Die Täler von Murr und Rems durchziehen den Landkreis von Ost nach West und bilden die grobe Gliederung. Nördlich davon liegen die Löwensteiner Berge, der Mainhardter Wald und die nördliche Hälfte des Murrhardter Waldes. Zwischen den beiden Tälern weitet sich im Westen die Backnanger Bucht, gegen Osten schließen sich der südliche Teil des Murrhardter Waldes, die Berglen samt der Buocher Höhe und der Welzheimer Wald an. Die Randhöhen südlich des Remstales gehören zum Schurwald. Die Landkreise Ludwigsburg, Heilbronn, Schwäbisch Hall, Ostalb, Göppingen und Esslingen sowie die Landeshauptstadt Stuttgart – im Uhrzeigersinn aufgeführt – sind die verwaltungsmäßigen Nachbarkreise des Rems-Murr-Kreises.

Geologische Einblicke

Weitaus der größte Teil des Rems-Murr-Kreises gehört dem Keuperbergland zwischen dem Neckartal im Westen, der Hohenloher Ebene im Norden und der Schwäbischen Alb im Osten und Süden an. Der Keuper besteht aus einer Wechselfolge von harten, wasserdurchlässigen Sandsteinen und weichen, wasserundurchlässigen, zum Teil braunroten, zum Teil grünblauen Ton- und Mergelschichten. Diese Keuperschichten, vor rund 200 Millionen Jahren in einem flachen Becken als Ton von Flüssen oder aber als Staub vom Wind abgelagert, bieten der Erosion, das heißt hier hauptsächlich der

Bergrutsch
bei Urbach

Abtragung durch Wasser, unterschiedlich hohen Widerstand. Obenauf liegt im Keuperbergland immer eine harte Sandsteinschicht, die Hänge hingegen werden von weicheren Mergelschichten eingenommen. Die wasserdurchlässigen Sandsteine bieten abfließendem Wasser mehr Widerstand als Keupermergel, in die jedes Rinnsal tiefe Rinnen einfurcht. Nur der Frost setzt Sandsteinen zu, macht sie mürbe und für Abtragung anfällig.

Die Landschaftsformen des Rems-Murr-Kreises sind das Ergebnis mehrerer Jahrmillionen Erosion: Bäche und Flüsse zerfurchen das Keuperbergland; was über Rems und Murr und über den Neckar in den Rhein abtransportiert worden ist, liegt heute in den Niederlanden. Diese Vorgänge gehen unendlich langsam vor sich: drei

Millimeter in hundert Jahren wird unsere Landschaft im Durchschnitt niedriger. Nur manchmal sieht man die Erosion „life": nach einem Hochwasser an den Bächen beispielsweise, wenn Geröll abtransportiert und Sand und Schotter abgelagert worden sind. Schließlich gehört auch der Bergrutsch von Urbach im Frühjahr 2001 zum Vorgang der Abtragung.

Zwei weitere Gesteinspakete müssen aber noch erwähnt werden: ganz unten im Sockelgeschoss des Keuperberglandes – also älter als dessen Gesteine – und ganz oben. Unterhalb von Waiblingen ändert das Remstal geradezu dramatisch seinen Charakter: In Waiblingen und erst recht oberhalb der Stadt noch ein flaches Muldental, schneidet sich der Fluss ab Neustadt tief in die Umgebung ein und strömt in engen Schlingen dem Neckar bei Neckarrems zu. Nicht einmal eine Straße hat in dem engen Tal Platz; stellenweise ragen sogar Felsen an den Talhängen auf. Es ist der Obere Muschelkalk, den die Rems hier durchsägt, eine gegenüber den Keuperschichten deutlich widerstandsfähigere Schicht. Kein Wunder, dass die Rems es nicht schafft, diese harten Schichten anzugreifen: Ab Schorndorf verläuft ihr Bett in breitem Tal nur wenig über dem Muschelkalk und hat bis Waiblingen kaum Gefälle. Das ändert sich unterhalb: In einem so genannten V-Tal mit ausgeprägten Prall- und Gleithängen sägt sich der stellenweise rauschende Fluss ins harte Gestein.

Bei der Murr ist es ähnlich: Diese „zögert" im Abschnitt Sulzbach bis Backnang, die harten Muschelkalkbänke anzugreifen, und beginnt erst in Backnang ihren windungsreichen, schluchtartigen Verlauf.

Zum Schluss lohnt sich noch ein Blick in den Welzheimer Wald und auf die Bergeshöhen der Löwensteiner Berge: Hier bietet die nächsthöhere und -jüngere Gesteinsschicht oberhalb des Keupers der Erosion bis heute Widerstand: der Unterjura, auch Schwarzjura oder Lias genannt. Dessen Gesteinsbänke sind besonders hart und widerstandsfähig. Sie geben nur nach, wenn die darunterliegenden, besonders weichen Schichten des Knollen-

Rems unterhalb von Hegnach

mergels zu Tal gehen. Die Liashöhen bilden immer ein nahezu ebenes Dach und gehen mit markantem Knick, einer regelrechten Bruchkante, in die Hänge über. Vom Juxturm aus – auf einer Schwarzjurahöhe erbaut – sieht man das besonders schön: Die Hänge unterhalb sind Rutschhänge. Von der ständigen Bewegung zeugen hier wie an vielen anderen Stellen des höheren Schwäbisch-Fränkischen Waldes zahllose schräg stehende Obst- und auch Waldbäume.

Wo Schwarzjura das Dach der Waldberge bildet, spricht man gemeinhin vom Albvorland. Die Höhen des Welzheimer Waldes gehören dazu; inselartig löst sich das Schwarzjuradach gegen Nordosten in den Löwensteiner Bergen auf. Der nordwestlichste Liaskopf ist der schon außerhalb der Kreisgrenzen liegende Stocksberg.

Geschichte der Besiedelung

Unter dem Begriff Besiedlung versteht man nicht nur die Anlage von Gehöften, Dörfern und Städten, sondern damit verbunden auch die Rodung von Wald zu Ackerland und Wiesen, also die Anfänge und das Werden der heutigen Kulturlandschaft.

Waldlandschaften mussten urbar gemacht werden, als der Mensch hier in der Region sesshaft werden wollte. Dieser Zeitpunkt wird nach neueren Funden in den klimatisch begünstigten Gebieten des mittleren Neckarlandes auf die Zeit etwa 7500 vor unserer Zeitrechnung festgelegt. Damals dürften in den flussnahen fruchtbaren Lösslandschaften die ersten Lichtun-

gen entstanden und Feldbau sowie Viehzucht betrieben worden sein. Auf den Waldhöhen hingegen wurden erst im Frühmittelalter kleine Siedlungen gegründet. Der Gegensatz zwischen besiedeltem Raum und unbewohntem Waldland hat sich von den Anfängen bis heute trotz aller Entwicklungen nicht grundsätzlich geändert: Das altbesiedelte Land der Gäuflächen ist seit Langem nahezu vollständig waldfrei und heute starker Wirtschaftsraum, in den schwäbisch-fränkischen Waldbergen beschränkt sich die Besiedlung bis heute auf Rodungsinseln.

Die Bodenfruchtbarkeit und das Klima, lokal auch das Vorkommen von Quellwasser, also naturgegebene Faktoren, waren unzweifelhaft die bestimmenden Faktoren für die Besiedlungsgeschichte. Daneben waren aber auch von Anfang an Verkehrsbeziehungen – selbst wenn es nur Fußwege waren – maßgebliche Standortfaktoren für die Anlage oder für das Aufblühen von Siedlungen. Und schließlich dürfen politische Verhältnisse nicht außer Acht gelassen werden: Der Limes, der sich quer durch das heutige Kreisgebiet zog, hatte unterschiedliche Auswirkungen auf das römische und das germanische Gebiet, die allerdings nicht sehr lange nachwirkten; ebenso waren Herrschaftsbereiche und auch kirchliche Strukturen ausschlaggebend für die wirtschaftliche Entwicklung. Wo alle Faktoren mit günstigem Vorzeichen zusammenkamen, blühte der Fortschritt; im anderen Fall herrschte eher Stagnation. Bis heute ist dieses Muster des wirtschaftlichen Fortschritts auf der Landkarte nachzuvollziehen, auch wenn Bodenqualität und Klima längst nur noch indirekt – eben über die geschichtliche Entwicklung – Einfluss auf die Wirtschaftskraft einer Region haben. Heute ist es vor allem die Infrastruktur, die den Bodenpreis und die wirtschaftliche Entwicklung der Gemeinden bestimmt. Nach Jahrzehnten, in denen die Bahn bestimmender Faktor für die wirtschaftliche Entwicklungen einer Region war, haben heute das Straßennetz und die Entfernung zum Ballungsraum diese Funktion übernommen.

Gäulandschaft und Waldhöhen

Ungefähr 130 Jahre lang, etwa zwischen 100 und 233 nach Christus, war der Rems-Murr-Kreis Grenzgebiet: Mainhardt, Murrhardt und Welzheim

Großerlach-Grab, Rekonstruierter Wachtturm und Palisaden

waren Kastellstädte und durch den kerzengeraden Limes verbunden. Während in Mainhardt und Murrhardt heute nur noch wenige Reste der römischen Besatzungskastelle zu sehen sind, ist in Welzheim zwar das Westkastell vollkommen unter Bebauung verschwunden, jedoch das Ostkastell im Gelände gut erkennbar und teilweise rekonstruiert. Südlich von Welzheim knickt der Limes nach Südosten ab und zieht in Richtung Lorch weiter. War die Grenze zwischen dem römischen Reich und Alemannien auch längere Zeit eine Linie „zwischen zwei Welten", so hatte dies auf die spätere Besiedlung kaum Auswirkungen. Die Besiedlung der Wälder erfolgte erst zu einer Zeit, als die Römerzeit längst vergessen und buchstäblich Gras über die römischen Siedlungsreste gewachsen war.

Die Besiedlung des heutigen Kreisgebietes ging von den Gäulandschaften des Neckarlandes und der Backnanger Bucht aus; die uralte Handelsstraße durch das Remstal – ein Teilstück der Verbindung vom Pariser Becken nach Prag bzw. Wien – ist ebenfalls eine uralte Siedlungsachse. Während die Landwirtschaft die fruchtbaren Böden der Gäulandschaft nutzte, waren Gewerbe und Handwerk ebenso von guten Verkehrsverbindungen wie von Energielieferanten abhängig. Dies konnten in erster Linie die Flüsse leisten; die zahlreichen Mühlen an Rems und Murr, Getreidemühlen, aber auch Sägewerke und Hammerschmieden, waren ganz wesentliche Ausgangspunkte der wirtschaftlichen Entwicklung.

Die Waldhöhen wurden erst im frühen Mittelalter für die Menschen als

Welzheim,
Ostkastell

Siedlungsraum interessant, und auch hier waren es die Mühlen an der Rot, an der Lauter, an der Wieslauf und an zahlreichen kleineren Bächen, die den Gang der Besiedlung bestimmten. Die Landwirtschaft auf den wenig fruchtbaren, entweder sandigen oder aber tonig-schweren Böden konnte die Bewohner jedoch kaum ernähren, weshalb zahlreiche so genannte Waldgewerbe aufkamen. In erster Linie war das die Holznutzung, sowohl als Bauholz als auch als Brennholz. Auf allen Bächen sowie auf Murr und Rems war die Brennholzflößerei ein wichtiger Erwerbszweig: Stuttgart, die Residenzstadt Ludwigsburg, Backnang, Waiblingen und einige andere Städte brauchten große Mengen Brennholz, die im Waldland geschlagen und als Klafterholz (Scheitholz, Meterstücke) geflößt wurden. Die Stadt Marbach am Neckar erwarb beispielsweise 1680 in Siebersbach nördlich von Sulzbach

Alfdorf, Hummelgautsche

ein Hofgut mit großem Waldbesitz, schlug über vier Jahrzehnte hinweg das Holz, flößte es über Lauter und Murr nach Marbach und verkaufte schließlich den geplünderten Wald wieder. Im Rems-Murr-Kreis gibt es außerdem eine weitere Besonderheit: Der „Schlittenweg" – heute über weite Strecken ein einsamer Waldweg – führt aus der Gegend östlich von Gschwend über eine Strecke von 26 Kilometern in einheitlichem Gefälle bis zum Ebnisee. Aus den weiten abgelegenen Wäldern um Gschwend wurde über Jahrzehnte hinweg Klafterholz auf Schlitten zum Ebnisee gebracht und von dort zur Zeit der Schneeschmelze mit einem kräftigen Wasserschwall die Wieslauf und die Rems abwärtsgeflößt. Erst Mitte des 19. Jahrhunderts, als sich der Raubbau an den Wäldern immer deutlicher zeigte, revolutionierte der aufkommende Kohlebergbau an Saar und Ruhr den Energiemarkt grundlegend.

Keine „Berge silberschwer"

Kein Wunder, dass man auch im Keuperbergland hoffte, Kohle oder andere Bergschätze zu finden. Was anderswo, zum Beispiel im Erzgebirge, von Erfolg gekrönt war, sollte auch hier möglich sein. Aber alle Versuche scheiterten – weder wurde Kohle in nennenswer-

linke Seite:
Alfdorf,
Meuschenmühle

Kaisersbach,
Ebnisee

tem Umfang gefunden, noch brachten die Bergbauversuche auf Silber bei Wüstenrot und Spiegelberg irgendein habhaftes Ergebnis. Dubiose Geschäfte mit Anteilsscheinen brachten das Unterfangen bald zusätzlich in Verruf. Friedrichs Schillers Räuberhauptmann in „Die Räuber" heißt nicht ohne Grund Spiegelberg – Schillers Vater hatte selbst als Opfer von Anteilsscheinen beim misslungenen Silberbergbau viel Geld verloren.

Selbst Salz, das der nahen Stadt Schwäbisch Hall zu Reichtum verhalf, fand man bei den Gewinnungsversuchen im Murrtal bei Fornsbach und Kirchberg nur in solch geringen Mengen, dass sich auch diesbezüglich alle Hoffnungen zerschlugen. Wie ein roter Faden zieht sich die Suche nach Kohle und Edelmetallen durch die Geschichte Württembergs – aber auf diesem Gebiet war und ist hier buchstäblich nicht viel zu holen.

Einzig und allein die Glasherstellung und die Köhlerei waren über lange Zeit lukrative Zweige des Waldge-

werbes. Kohlplatten – Erdverfärbungen findet man heute noch – gab es zuhauf; Holzkohle für die überall vorhandenen Schmiedewerkstätten brauchte man in großen Mengen. Viele Bewohner der Walddörfer verdienten sich ihr Einkommen über die Köhlerei und als Holzhauer in herrschaftlichen Wäldern. Unmengen von Holz benötigten auch die Glashütten für die Glasschmelze: War ein Waldgebiet abgeholzt und wurden die Schleifwege in den Waldschluchten zu weit, verlagerte man lieber die Glashütte. Quarzhaltigen Sand gab es überall, Brennholz nicht! Ortsnamen wie Neufürstenhütte und Spiegelberg haben ihren Ursprung in den Glashütten. Spiegelberg war über längere Zeit bei weitem die erfolgreichste Glashütte des schwäbisch-fränkischen Waldgebietes.

Während die Bevölkerung der Waldgebiete oft ein beschwerliches Dasein fristete und nie zu großen Reichtümern kam, florierte die Landwirtschaft in den Gäulandschaften und vor allem der Weinbau in den unteren Abschnitten des Rems- und Murrtales. Man kann die Unterschiede der Erwerbsmöglichkeiten bis heute an den alten Häusern sehen: Im Waldland kleine Häuschen, fast ausschließlich aus Holz erbaut, in den Weinorten prächtige große Fachwerkhäuser mit Steinsockel und Kellereingängen, und in den Orten der Backnanger Bucht stattliche Bauernanwesen mit stolzen Bauernhäusern und großen Scheunen und Ställen.

Ein wesentlicher Wirtschaftsfaktor: der Weinbau

Es ist bis heute nicht eindeutig geklärt, ob tatsächlich die Römer den Weinanbau nach Südwestdeutschland brachten. Zwar wurde Wein in Kellern gelagert, doch dürfte dies hauptsächlich Importwein gewesen sein. Keltereinrichtungen hat man bis heute

Bei Strümpfelbach

Schnait,
Skulpturenweg
Ludwig Heeß

nirgends gefunden – erst dies wäre der eindeutige Beweis für den römerzeitlichen Weinanbau. Tatsache hingegen ist, dass im frühen Mittelalter Weinbau im Remstal betrieben wurde, und zwar in erheblichem Umfang. Die kunstvolle Terrassierung zahlreicher sonnenexponierter Hänge, die Gliederung durch Zwischenwege und Staffeln stammt aus dem 10. bis 15. Jahrhundert. Bis etwa 1500 wurde der Weinbau immer weiter ausgedehnt, selbst weit in ungünstige Lagen hinein, die heute längst wieder vom Wald zurückerobert wurden. Der „Beerlesrain" im Buchenbachtal bei Burgstetten zeugt hiervon, ebenso umfangreiche Reste von Mauerweinbergen an den Murrtalhängen unterhalb von Backnang. Und schließlich war fast das gesamte Remstal unterhalb von Waiblingen ein einziger großer Weinberg. Wo heute nur noch an einem Hang bei Hohenacker Reben stehen und ansonsten auf mehreren Kilometern Länge in Obstgärten, Freizeitgrundstücken und im hochgeschossenen Wald die zahllosen Mauern nur zu erahnen sind, wurde

bis etwa 1880 durchgehend Weinbau betrieben. Waren zunächst die Kriege und Pestzeiten mit ihrem dramatischen Bevölkerungsrückgang ein Grund für den Rückgang des Weinbaus, machten ab 1860 die aufkommenden Pilzkrankheiten dem Weinbau stark zu schaffen. Mit Kupfer- und Schwefelessenzen konnte man sie noch bekämpfen, als aber aus Amerika über England und die Rheinlande die Reblaus eingeschleppt wurde, machte diese dem Weinbau weitgehend den Garaus. Frostgefährdete Lagen wie das untere Remstal wurden daraufhin nicht mehr weinbaulich genutzt.

Die Weinberghänge im Remstal unterhalb von Schorndorf, vor allem die hohen Bergnasen wie der Kleinheppacher und der Korber Kopf, aber auch die großflächigen, geschwungenen Hänge südlich der Rems in den Seitentälern bei Schnait, Strümpfelbach und Stetten, sind charakteristische Landschaftselemente des Kreisgebietes. Sie haben zwar im Zug der Rebflurbereinigungen in den 1960er und 1970er Jahren an Vielfalt und Reiz verloren, jedoch waren diese Veränderungen schlichtweg unumgänglich: Die alte Weinberglandschaft mit zahllosen Mauern und kaum befahrbaren Wegen wäre heute vermutlich zum Großteil nicht mehr in Bewirtschaftung. Sowohl das moderne Wegenetz als auch die neuzeitliche Wasserableitung und die maschinell mögliche Bewirtschaftung sind unabdingbare Voraussetzungen für einen zukunftsfähigen Weinbau.

Spitzenweine prägen die Kultur

„Schade, dass man Wein nicht streicheln kann", bedauerte der Schriftsteller Kurt Tucholsky. Könnte man es, im Remstal käme man aus dem Kuscheln nicht mehr heraus. Das Gebiet zwischen Fellbach und Schorndorf ist klimatisch und geologisch wie geschaffen für den Weinbau. Bei lediglich 10 Prozent der Anbaufläche sind im Remstal 45 Prozent der baden-württembergischen Spitzebetriebe zu Hause. Steile Hänge mit optimaler Sonneneinstrahlung, geringe Temperaturschwankungen und gute Böden bringen Weine hervor, die Kenner ins Schwärmen bringen. Gault Millau, Deutscher Rotweinpreis, Mundus Vini – kaum ein Weinführer und Wettbewerb, in dem Remstäler Wengerter nicht an der Spitze vertreten wären. Sie pflegen alte Sorten wie Riesling, Kerner, Spätburgunder, Lemberger und Trollinger ebenso wie sie qualitativ hochwertige neue Rebsorten wie Acolon, Cabernet Mitos oder Cabernet Dorio anbauen. Jüngere Winzer haben sich zudem mit der Direktvermarktung von Barrique-Weinen einen Namen gemacht. Die über 900 Jahre alte Weinbautradition im Rems-Murr-Kreis hat die Lebensanschauung und die Kultur der Menschen besonders geformt. Weinberge gestalten die Landschaft. Lehrpfade und Wanderwege laden zur Erkundung ein.

Backnang

Der Rems-Murr-Kreis – lebens- und liebenswert

Die unterschiedlichen wirtschaftlichen Entwicklungen sind durch das Vordringen von Industrie, Gewerbe, Handel und Dienstleistungsgewerbe heute nicht mehr so augenscheinlich wie noch vor 50 Jahren, prägen aber dennoch die Struktur des Rems-Murr-Kreises. Arm und reich haben sich längst an- und ausgeglichen; der Aufschwung von Industrie und Gewerbe der Siedlungsachsen wären ohne Pendlerbewegungen von Anfang an nie denkbar gewesen. Andererseits

Hörschbach-
wasserfälle

weiß man im Verdichtungsraum die Vorteile der ländlichen Gegenden zu schätzen, so dass sich an den Wochenenden ein gegenläufiger Pendlerstrom in die reizvolle Landschaft des schwäbisch-fränkischen Waldlandes ergießt. Die naturgegebene Vielfalt des Kreisgebietes und die unterschiedliche Besiedlungsgeschichte stellen die Charakterzüge der Kulturlandschaft nach wie vor als bestimmende Wesensmerkmale in den Vordergrund.

Ein Besuch der Städte lohnt sich, um einzukaufen oder aber um das reiche Kulturangebot zu genießen. Erholungsmöglichkeiten bietet in erster Linie der Naturpark Schwäbisch-Fränkischer Wald mit seinem Naturparkzentrum in Murrhardt. Hier werden zahlreiche Angebote für Wanderungen, Ausflüge, Erlebnisse aller Art, aber auch kulinarische Highlights offeriert. Der Naturpark erschließt sich allerdings kaum beim einmaligen eiligen Durchfahren: Hier sollte man wandern oder aber das Fahrrad nehmen. Wer sich zu Fuß oder radelnd einer

Landschaft nähert, wird die Schönheiten der stillen, abwechslungsreichen Keupertäler, der aussichtsreichen Höhen und der weiten Laubmischwälder schnell lieben lernen. Landschaftliche Höhepunkte wie die Hörschbachwasserfälle bei Murrhardt, die Murrquelle bei Hinterwestermurr, das Rottal bei Menzles oder die Kesselgrotte bei Welzheim machen den Besuch des Rems-Murr-Kreises zum beeindruckenden Erlebnis.

Murrhardt, Naturparkzentrum

Alfdorf, Hagerwaldsee

Tipps

Carl-Schweizer-Museum Murrhardt

Das Carl-Schweizer-Museum wurde 1931 von den Tierpräparatoren Carl und Egon Schweizer ins Leben gerufen und ist bis heute im Familienbesitz. Es verfügt über eine umfangreiche Sammlung von Dokumenten der Regional-, Orts- und Klostergeschichte wie auch über Exponate aus der mitteleuropäischen Tierwelt. Eine beachtliche Anzahl von Funden aus der Römerzeit sind hier zu bewundern. Im Carl-Schweizer-Museum lässt sich die Faszination von Natur und Geschichte erleben. Informationen sind auf der Internetseite des Museums *www.carl-schweizer-museum.de* und unter *Tel. 07192 5402* erhältlich.

Bergrutsch Urbach

Seit dem Jahr 2007 gibt es den Bergrutsch-Rundwanderweg in Urbach. Auf der 3 km langen Strecke rund um den Bergrutsch erfährt man viel Wissens-

wertes über die Geschichte, Geologie, Flora und Fauna des Bergrutschgebietes. Weiterführende Hinweise gibt es außerdem auf der Internetseite der Gemeinde Urbach *www.urbach.de* und unter *Tel. 07181 8007-0.*

Badeseen

Zahlreiche *Badeseen* laden bei schönem Wetter zum Erholen und Schwimmen in herrlicher Natur ein. In Alfdorf kann man am *Eisenbachsee* sowie in Welzheim am *Aichstruter Stausee* verweilen. Anfahrtsskizzen und weitere Informationen finden sich unter *www.alfdorf.de.*

An Sommertagen bieten die *Stauseen Hüttenbühl* und *Hagerwald* in Aldorf-Hüttenbühl Abkühlung. Hier gibt es auch einen Campingplatz. Kontaktdaten sind unter *www.hagerwaldsee.de* zu finden.

Der *Ebnisee* liegt im Naturpark Schwäbisch-Fränkischer Wald und ist der größte See im Rems-Murr-Kreis. Hier bietet sich

eine wunderschöne landschaftliche Umgebung. *www.kaisersbach.de.*

Auch der *Waldsee Fornsbach* liegt landschaftlich sehr malerisch. Er ist eine überwachte und offizielle Badestelle. *www.mainhardterwald.de.*

Auf der einen Seite gesäumt von hohem Schilf und auf der anderen Seeseite mit einer Liegewiese und großem Badesteg – so stellt sich der *Plüderhauser See* dar. Ein abgetrennter Bereich wird von der DLRG beaufsichtig. Für Kinder gibt es einen Nichtschwimmerbereich. *www.badesee-pluederhausen.de.*

Das *Schorndorfer Naturbad* im Ziegeleisee ist ein Natursee mit Schwimmbereich und Nichtschwimmerbecken. Neben dem See bieten sich viele Freizeitmöglichkeiten, vom Fußballfeld bis zum Volleyballplatz. Informationen zum See in Schorndorf finden sich unter. *www.oskar-frechseebad-schorndorf.de.*

Weinbau- und Skulpturenweg Schnait

In Weinstadt hat der Weinbau eine lange Tradition. Wanderer können hier bei ihren Ausflüge Wissenswertes über den Wein erfahren. Ein besonderes Projekt ist der

Wein- und Skulpturenweg des Künstlers und Wengerters Ludwig Heeß. Er hat Steinskulpturen rund um die Thematik des Weins geschaffen. Die Kunstwerke haben ihren Platz im Weinberg gefunden. Ansprechpartner für Führungen ist Ludwig Heeß, *Tel. 07151 690459*, weitere Informationen unter *www.weinstadt.de*.

Tag des Schwäbischen Waldes

Jedes Jahr lockt der Tag des Schwäbischen Waldes zahlreiche Besucher an. Mit rund 80 verschiedenen Veranstaltungen – von Führungen über Themenwanderungen bis hin zum Erlebniscamp – steht der Schwäbische Wald an diesem Tag im Mittelpunkt. An zahlreichen Stationen gibt es Informationen über die Region mit ihren zahlreichen Sehenswürdigkeiten. Hocketsen und kulinarische Besonderheiten laden die Besucher zum Verweilen ein. Der Aktionstag „Tag des Schwäbischen Waldes" findet regelmäßig an einem Sonntag im

September statt. Termine und Informationen zu Veranstaltungen finden sich auf der Internetseite *www.schwaebischerwald. com*.

Stollenwanderweg

Gegen Ende des 18. Jahrhunderts versuchten viele Minengesellschaften ihr Glück im Schwäbischen Wald. Schnell mussten sie jedoch feststellen, dass der Boden keine Schätze freigab. Bis heute sind hier die Erdlöcher und angefangenen Stollen zu sehen. In mehreren Etappen führt der Stollenwanderweg durch den Schwäbischen Wald und bietet Einblicke in die Silberstollen und Salinenversuche. Informationen zum Wanderweg und zu den einzelnen Stollen gibt es unter *www.schwaebischerwald.de* und unter *Tel. 07151 501-1376*.

Naturparkzentrum Murrhardt

Das moderne Konzept der Naturpark-Erlebnisschau in Murrhardt geht über das rein Informative hinaus. Das Naturparkzentrum lässt Raum zum spielerischen Erkunden. Besonders Kinder können ihre Umwelt interaktiv entdecken. Die Naturpark Erlebnisschau ermöglicht Einblicke in unterschiedliche Epochen, zum Beispiel in die Siedlungen der

Römer und Germanen. Es stellt die faszinierende Natur mit ihren Flüssen, Bächen und Wäldern vor und zeigt Leben und Arbeiten der Menschen zu unterschiedlichen Zeiten. Die Öffnungszeiten und weitere Informationen sind unter *www.naturpark-sfw.de* und *Tel. 07192 213-888* zu erfragen.

Strümpfelbachtal

Ein naturnaher Wanderweg führt durch das ro-

mantische Strümpfelbachtal: von der Nonnenmühle bis hin zum Wieslauftal – vorbei an Gewässern, Wasserfällen und zahlreichen Quellen durch malerische Landschaften. Beim Gang über Stege und durch kleine Schluchten kommen Naturfreunde auf ihre Kosten. Weiterführende Informationen zu Führungen gibt es unter *www.dienaturparkführer.de* und *www.wanderwalter.de*.

UNESCO Welterbe Limes

Den Nordwesten Baden-Württembergs durchzieht auf einer Länge von 164 Kilometern die einstige römische Reichsgrenze, der Obergermanisch-Raetische Limes. Seit dem 15. Juli 2005 ist dieser als Stätte von herausragender Bedeutung in die Welterbe-Liste der UNESCO eingetragen. Damit soll insbesondere die bedeutende Rolle gewürdigt werden, die dem Limes als Nahtstelle und Kontaktzone zwischen den Kulturen der Mittelmeerwelt und den Völkern des Nordens für die gesamte weitere Entwicklung Europas zukam. Als Teil des transnationalen Welterbes „Grenzen des Römischen Reiches" bilden der Obergermanisch-Raetische Limes und die Hadriansmauer sowie der Antoninuswall in Großbritannien die ersten Teilabschnitte eines gemeinsamen Welterbes, das nach der Planung der UNESCO einmal alle Außengrenzen des ehemaligen Imperium Romanum in Europa, dem Nahen Osten und in Nordafrika umfassen soll.

Der Limes als Welterbe

Mit dem Begriff „Limes" werden heute im Allgemeinen die durch kontinuierliche Sperranlagen geschützten Landgrenzen des römischen Weltreiches bezeichnet. Der Äußere oder auch Vordere Obergermanisch-Raetische Limes war dabei die Grenzlinie, die in der Zeit zwischen rund 100 n. Chr. und 260 n. Chr. bestand und die weiteste Ausdehnung der beiden römischen Provinzen Obergermanien (Germania superior) und Raetien (Raetia) markiert.

Der Verlauf

Beginnend am Rhein, nördlich des Neuwieder Beckens, verlief diese antike Staatsgrenze als künstlich gezogene und befestigte Linie zunächst nach Osten durch Westerwald und Taunus, schlug einen Bogen um die fruchtbare Wetterau und führte dann nach Süden bis an den Main östlich von Hanau. Ab Miltenberg zog das durchgehende Band der Grenzsperren ohne Unterbrechung weiter nahezu direkt nach Süden durch das Schwäbisch-Fränkische Schichtstufenland bis an die Rems bei Lorch, wo das „Limesknie" liegt. Hier bog die Grenzlinie scharf nach Osten ab, umfuhr weit ausholend das Nördlinger Ries und erreichte bei Weißenburg in Bayern das südliche Mittelfranken; ab hier verlief sie weiter nach Südosten, bis sie schließlich an der Donau westlich von Regensburg endete. Auf diese Weise verband der Limes Rhein und Donau, die als „nasse Grenzen" dienten, aber in römischer Zeit ebenso auch als Verkehrswege bedeutsam waren. Der Limes stellte gleichsam die Landbrücke zwischen den beiden großen europäischen Strömen dar.

Die ehemaligen Grenzanlagen zwischen Rhein und Donau bilden zusammengenommen das größte und sicherlich auch bekannteste archäologische Denkmal Deutschlands. Im heutigen Sprachgebrauch besteht „der Limes" zum einen aus dem Verlauf von Palisade, Graben und Erdwall bzw. Steinmauer sowie den Wachttürmen entlang dieser Linie, zum anderen aber auch aus den zugehörigen Militärlagern, den Kastellen, samt den sie umgebenden Zivilsiedlungen. Zwischen Neuwied am Rhein und Neustadt an der Donau reihen sich so entlang des Limes rund 120 kleinere und größere Kastellorte, knapp 900 Wachttürme und ein – mit Ausnahme einer 50 Kilometer langen Strecke entlang des Mains – durchgehendes Band künstlicher Grenzsperren von insgesamt 550 Kilometern Länge. Das Welterbe Limes verteilt sich auf über 150 Kommunen und gut 20 Landkreise in vier Bundesländern.

Wissenschaftliche Bedeutung

Als archäologisches Denkmal liegt der Wert des Obergermanisch-Raetischen Limes nicht nur in seinen oberirdisch erkennbaren Abschnitten. Vielfach sind es insbesondere die für das bloße Auge unsichtbar im Erdreich erhaltenen Reste, die die Bedeutung eines Platzes ausmachen. Dies unterscheidet den Limes von vielen anderen Weltkulturerbestätten, die sich zumeist schon durch ihre ästhetische Wirkung erschließen. Für den Archäologen ist ein Wiesengelände unter dem die Grundmauern eines römischen Kastells liegen in der Regel interessanter, als ein wieder aufgebauter Turm oder ein Kastelltor. Das Welterbe Limes umfasst so großteils auf den ersten Blick unscheinbare Felder, Wiesen und Wälder, in deren Erdreich die Überreste römischer Bauten ruhen, ohne dass diese bereits ausgegraben oder wissenschaftlich untersucht worden wären.

In der Welterbe-Liste wird in starkem Maße das wissenschaftliche Potenzial des Limes als authentische Geschichtsquelle berücksichtigt. Anhand alter Fundberichte sowie mit Hilfe moderner, geophysikalischer Untersuchungsmethoden konnten in den vergangenen Jahren Ausdehnung und Lage der erhaltenen römischen Strukturen im Erdreich bestimmt, beschrieben und kartiert werden. Diese gründliche Inventarisierung des Limes offenbarte aber auch, dass – gut einhundert Jahre nach der ersten systematischen und vollständigen Beschreibung aller erhaltenen Zeugnisse durch die damalige Reichs-Limeskommission (1892–1939) – viele Bereiche des Denkmals mittlerweile beschädigt, ja teilweise sogar vollkommen zerstört sind. Zehn Prozent des Limes müssen als unwiederbringlich verloren gelten, weitere Bereiche sind durch Baumaßnahmen oder land- bzw. forstwirtschaftliche Nutzung mehr oder weniger stark beeinträchtigt. Die Ausweisung als Welterbe soll in erster Linie dazu beitragen, den Schutz der noch erhaltenen historischen Zeugnisse stetig zu verbessern.

Murrhardt, Carl-Schweizer-Museum – Feldzeichen und Bronzenes Schwert einer Kaiserstatue

Der äußere obergermanische und raetische Limes

Bereits unter den Kaisern Trajan (98–117 n. Chr.) und Hadrian (117–138 n. Chr.) hatte Rom nördlich des Mains und im Odenwald eine feste Grenze zu den Germanen angelegt. Weiter südlich, entlang des Neckars und auf der Schwäbisch-Fränkischen Alb, schützten einzelne, an einer Militärstraße gelegene Kastelle das römische Gebiet. Kaiser Antoninus Pius, der das Römische Reich zwischen 138 und 161 n. Chr. regierte, nahm in seinen letzten Regierungsjahren am südlichen Teil des obergermanischen sowie am westliche Teil des raetischen Limes in Baden-Württemberg eine Grenzkorrektur vor und schloss die Grenzen

vollständig. Die römischen Provinzen auf deutschem Boden erreichten damit ihre größte Ausdehnung. Gut ein Dutzend größerer Militärlager wurden so um das Jahr 160 n. Chr. vom Neckar nach Osten bzw. von der Schwäbischen Alb nach Norden vorverlegt. In dieser Zeit erreichte die römische Reichsgrenze auch den Rems-Murr-Kreis.

Im Unterschied zu den älteren Teilen der römischen Reichsgrenze in Deutschland war der Vordere Limes wohl von Anfang an durch eine Palisadenreihe markiert. Diese bestand aus mächtigen, der Länge nach gespaltenen Eichenstämmen, die miteinander verbunden und tief im Boden gegründet waren. Mit einer Höhe von mindestens zwei Metern bildete die Palisade, der „Pfahl", ein Hindernis, das ohne Hilfsmittel nicht überwunden werden konnte. In seiner letzten

Welzheim, Ostkastell – Archäologischer Park

Ausbauphase, spätestens ab dem Anfang des 3. Jahrhunderts bestand der obergermanische Limes aus einem sechs Meter breiten Graben, einem dahinter angeschütteten Erdwall und der Palisade, wobei Wall und Graben nicht an allen Abschnitten ausgeführt wurden. Vermutlich als letzte Ausbauphase wurde im südlichen Abschnitt des obergermanischen Limes eine Kette von Kleinkastellen zur zusätzlichen Sicherung angelegt (Mainhardt, Hankertsmühle, Ebnisee, Rötelsee). Umfang, Datierung, vor allem jedoch der Zweck der späteren Ausbaumaßnahmen des Limes werden in der Forschung noch heftig diskutiert. Die Aufgabe der römischen Grenzbefestigung und den Verlust des rechtsrheinischen Limesgebietes in der Mitte des 3. Jahrhunderts konnten auch sie nicht verhindern.

Der obergermanische Limes mit Wall und Graben endete zwischen den beiden Kastellen Lorch (Germania superior) und Schwäbisch Gmünd (Raetia) im Rotenbachtal. Ab hier begann eine massive Steinmauer, die am raetischen Limes den letzten Ausbauzustand der Grenzsperren markiert. Der Bau der vermutlich zweieinhalb bis drei Meter hohen „Teufelsmauer" fand nach Ausweis neuester Forschungen in den ersten Jahren des 3. Jahrhunderts während der Regentschaft des Kaisers Septimius Severus (193–211 n. Chr.) statt. Grund für den Wechsel in der Bauweise war sicherlich die Tatsache, dass auf den Jurahochflächen hinreichend Steinmaterial zur Verfügung stand, gleichzeitig aber die Anlage eines Grabenwerks wie am obergermanischen Limes erschwert war.

Die Wachttürme

Zeitgleich mit dem Abstecken der Grenze und dem Bau der Sperranlagen entstanden unter Antoninus Pius auch weit über 300 Wachttürme. Am vorderen obergermanischen Limes bauten die römischen Soldaten von Anfang an quadratische Steintürme aus dem lokal vorhandenen Bruchstein. Holztürme gibt es hier nicht. Keiner der Limestürme hat allerdings die Zeiten so gut erhalten überdauert, dass eine gesicherte Rekonstruktion möglich wäre. Vielfach sind wir auf Vermutungen angewiesen. Bei Seitenlängen des Turmfundamentes von durchschnittlich viereinhalb bis fünf Metern rechnet man allgemein mit einer Höhe von etwa acht Metern. Die Türme trugen vermutlich ein Dach aus Holzschindeln oder Schieferplatten, seltener aus Ziegeln. Unterhalb des Wachtraumes an der Spitze dürfte ein Turm mindestens noch ein weiteres Geschoss besessen haben, das als Schlaf- und Aufenthaltsraum diente. Hier lag auch der erhöhte Eingang, der nur über eine Leiter zugänglich war. Ein Untergeschoss im Sockel diente wohl als Vorratsraum. Vermutlich waren die Türme mit drei bis sechs Soldaten aus den benachbarten Kastellen besetzt, die hier über mehrere Tage ihren Wachtdienst versahen.

Der Abstand zwischen zwei Türmen schwankte je nach Streckenabschnitt von unter 300 Metern bis über 600 Meter, der Durchschnitt lag bei gut 400 Metern. Es fällt auf, dass Türme in verkehrsgünstigen Gegenden, etwa in der Hohenloher Ebene, dichter gesetzt sind – offenbar war hier eine intensivere Überwachung notwendig als

Lindersthütte,
Wachtposten
9/99

in unwegsamerem Gelände wie dem des Welzheimer Waldes. Doch überall entlang des Limes standen die Wachttürme dicht genug, dass zumindest die beiden benachbarten Turmstellen im Blickfeld einer Wachtmannschaft lagen. Mehrmals wurden im Bereich der Türme Unterbrechungen in den Grenzsperren beobachtet, die auf Limesdurchgänge weisen. Der Limes war wohl eine offene Grenze, über den nahezu überall eine Art kleiner Grenzverkehr möglich war. An wichtigeren Übergangsstellen standen die Kastelle. Über diese lief der Waren- oder Personenverkehr in das Innere Germaniens oder in das Römische Reich. Die in der Regel mit jeweils 500 Soldaten besetzten Truppenstandorte am Limes besaßen Verbindungsstraßen ins Hinterland, insbesondere zu ihren ehemaligen Garnisonsorten und zu den Provinzhauptstädten. Über

Fernstraßen weiter nach Osten, in die Germania magna, gibt es nur wenige gesicherte Anhaltspunkte, doch ist davon auszugehen, dass entsprechende Verbindungen in die germanischen Siedlungsgebiete an Main oder Elbe bestanden.

Die Geradlinigkeit des Limes

Im Unterschied zu den anderen Landgrenzen des Römischen Reiches war der vordere Obergermanisch-Raetische Limes fast auf seiner ganzen Länge schnurgerade angelegt. Mit großem (vermessungs-)technischem Aufwand hatte das römische Militär in den Jahren um 160 n. Chr. die Limespalisade vollkommen geradlinig durch die germanischen Urwälder gezogen. Dies wird besonders deutlich an dem über

80 Kilometer langen Abschnitt des obergermanischen Limes zwischen Walldürn im Norden und dem Haghof südlich von Welzheim. Nirgendwo anders im Römischen Reich findet sich Vergleichbares. Nur auf etwa 15 Kilometern Länge zwischen dem Haghof und dem Remstal oberhalb von Lorch ist an dem durch Antoninus Pius angelegten Limes ein an das Gelände angepasster Verlauf festzustellen. Über den Grund dieser eigenwilligen Linienführung lassen sich nur Vermutungen anstellen, da uns keine antiken Berichte zur Verfügung stehen. Fest steht, dass der schnurgerade Verlauf aus militärischer Sicht eher Nachteile mit sich brachte. Häufig liegen die Grenzanlagen entlang dieser Linie so unglücklich unterhalb eines Hanges, dass von römischer Seite kein Einblick in das germanische Vorfeld möglich war. Allerdings mag der kilometerweit ohne Rücksicht auf die Landschaft

geführte Limes doch nicht ohne Wirkung auf die Germanen geblieben sein. Denn sicherlich bot die wie mit dem Lineal gezogene Kette der Grenzsperren samt ihren mit weißem Putz versehenen Türmen einen eindrucksvollen Anblick, und mancher Zeitgenosse wird bewundernd vor dieser technischen Leistung gestanden haben. Damit hatten die römischen Baumeister aber vermutlich schon ihr Ziel erreicht: Denn ein Feind, der von den Fähigkeiten seines möglichen Gegners beeindruckt ist, wird sich zweimal überlegen, einen Konflikt zu suchen.

Das heutige Erscheinungsbild

Da nach dem Ende des Limes in der Mitte des 3. Jahrhunderts auch die künstliche Schneise durch die Landschaft verschwand und die römischen Steinbauten verfielen, gehört ein we-

Wachtturm WP 9/99 – am Südhang des „Linderst"

LIMES

Der Wachtturm WP 9/99 am Südhang des „Linderst" lag an strategisch bedeutsamer Stelle. Von hier aus ließ sich der Übergang des Limes über das Murr-Tal überblicken.

In der Regel betrug die Distanz zwischen Wachttürmen 400-600 m. Auffällig gering war der Abstand zu den beiden nördlichen, Hang aufwärts gelegenen Türmen WP 9/97 (180 m) und WP 9/98 (weniger als 80 m entfernt). Grund für diese enge Errichtung war seine Lage auf dem steil ansteigenden und somit schlecht einsehbaren Höhenrücken. Wegen des Gefälles war eine uneingeschränkte Kommunikation nur durch verringerte Abstände der Wachttürme möglich.

Wachttürme wiesen in der Regel Seitenlängen von 5 m auf. Das mit 6,0 x 6,5 m überdurchschnittlich große Fundament des Turmes WP 9/99 lässt darauf schließen, dass die Gesamthöhe des Turmes mindestens 12 m betrug.

Soldat am Limes, 3. Jahrhundert.

Turmfundamente von WP 98 und WP 99 im Vergleich.

Der tief in den Berg auf den anstehenden Fels gebaute Turm war einer der größten des Limes.

Auf vergleichbaren Höhen befanden sich der im Norden gelegene Turm WP 9/83 bei Großerlach und Turm WP 9/116 westlich von Kaisersbach. Lage und Größe des Wachtturmes verweisen auf seine Funktion, das Tal zu überwachen und direkte Verbindung zu dem im Tal gelegenen Kastell Murrhardt zu halten.

Watchtower WP 9/99 on the south-fa... slope of the "Linderst"

The watchtower WP 9/99 on the south-fa... slope of the "Linderst" lay on a strategica... important site. From here one could obse... the Limes crossing the Murr valley.

As a rule, the distance between watchto... lay at around 400 to 600 metres. Since the dist... to the two towers lying uphill to the nort... WP 9/97 (180 m) and WP 9/98 (less than ... away), is remarkably small. The reason for building the towers this close together la... the surrounding terrain, the steeply rising therefore badly observable ridge. Because ... the steeply rising slope the communicatio... could only be upheld by reducing the dista... of the towers to one another.

The length of a side of a watchtower ... generally about five metres. Since the fou... tions of tower WP 9/99 show a larger tha... average 6.0 by 6.5 m one can assume tha... total height of the tower must have been ... least some twelve metres. The tower, soli... set onto the bedrock of the hill, was one ... the largest towers of the entire Limes.

Comparable sites also used to carry watchtowers, for example tower WP 9/83 to the north at Großerlach and tower WP 9/119 west of Kaisersbach. The site and the size of the watchtower indicate toward its function of guarding the valley and maintaining direct communications with the fort of Murrhardt.

MURRHARDT SIEGELSBERG

MURRHARDT

MURRHARDT HAUSEN

"Kleiner Limes-Rundwanderweg".

Stiftung der SWN Kreissparkasse Waiblingen

Rems-Murr-Kreis
Wir sind für Sie da

Wachtposten 98   Wachtposten 99

Linderst
Wachtposten 97   Wachtposten 98   Wachtposten 99
Heidenbühl
Norden   Wachtposten 96
Hardt
Wachtposten 95
Straße
Weg
Standort
Süden
Limesverlauf

Höhenschnitt mit eingezeichnetem Standort und benachbarten Wachttürmen.

nig Fantasie dazu, sich die antike Situation vor Augen zu führen. Heute sind von der eigentlichen Grenzmarkierung, dem Pfahlgraben, fast nur noch in Waldgebieten eindrucksvolle Strecken sichtbar. Hier sind auch zahlreiche Turmstellen restauriert oder als markante Schutthügel erhalten. Insbesondere dort, wo die fruchtbaren Lössböden landwirtschaftlich genutzt werden, sind die Reste der römischen Grenzwehr obertägig verebnet. Mit archäologischen Methoden, beispielsweise im Luftbild, lassen sich jedoch die im Erdboden ruhenden Bodenzeugnisse nahezu überall nachweisen.

Strecke 9, Wachtposten Wp 79 bis Wp 138, und die Strecke 12, Wachtposten Wp 1 bis Wp 9, sowie mit Murrhardt und Welzheim zwei wichtige Kastellplätze.

Mit Blick auf die Streckenführung tritt insbesondere in den Abschnitten durch den Naturpark Schwäbisch-Fränkischer Wald die Sturheit der römischen Trassierung zutage. Trotz der stark gegliederten Landschaft überwindet der Limes die zahlreichen Geländeeinschnitte und Höhen, ohne von seiner vorgegebenen schnurge-

Welzheim, Kleinkastell Rötelsee

Der Limes im Rems-Murr-Kreis

Insgesamt ist der Limesabschnitt im Rems-Murr-Kreis zwischen Großerlach-Grab im Norden und Alfdorf-Brech im Süden 29 Kilometer lang. Nach der vor einhundert Jahren eingeführten Strecken- und Wachtpostennummerierung der Reichs-Limeskommission liegen im Kreisgebiet die

Am Kleinkastell Rötelsee

raden Linie abzuweichen. Dies wird besonders für den Wanderer augenfällig, der dem oft sehr steilen Limesweg folgt.

Die Grenzlinie verläuft fast durchweg in Keuperschichten. In Hanglagen drohen hier durch die Bodenbeschaffenheit Erdrutsche, so dass an dem Wall-/Grabensystem beständige Unterhaltungsmaßnahmen notwendig gewesen sein dürften. Der Pfahlgraben selbst ist daher heute an fast keinem der Talhänge mehr erhalten. Dennoch finden sich gleich im Norden, wo der Limes von Mainhardt her kommend das Kreisgebiet erreicht, zwischen Wachtposten Wp 9/77 und 9/80 und nördlich von Großerlach-Grab gut bis sehr gut erhaltene Abschnitte des Limesgrabens. Auch der lokale Flurname „Säugraben" geht auf die Reste der römischen Grenze zurück und zeugt von der Zeit, als das Wissen um Bauherren und Zweck der Anlage längst verschwunden war. Die Ortschaft Grab führt in ihrem Namen ebenfalls noch die Erinnerung an die einstmals sicher weithin bekannte und eindrucksvolle Landmarke des römischen Pfahl-„Grabens". Im Umfeld muss man sich nicht anstrengen, um in Feldern oder Wiesen Reste von Limeswall und -graben zu entdecken. Gut sichtbare Abschnitte der römischen Reichsgrenze trifft der Wanderer vor allem noch in den nahen Wäldern, wo traditionell der Boden schonender bewirtschaftet wurde. Aber auch in dem lange als Obstbauwiesen genutzten Gelände unmittelbar nördlich des Ortes findet das aufmerksame Auge noch Spuren des einstigen römischen Grenzwalles. Innerhalb der Ortsbebauung zieht der Limes westlich der Kirche mitten durch den Ort. An der Stelle des heutigen Gasthauses „Rößle" stand nach den Angaben der Reichs-Limeskommission Wachtposten Wp 9/81, der jedoch heute nicht mehr sichtbar ist.

Der Limesturm auf dem Heidenbuckel

Südlich von Grab nimmt zunächst die Kreisstraße nach Morbach bis zum Waldrand noch den Verlauf des Limes auf. Weiter nach Süden steigt das Gelände zum „Heidenbuckel" hin an, der mit einer absoluten Höhe von 536 Metern zu den höchsten Erhebungen am obergermanischen Limes gehört. Auf seiner markanten Kuppe stand nach der Zählung der Reichs-Limeskommission Wachtposten Wp 9/83, damals im Volksmund als „Mehlhaus" bekannt. Von dem Steinturm fanden sich bei seiner Erstuntersuchung 1892 noch die quadratischen Fundamente mit knapp 4 Metern Seitenlänge. Die Bedeutung der Turmstelle zeigt sich in der vorzüglichen Fernsicht, welche die Aussichtsplattform des Turmes in römischer Zeit bot. Leider verwehrt die Bewaldung heute einen exakten Vergleich mit der antiken Situation. Im unmittelbaren Umfeld des Turmes konnte allerdings erst in jüngerer Zeit dank des Entgegenkommens der Forstverwaltung eine Schneise entlang des Limesverlaufs geschlagen werden. Da es auch in der Antike für das Funktionieren der Grenze weniger auf eine möglichst gute Sicht auf das Limesvorfeld als auf die Blickverbindung zwischen den Wachttürmen ankam, entspricht die nunmehr mögliche Sicht entlang des Limes ziemlich gut der historischen Situation.

Der Turm auf dem Heidenbuckel spielt bei der Diskussion über die Vermessung der 80 Kilometer langen Limesgeraden eine wichtige Rolle. So wurden bei der Ausgrabung der Turmstelle mächtige Pfostenstellungen entdeckt, die von einem hölzernen Messgerüst stammen sollen. So dürfte es kein Zufall sein, dass die schnurgerade Grenzlinie genau über die Höhe des Heidenbuckels führt. Vielmehr ist davon auszugehen, dass bei der Absteckung des Limes eine erste Fluchtlinie zwischen hier und der nördlichen Spitze der Welzheimer Hochebene geführt wurde. Gut 11 Kilometer entfernt befindet sich dort östlich des Kleinkastells Ebnisee in Sichtverbindung nicht nur die höchste Erhebung des Vorderen Obergermani-

schen Limes (560 m), sondern auch ein ungewöhnlich großes Wachtturmfundament (Wp 9/116). Demnach wäre die auffällige Limesgerade im Süden begonnen worden, indem die römischen Vermesser den Höhenrücken bei Welzheim als Ausgangspunkt wählten, über den Heidenbuckel bei Grab nach Norden fluchteten und die so bestimmte Gerade immer weiter verlängerten, bis man schließlich die Gegend um Walldürn erreichte, wo man mit dem Knick nach Westen den Anschluss an den Main herstellte. Nachdem der Verlauf der Limeslinie markiert war, wurde das Messgerüst abgebaut und durch einen einfachen Limesturm ersetzt, wie er heute als Nachbau des historischen Vorbildes zu sehen ist.

Wachtposten
9/116

Nach sorgfältiger Planung wurde der Turm im Jahr 1982 originalgetreu aus Bruchsteinen in römischer Bautechnik wieder aufgebaut. Er gilt bis heute als eines der gelungensten Beispiele für die Vermittlung der antiken Wehrarchitektur am Limes. Bis auf den fehlenden weißen Kalkverputz mit rotem Fugenstrich, der aus römischer Zeit zum Schutz vor der Witterung nachgewiesen ist, gibt der Nachbau insgesamt eine sehr genau Vorstellung vom Aussehen der Wachttürme am Limes. Hangabwärts wurde auf einer Länge von etwa einhundert Metern ein Abschnitt der Limespalisade sowie des Wall-Graben-Systems dargestellt. Die Anlage ist somit nicht nur eines der beliebtesten Fotomotive am Limes, sondern auch Gegenstand von mancherlei archäologischen Experimenten. Wer einmal versucht hat, die Palisade zu übersteigen oder auf nassem Gras Graben und Wall zu überwinden,

weiß, warum die Römer so viel Fleiß in den Bau der Grenzsperren investierten.

Der Kastellplatz Murrhardt

In Richtung des Kastellplatzes Murrhardt ist nördlich Siegelsberg zunächst Wachtposten Wp 9/91 „Hirschreute (Römerschanz)" erwähnenswert, dessen steinerner Turmstumpf bis in 4 Meter Höhe rekonstruiert ist. Das im Tal gelegene Murrhardt war Garnisonsort der fünfhundert Mann starken Cohors XXIV voluntariorum civium Romanorum, der 24ten Kohorte freiwilliger römischer Bürger, und vielleicht auch der Exploratores Triboci et Boi, wobei die letztgenannte Einheit einheimischer Kundschafter auch in einem anderen, bisher nicht entdeckten Lager stationiert gewesen sein kann. Das Steinkastell von etwa

Großerlach-Grab, Heidenbuckel

Besuch auf dem Heidenbuckel

Man erreicht den nachgebauten Steinturm über die Bundesstraße B 14 zwischen Sulzbach/Murr und Mainhardt, den Wegweisern nach Grab folgend. Südlich des Ortes an der Kreisstraße in Richtung Murrhardt befindet sich am Waldrand ein ausgeschilderter Parkplatz. Von hier sind es noch etwa 400 Meter zu Fuß auf dem gekennzeichneten Wanderweg. Für den Zutritt in das Turminnere ist es notwendig, sich die Turmschlüssel (gegen Pfand) bei der Gemeinde abzuholen. In den Sommermonaten regelmäßig und im übrigen Jahr bei besonderen Anlässen halten jeweils sonntags Mitglieder des Verbandes der Limes-Cicerones Turmwachen ab, bei denen Besucher unentgeltlich sehr fachkundig und lebendig Schilderungen des antiken Alltags an der einstigen römischen Reichsgrenze erhalten (Näheres unter: www.limes-cicerone.de).

2,2 Hektar Fläche befand sich im Südosten der heutigen Altstadt. Mit einer Entfernung von über einem Kilometer liegt es ungewöhnlich weit hinter dem Limeszug. Erste Grabungen fanden 1885 sowie ab 1892 durch die Reichs-Limeskommission im Bereich der Umwehrung und des Stabsgebäudes, den principia, statt. In den 1970er Jahren kamen großflächige Grabungen im rückwärtigen Bereich des Kastells hinzu. 1988 konnte auch ein kleiner Ausschnitt der Zivilsiedlung ergraben werden. Von den angetroffenen Resten ist heute nichts mehr sichtbar, lediglich die heutige Riesbergstraße nimmt den Verlauf der zentrale Lagerstraße, der via principalis auf. Eine Ausstellung mit den wichtigsten Funden zur Limeszeit (ins. Steindenkmale und Bronzen) zeigt das private Carl-Schweizer-Museum am Stadtpark in der Seegasse (www.carl-schweizer-museum.de).

Östlich von Murrhardt befinden sich auf dem „Heidenbühl" bei Wachtposten Wp 9/96 zwei Turmfundamente, von denen der ältere im Westen bis in eine Höhe von 6 Metern in romantisierender Bauweise rekonstruiert wurde. Der anschließende Aufstieg des Limes war aufgrund der ungünstigen Hanglage nach Ansicht der Reichs-Limeskommission „der für den Bau der Grenzsperren und für ihren Schutz der ungünstigste Abschnitt der äußeren Limeslinie, vielleicht des ganzen obergermanischen Limes". Interessanterweise finden sich auf der angrenzenden „Linderstebene" mit Wachtposten Wp 9/97–9/99 drei mit einer Entfernung von 100 bzw. 80 Metern ungewöhnlich dicht platzierte Turmstellen. Bei 9/98 dürfte es sich um einen Vermessungspunkt gehandelt haben. Wachtposten Wp 9/99 diente als Signalturm für das Kastell Murrhardt und muss mindestens

Welzheim,
Ostkastell –
Archäologischer
Park

Graben ziehen hier gut sichtbar bis zur Landstraße L 1120 bei Wachtposten Wp 9/111 „Rehwald". Nach einer Unterbrechung im offenen Gelände westlich von Weidenhof setzen Wallreste erst kurz vor dem konservierten Turmstumpf von Wachtposten Wp 9/116 unmittelbar neben der Landstraße südöstlich des Spatzenhofes wieder ein. Der mit einer Seitenlänge von 6 Metern ungewöhnlich große Turm befindet sich an der höchstgelegenen Stelle (560 m) des vorderen Limes und war sicherlich einer der Hauptvermessungspunkte. Nach Norden reichte der Blick bis zu Wachtposten Wp 9/83, nach Süden bis zum Limesknick am Haghof (Wp 9/138). Die anschließende Limesstrecke bis zum erneuten Zusammentreffen mit der Landstraße an der ehemaligen „Königseiche" bei Wachtposten Wp 9/118 ist ebenfalls sehr gut erhalten.

Etwa ab dem Kleinkastell „Ebnisee" (Wp 9/117) folgt der Limes bis jenseits von Welzheim einem Nord-Süd-gerichteten Höhenrücken, den die beiden Taleinschnitte der Bäche von Lein im Osten und Wieslauf im Westen einrahmen. Östlich der Landstraße, die ab Gausmannsweiler parallel zum Limes verläuft, zeigen sich wiederholt der gut sichtbare Pfahlgraben, aber auch einzelne Turmstellen im freien Feld, so beispielsweise Wachtposten Wp 9/121 „Bürg", Wp 9/124 und vor allem das konservierte Kleinkastell „Rötelsee". In seinem Inneren ist eine hufeisenförmige Baracke aus Holzfachwerk nachgewiesen worden. Die maximal 20 Mann starke Besatzung dieses kleinen Außenpostens verstärkte vermutlich die Turmbesatzungen des angrenzenden Limesabschnitts.

12 Meter hoch gewesen sein, worauf auch seine in den anstehenden Fels gearbeitete Fundamentsohle sowie seine geräumigen Innenmaße von 4,7 mal 5 Metern weisen.

Eine weitere Wehranlage ist im Grund des Murrtals bei Murrhardt-Alm anzunehmen, wo der Limes den Flusslauf kreuzt. Wachtposten Wp 9/104 „Heidenwald" südlich der Straße Käsbach – Köchersberg und die folgende Limesstrecke wieder hinunter in das obere Murrtal sind gut erhalten, ebenso die Turmstellen Wp 9/107 „Gies" und Wp 9/109 „Im Oberen Wald". Vom Pfahlgraben zeigen sich hier allerdings keine Spuren mehr, dies ist erst nach dem erneuten Aufstieg zwischen Schlosshof und Mettelberg wieder der Fall. Wall und

Der Kastellplatz Welzheim

Nicht weit nach Süden setzt der archäologische Nachweis für den Pfahlgraben aus. Im Bereich der beiden Kastelle im heutigen Stadtgebiet von Welzheim bestand offenbar eine Lücke in den Grenzanlagen, d. h. Wall und Graben waren hier nicht angelegt worden. Zentraler Anlaufpunkt für eine Besichtigung des limeszeitlichen Welzheim ist in der Regel das Ostkastell in landschaftlich reizvoller Lage auf einem leichten Geländesporn. Am Rande der (damals römischen) Siedlung gelegen, war hier im Angesicht des umgebenden Waldes eine Einheit von Kundschaftern (numerus Brittonum et exploratores) stationiert. Das Steinkastell von 1,6 Hektar Fläche besitzt einen fast quadratischen

Grundriss und war von einem Graben vollständig und – bedingt durch das Gelände – von einem zweiten lediglich an der Westseite geschützt. West- und Osttor waren mit Türmen gesichert, am Nord- und Südtor konnten nur Torwangen nachgewiesen werden. Offenbar waren diese für die Verkehrsführung nur von untergeordneter Bedeutung. Die gesamte Fläche des Numeruskastells konnte 1960 als archäologisches Reservat erhalten werden und bildet heute einen auch über die Region hinaus viel besuchten „Römerpark". Ein Erdwall mit einer Wildrosenhecke deutet Lage und Ausdehnung der ursprünglichen Umwehrung an. Im Inneren sind die Grundrisse zweier durch die Reichs-Limeskommission ausgegrabener Gebäude (ein vermutlich nachkastellzeitliches Bad und ein Speicher) markiert, auch

Welzheim,
Angehöriger einer
Hilfstruppe vor
dem Ostkastell

ein Holzbrunnen in der Südwestecke wurde originalgetreu rekonstruiert. Anhand von Kopien römischer Steindenkmäler informiert ein kurzer archäologischer Rundweg über den Militärplatz Welzheim. Größte Besucherattraktion ist jedoch der Nachbau des zur Stadt weisenden Westtores samt der angrenzenden Wehrmauern und des vorgelagerten Spitzgrabens. Anhand moderner Ausgrabungsergebnisse wurde die Toranlage im Jahr 1977 in voller Höhe wiederaufgebaut.

Bis auf die Tatsache, dass auf den weißen Kalkputz verzichtet wurde, der die Bauten der Römerzeit vor der Witterung schützte, erhält der Besucher einen sehr guten Eindruck vom einstigen Aussehen der antiken Anlage. Bei den Ausgrabungen, die dem Nachbau des Kastelltores vorausgingen, wurden auch vier römische Brunnen innerhalb des Kastells untersucht. Aus einem von ihnen stammen weit über einhundert römische Lederschuhe, vom Hauspantoffel bis zum Solda-

Welzheim,
Ostkastell –
Brunnen

tenschuh. Die Auswertung dieses überaus seltenen Fundes verriet nicht allein die Schuhgrößen oder -mode von Männern, Frauen und Kindern während der Limeszeit, sondern die zum Teil zerschlissene und stark abgetragene Fußbekleidung zeichnete ein drastisches und sehr persönliches Bild von den harten Lebensbedingungen in einem Vorposten des Römischen Reiches.

Die eindruckvolle Anlage des Römerparks darf jedoch nicht darüber hinwegtäuschen, dass sich der Besucher hier nur im Randbereich der ehemaligen römischen Ansiedlung befindet. Das antike Zentrum des Ortes bildete ein mit über 4 Hektar Innenfläche mehr als zweieinhalbmal so großes Lager für eine Reitereinheit, in dem vermutlich seit der Mitte des 2. Jahrhunderts n. Chr. die Ala Scubulorum stationiert war, die zuvor in Stuttgart-Bad Cannstatt gelegen hatte. Dieses so genannte Westkastell von Welzheim besitzt einen rechteckigen Grundriss von ca. 236 mal 181 Metern und war vermutlich von drei Wehrgraben umgeben. Durch archäologische Untersuchungen sind jeweils in der Mitte der Seiten vier Doppeldurchfahrtstore, hufeisenförmige Türme in den Kastellecken und Zwischentürme entlang der Seiten belegt. Das zentrale Stabsgebäude ist als massiver Steinbau zum Teil ausgegraben, Mannschaftsbaracken und andere Gebäude ließen sich in Fachwerktechnik nachweisen. Das Areal des Westkastells liegt heute innerhalb des Stadtgebietes, lediglich kleinere Teile sind noch unbebaut. Obertägig sind keine Reste des Kastells sichtbar. Nur die heutige Schorndorfer Straße und die Christian-Bauer-Straße nehmen den Verlauf der beiden Lagerhauptachsen, der via principalis und der via praetoria auf. Auch die Zivilsiedlung, die sich vornehmlich südlich und östlich des Kastells erstreckte, ist heute dicht überbaut. Anzunehmen ist, dass das West- oder vielleicht besser das Reiterkastell mit vier Doppeltoren, 12 Eckbzw. Zwischentürmen und einem über 50 Meter breiten Stabsgebäude nicht nur das eindrucksvollere der beiden Welzheimer Militärlager war, sondern dass es mit einer Entfernung von etwa 250 Metern zum Limesverlauf auch am „richtigen Platz", nämlich hinter dem Grenzzaun lag. Das Ostkastell hingegen befindet sich außerhalb des Limesverlaufs, auch wenn die Grenzsperren im Bereich der antiken Ansiedlung sicherlich nicht geschlossen waren. Die römerzeitliche Ansiedlung selbst war, verbunden mit der in ihr lebenden Bevölkerung, Grenzmarkierung und Kontrollstelle genug. Es ist viel darüber spekuliert worden, warum das Welzheimer Ostkastell als Einziges der bekannten Limeskastelle vor dem Pfahlgraben gebaut wurde. Da der Limes jedoch kein Verteidigungsbollwerk, sondern eher eine unübersehbare Demarkationslinie, eine sichtbare Grenzmarkierung darstelle, kam dem Umstand, dass der Limesverlauf im Bereich von Welzheim eine Lücke aufwies, in der sich die antike Ansiedlung ausbreitete, in der Praxis sicherlich keine große Bedeutung zu. Bedeutsamer ist jedoch die Tatsache, dass der Platz zusammen mit dem ausgedehnten zivilen Vicus, der sich südlich des Reiterkastells und entlang der rund 500 Meter langen Verbindungsstraße zwischen den beiden

Besuch des Archäologischen Parks

Die Zufahrt zum „Archäologischen Park" auf dem Gelände des Ostkastells am Stadtrand von Welzheim ist aus jeder Richtung gut ausgeschildert, Parkmöglichkeiten (auch für Busse) bestehen direkt vor Ort. Die Anlage ist frei zugänglich, Gruppenführungen können über das Verkehrsamt gebucht werden. Das Städtische Museum mit römischen Funden aus dem Stadtareal befindet sich in den Räumen des ehemaligen Dekanats in der Altstadt von Welzheim (Pfarrstraße 8).

Informationen über das Verkehrsamt der Stadt Welzheim oder über den Verband der Limes-Cicerones (www. limes-cicerones.de).

Militärlagern erstreckte, während der Limeszeit eine der größeren, wenn nicht die größte römische Ansiedlung am obergermanischen Limes südlich des Mains darstellte.

Südlich von Welzheim behält der Limes seine bisherige Richtung bei und wird etwa einen Kilometer außerhalb des Stadtgebietes wieder sichtbar. Zu nennen sind hier insbesondere der konservierte Turmstumpf von Wachtposten Wp 9/134 „Göckelerturm" sowie der Turmhügel von Wachtposten Wp 9/136 „Birkach". Beide sind mit Abständen von 50 bzw. 22 Metern ungewöhnlich weit von der Limesstraße abgerückt, sodass die Vermutung ge-

Großerlach-Grab, Heidenbuckel

äußert wurde, sie zeigen eine allererste Phase des Grenzausbaues an. Vom Areal des heutigen Golfplatzes am Haghof existieren die sicherlich bekanntesten Luftaufnahmen des obergermanischen Limes. Der Verlauf von Graben und Wall zeigt sich hier als schnurgerade Linie in besonders eindrucksvoller Weise. Hier, östlich des Haghofs, endet gleichzeitig auch die 80 Kilometer lange, von Norden her kommende Limesgerade.

Die Trasse der Landstraße entspricht von nun an bis in den Ortskern von Pfahlbronn dem Limesverlauf der Strecke 12. Entlang der Straße und auch im Ortsbereich selbst sind ober-

tägig keine Spuren mehr sichtbar. Dann folgen die Grenzsperren dem Grat des von Nord nach Süd verlaufenden Höhenrückens im Pfahlbronner Wald zwischen den Tälern des Aimers- und des Götzenbaches. Wall und Graben sowie die gut erhaltenen Turmstellen Wp 12/8 bis Wp 12/13 sind südlich von Brech entlang des Limeswanderwegs zum Kloster Lorch gut erhalten. Hervorzuheben sind hier abschließend noch die 1972 vollständig ausgegrabenen und konservierten Fundamente des Wachtpostens Wp 12/8 „Kreuzbühl". Wachtposten Wp 12/9 „Bemberlesstein" liegt bereits im Ostalbkreis.

Zwischen Welzheim und Lorch, Wachtposten 9/134

Tipps

Limes-Führungen mit den Limes-Cicerones

Die Limes-Cicerones sind offizielle und ausgebildete Limes-Führer. Sie geben fachkundig Informationen rund um das Welterbe Limes und man erfährt Details über das Leben am Schutzwall. An Sonn- und Feiertagen zwischen 11 und 16 Uhr geben die Cicerones von Mai bis September Besuchern Auskunft am rekonstruierten Wachtturm bei Großerlach-Grab. Ein jährlich wiederkehrendes Ereignis ist „*Limes im Fackelschein*".

An mehreren Samstagen zwischen April und September können Besucher die Cicerones auf ihren nächtlichen Patrouillen bei Fackelschein am Limes begleiten und erfahren Spannendes über die Zeit der Römer. Auch durch den Archäologischen Park Welzheim werden zwischen Mai und September an Sonn- und Feiertagen Kurzführungen angeboten. Information zu den Rundgängen und zu vielen weiteren Angeboten der Cicerones unter *www.limes-cicerones.de* und *Tel. 07174 805944* sowie auf der Internetseite des Landratsamtes Rems-Murr-Kreis *www. rems-murr-kreis.de*.

Limesbus

Der Limesbus verkehrt im Schwäbischen Wald während der Ausflugssaison vom 1. Mai bis 3. Oktober an Sonn- und Feiertagen auf zwei Rundkursen: Linie 375: Murrhardt – Waldsee – Kirchenkirnberg – Kaisersbach – Welzheim und zurück sowie Linie 376: Murrhardt – Großerlach – Sulzbach an der Murr – Murrhardt. Durch die Busverbindung bietet sich die Möglichkeit, gezielt Stationen des Welterbes zu erwandern oder mit dem Rad zu entdecken. Bei einer Fahrt mit dem Limesbus gilt der VVS-Tarif. Das

Fahrrad kann im Fahrradanhänger untergebracht werden. Fahrpläne und Information gibt es auf der Internetseite des Rems-Murr-Kreises *www. rems-murr-kreis.de*.

Am Limes grenzenlos

Alle zwei Jahre gibt es den Aktionstag „*Am Limes grenzenlos*". An diesem Tag steht der Limes in den Städten und Gemeinden, durch die er verläuft, im Mittelpunkt. Außerdem finden jährlich viele

unterschiedliche Veranstaltungen rund um den Römerwall statt. Auf der Internetseite *www.am-limes-grenzenlos.de* gibt es Informationen zu Aktivitäten und Veranstaltungen.

Freilichtmuseum Archäologischer Park, Ostkastell in Welzheim

Das Ostkastell Welzheim bietet einzigartige Einblicke in das Leben und die Kultur der Römer. Der Archäologische Park lädt Besucher ein, in die Zeit der Römer einzutauchen. Das rekonstruierte Eingangsportal zeigt eindrucksvoll, wie ein römisches Kastell am Limes aufgebaut war. Das Portal ist zugänglich, von hier aus bietet sich ein guter Rundblick über die Anlage. Im Park gibt es Nachbildungen von Originalfunden sowie zahlreiche weitere Rekonstruktionen, wie z.B. einen römischen Brunnen. Der Archäolo-

gische Park ist ganzjährig und ganztags geöffnet. Von Mai bis Oktober sind die Tortürme an Sonn- und Feiertagen geöffnet. Weitere Informationen gibt es auf der Internetseite *www. ostkastell-welzheim.de.*

Limeswanderweg

Auf der Strecke zwischen Großerlach-Grab und Alfdorf verläuft der Limeswanderweg durch den Rems-Murr-Kreis. Zahlreiche Sehenswürdigkeiten rund um den historischen Grenzwall der Römer liegen am Wegesrand, eingebettet in eine abwechslungsreiche Landschaft. Hinweistafeln informieren an den wichtigsten Limes-Stationen über das Welterbe. Am Limeswanderweg lassen sich historische Hintergründe und Naturerlebnis miteinander verknüpfen. Die Broschüre „Limeswanderweg" des Rems-Murr-Kreises gibt Anregungen zum Wan-

dern auf den Spuren der Römer. Informationen unter *www.schwaebischerwald.com* oder unter *Tel. 07151 501-1376* beim Landratsamt Rems-Murr-Kreis.

Limes-Lehrpfad Mainhardter Wald

Entlang des Limes-Lehrpfads lassen sich zahlreiche Sehenswürdigkeiten besichtigen und erleben. Auf der Strecke zwischen Grab und Öhringen gibt es Informationen zum Limes. Auf einer Länge von rund 28 Kilometern führt der Weg vorbei an 20 Stationen archäologischer Zeugnisse und Rekonstruktionen mit 18 informativen Schautafeln. Die Zeit der römischen Besatzung am Limes lässt sich eindrucksvoll erleben und nachvollziehen. Informationen zum Weg und eine Karte enthält die Broschüre „Limes-Lehrpfad" sowie die Internetseite *www. mainhardt.de.*

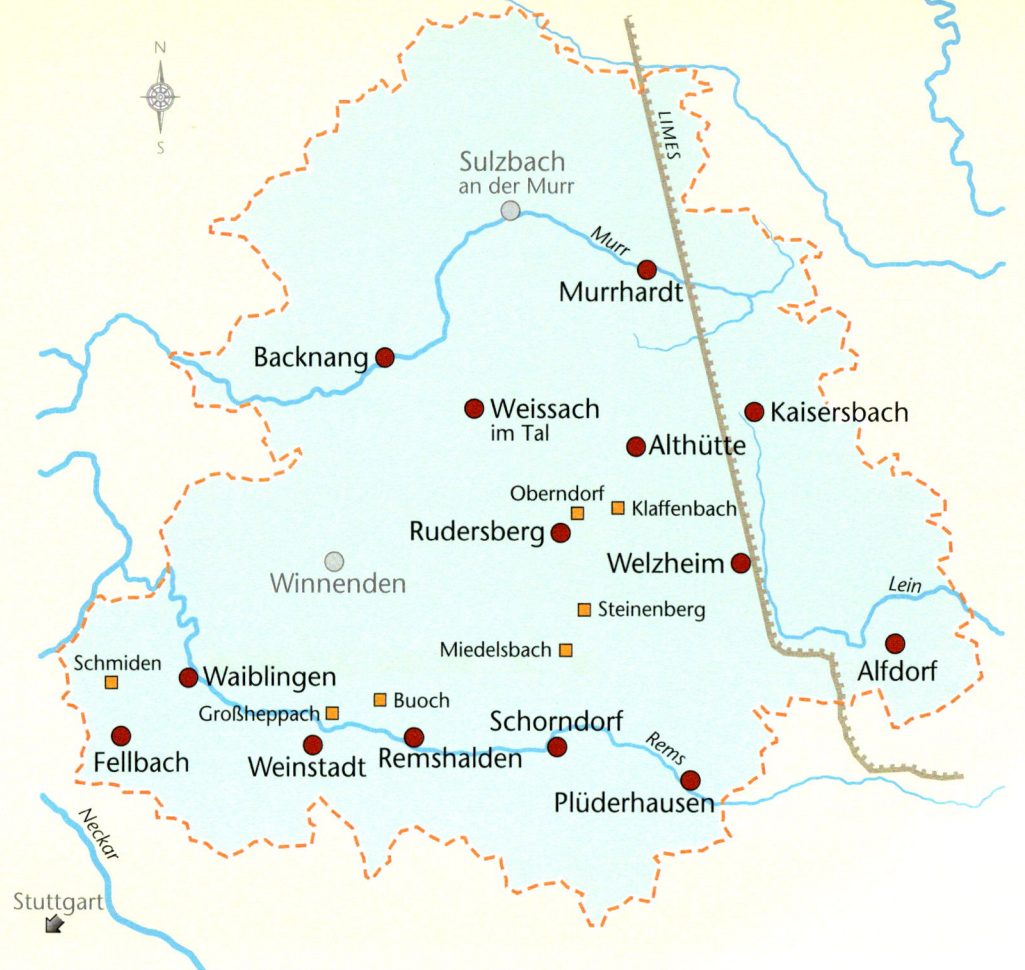

Wirtschafts- und Sozialgeschichte

Der Wirtschaftsfaktor Wald

Die Wirtschaftsstruktur des Rems-Murr-Kreises hat sich im Laufe der Jahrhunderte stets weiterentwickelt und gewandelt. Wirtschaftsschwerpunkte blühten auf und vergingen. Beispiele hierfür sind die Glashütten des Schwäbischen Waldes, die seit dem späten Mittelalter entstanden und hier neben dem Schwarzwald ein zweites Zentrum der Glasherstellung

in Südwestdeutschland entstehen ließen. Sie nutzen den Holzreichtum der Gegend. So erlaubte 1535 der Abt des Klosters Lorch dem Glashüttenmeister Jakob Greiner in Cronhütte, Glas herzustellen. Bereits sieben Jahre später sollen dort 150 Menschen in der Glasproduktion beschäftigt gewesen sein. Die Schmelzöfen und die Pottascheherstellung benötigten jedoch große Mengen Holz, sodass Jahrzehnte später im kilometerweiten Umkreis von Cronhütte kein Wald mehr wuchs. An diese Zeiten erinnern heute noch manche Ortsnamen, die durch Glashütten entstanden sind.

Ein anderes Waldgewerbe, das durch den Holzreichtum aufblühte, war ab dem 17. Jahrhundert die Flößerei, die schon damals große Eingriffe in die Landschaft mit sich brachte, mussten doch die kleinen Wasserläufe des Schwäbischen Waldes gesäubert und teilweise begradigt werden und Floßgassen um die Wehre der Mühlen gebaut werden. Um die Kraft des Wassers zu steigern, legte man am Oberlauf der Bäche so genannte Treibseen an, in denen das Wasser gestaut wurde. Das Holz aus dem Schwäbischen Wald wurde in Waiblingen wieder aus der Rems geholt. Aufgrund der besser werdenden Straßen und des Baus der Eisenbahn wurde die Flößerei im Rems-Murr-Kreis Mitte des 19. Jahrhunderts aufgegeben. Als Zeugen blieben einige der Treibseen erhalten. Insbesondere der malerische Ebnisee ist heute ein Zentrum der Naherholung im Schwäbischen Wald.

Alfdorf, Meuschenmühle

Backnang, Lederfabrikation (Archiv Heimat- und Kulturverein Backnang)

Leder aus Backnang

Als weiteres prägendes Gewerbe ist die Lederindustrie Backnangs zu nennen. Bereits für 1559 ist das Gerberhandwerk dort nachgewiesen. Seine Grundlagen waren Felle aus der dortigen Viehzucht und die Gewinnung von Rinde aus den umliegenden Wäldern sowie das Wasser der Murr. 1730 gab es in der Stadt 31 Gerbereien, 1871 sogar 102. Die Einführung von Dampfmaschinen bewirkten in der Folgezeit die Konzentration auf wenige große Fabriken, die auf dem Höhepunkt der Backnanger Lederindustrie

rund 1800 Mitarbeiter beschäftigten und den Ruf Backnangs als süddeutsche Gerberstadt begründeten. Im 20. Jahrhundert verlagerten die meisten Betriebe ihre Produktion ins Ausland oder stellten den Betrieb ganz ein, sodass von dieser Epoche der Industriegeschichte heute nur noch die erhaltenen Gebäude der ehemaligen Produktionsanlagen oder die Villen der Fabrikbesitzer zeugen.

Spätzle mit Tradition

Zwei der ehemaligen Wirtschaftsschwerpunkte der Städte und Gemeinden des Rems-Murr-Kreises brachten es dagegen zu nationaler und sogar internationaler Bedeutung. Zum einen ist dies das so genannte Remstaler Nudelband, das Mitte des 20. Jahrhunderts einer der wichtigsten deutschen Produktionsstandorte für Nudeln war. Über 15 größere und kleinere Betriebe dieser Branche konnten nachgewiesen werden. Bereits im 19. Jahrhundert entstanden die ersten Nudelmanufakturen, hauptsächlich aus Bäckereien oder Mühlenbetrieben, die sich auf die Nudelherstellung spezialisiert hatten und im Lauf der Jahrzehnte teils zu großen Betrieben wurden. Ein Beispiel ist die Plüderhausener Nudelfabrik Schüle, die 1912 1100 Beschäftigte zählte oder die Nudelfabrik Birkel, die noch in den 1980er Jahren an fünf Produktionsstandorten ebenfalls über 1000 Beschäftigte zählte. Inzwischen haben beide Marken fusioniert und ihren Firmensitz in Mannheim, damit ist auch dieses Kapitel der Wirtschaftsgeschichte für den Rems-Murr-Kreis Vergangenheit.

Zweites ehemaliges Gewerbe mit sogar internationaler Bedeutung war das Gärtnereigewerbe auf den fruchtbaren Lössböden des Schmidener Feldes. Unter ihnen war die Waiblinger Gärtnerei Münz, die von 1896 bis 2000 bestand, die größte Gewächshausgärtnerei Deutschlands. Sie war lange Zeit auf Nelken und Orchideen spezialisiert, die sie bis an den russischen Zarenhof lieferte.

Große Namen gestern und heute

So waren es immer wieder einzelne herausragende Unternehmer, die für den Wirtschaftsstandort Rems-Murr-Kreis und weit darüber hinaus wichtige Innovationsimpulse gaben und mit ihren Unternehmen den Raum

Schorndorf, Galerien für Technik und Kunst

prägten. Last, but not least seien hier besonders zwei weltweit bekannte Unternehmerpersönlichkeiten genannt: zum einen der in Schorndorf geborene Kraftfahrzeugpionier Gottlieb Daimler (1834–1900), zum anderen der Flugzeugkonstrukteur Ernst Heinkel (1888–1958) aus Remshalden-Buoch. Beiden wird inzwischen in den örtlichen Museen – in der Galerien für Kunst und Technik Schorndorf und im Museum Remshalden Heimat-Wirtschaft-Heinkel – gedacht.

Nicht vergessen werden sollen schließlich die beiden größten Industriebetriebe, die ihren Stammsitz bis heute im Rems-Murr-Kreis haben: der Motorsägenhersteller Stihl in Waiblingen und der Spezialist für Reinigungssysteme Kärcher in Winnenden. Beide sind mit ihren Produkten weltweit führend. Ergänzt werden diese Großbetriebe durch eine Vielzahl kleinerer und mittlerer innovationsstarker Unternehmen. Besondere Bedeutung haben dabei die Branchen Maschinenbau und Telekommunikation, die Fahrzeug-Zulieferindustrie sowie die Steuerungs- und Zuführtechnik mit ihrer ausgeprägten Exportorientierung.

Mit Know-how in die Zukunft

Hoch qualifizierte Mitarbeiter und erstklassige Bildungseinrichtungen sind der Schlüssel für die Zukunftsfähigkeit der Wirtschaft. In den vergangenen Jahren hat der Landkreis in seine Beruflichen Schulzentren in Backnang, Schorndorf und Waiblingen viel investiert. Daneben eröffnet der Campus Backnang der Berufsakademie Stuttgart ab 2010 den Unternehmen die Chance, in den neu geschaffenen Vertiefungsstudiengängen Verpackungs- und Automatisierungstechnik sowie Telekommunikation talentierte Nachwuchsingenieure zu gewinnen. Ferner bieten regionale Kompetenzzentren eine Kommunikationsplattform, unterstützen Existenzgründer und bündeln technologisches Know-how.

Traditionsgemäß steht im Rems-Murr-Kreis jedoch neben der Technik vor allem der Mensch im Mittelpunkt, sind doch größere und kleinere, traditionsreiche diakonische Einrichtungen eine Besonderheit seiner Wirtschaftsstruktur. So ist die 1823 gegründete Paulinenpflege in Winnenden, Träger eines Berufsbildungswerkes für hör- und sprachbehinderte Jugendliche, von Wohnangeboten und Werkstätten für Menschen mit Behinderungen sowie eines Jugendhilfeverbundes mit angeschlossener Schule für Erziehungshilfe zu nennen.

Die Diakonie Stetten betreibt mit über 2500 Beschäftigten u. a. Heime und Werkstätten für Menschen mit geistiger Behinderung, ein Berufsbildungswerk, eine Sonderberufsschule sowie eine eigene Schule für die Ausbildung von Heilerziehungspflegern. Die Erlacher Höhe ist eine große Einrichtung der Wohnungslosenhilfe und die Großheppacher Schwesternschaft, die 1856 von Wilhelmine Canz als „Bildungsanstalt für Kleinkinderpflegerinnen" gegründet wurde, ist heute eine namhafte evangelische Bildungseinrichtung.

Wilhelmine Canz und Anna Haag aus Althütte, die sich ein Jahrhundert

Wilhelmine Canz (1815–1901)

Friederike Wilhelmine Gottliebin Canz wurde am 27. Februar 1815 in Hornberg im Schwarzwald geboren. Sie starb am 15. Januar 1901 in Großheppach. Wilhelmine wuchs in einem außerordentlich strengen Elternhaus auf, geprägt von einer in dieser Zeit als gerecht verstandenen Zucht und den damit zusammenhängenden moralischen Maßstäben.

Nach dem Tode ihres Vaters zog die Familie nach Tübingen, wo Wilhelmine private Unterrichtsstunden bei Tübinger Professoren erhielt. Sie interessierte sich für alle Fragen der Theologie und hielt sich im Umkreis ihres Bruders Karl auf, der Theologie studierte. Durch die Nähe zu ihrem Bruder, einem begeisterten Hegelianer, erlebte sie Philosophen und philosophisch von der Aufklärung geprägte Theologen, die den biblischen Gottesglauben als etwas Primitives zu entlarven suchten. Sie geriet in einen Zwiespalt, ihr harmoniebedürftiges Weltbild zerbrach.

Doch Wilhelmine Canz war entschlossen, diese frevlerischen Gedanken zu überwinden und sah ihren Auftrag darin, ihren Mitmenschen die verderblichen, zerstörerischen Auswirkungen der modernen Philosophie nachdrücklich vor Augen zu führen: „O dass euch doch einmal jemand einen ganz klaren Spiegel vorhielte, wohin das führen kann!"

Sie schrieb 1835 - anonym - an einem Manuskript, das sich zu einem dreibändigen Werk entwickeln sollte: „Eritis sicut deus" (Ihr werdet sein wie Gott), also nach der Verheißung der Schlange im Paradies. Diesen Titel setzte jedoch nicht sie selbst, sondern Johann Hinrich Wichern über ihren Roman. Die evangelische Kirche Württembergs – damals schon jahrelang von ähnlichen Auseinandersetzungen durchgeschüttelt – lehnte dieses Werk ab, selbst Sprecher des schwäbischen Pietismus distanzierten sich davon. Das Werk erschien dennoch im Jahre 1854 und erreichte mit zwei Auflagen schließlich einen beachtlichen Leserkreis.

Wilhelmine Canz dachte auch immer stärker über die Gründung einer christlichen „Kleinkinderpflege" nach, ganz dem Wort Jesu entsprechend: „Lasset die Kindlein zu mir kommen ..." (Markus 10,14). Während sie zunächst versuchte, einen „Hort der Bergung" für Kleinkinder zu schaffen, suchte sie später nach Möglichkeiten, eine Anstalt aufzubauen, in der Erzieherinnen für Kleinkinder ausgebildet werden konnten. In Württemberg stieß Wilhelmine mit diesem Ansinnen zunächst aber auf härteste Ablehnung. Man empfand es als unmöglich „... kostenlos Kinder von Bauernweibern hüten zu wollen!" Die so Bescholtene verfolgte aber weiterhin fest ihren Plan und suchte einen Ort, wo Pfarrer und Bürgermeister gleichermaßen eine solche Einrichtung begrüßen würden. Es sollte Großheppach werden.

Am 17. Oktober 1855 zog Wilhelmine Canz mit ihrer Nichte Amalie Rohde in ein angemietetes Haus in Großheppach im Remstal ein und begann die Arbeit an einer Kinderschule. Amalie sollte die Kleinkinderschule leiten, sie selbst wollte sich der Ausbildung der Kinderpflegerinnen widmen. Die Kinder kamen schnell und in Scharen – doch die Lernschwestern ließen noch auf sich warten. Die ersten beiden Kandidatinnen fanden sich schließlich am 3. Mai 1856 in der „Bildungsanstalt für Kleinkinderpflegerinnen" ein.

Die Nachfrage nach Großheppacher Schwestern für „Kinderschüle" wurde immer größer. Der Bedarf war da, das Werk wuchs. 1863, also sechs Jahre nach der Gründung, waren 25 Schwestern tätig. 1876 waren es 99 Kinderschwestern und im Jahr 1901, dem Todesjahr von Wilhelmine Canz, bereits 349 Schwestern. Im Remstal hatte bald jede Gemeinde ein „Kinderschüle", geführt von Großheppacher Kinderschwestern. Im Laufe der Jahrzehnte wurden diese zu einem überzeugenden sozialen und christlichen Begriff in ganz Württemberg. Aus diesen Wurzeln gingen die heutige Evangelische Fachschule für Sozialpädagogik sowie die für Altenpflege hervor.

Im Jahr 1870 erhielt Wilhelmine Canz überraschenden Besuch von Königin Olga, die sichtlich beeindruckt war von ihrem Werk. Im Jahr 1874 wurde ihr der Olgaorden verliehen. Zum 25-jährigen Anstaltsjubiläum erhielt sie von Königin Olga eine goldene Uhr, die Wilhelmine für sich selbst viel zu prächtig empfand und deshalb niemals trug.

Die Stiftung Großheppacher Schwestern

Aus den kleinen Anfängen haben sich heute eine Reihe diakonischer Einrichtungen entwickelt, die allesamt von der Stiftung und der Großheppacher Schwesternschaft geführt werden: die Evangelische Fachschule für Sozialpädagogik mit angeschlossenem Internat für die Schülerinnen, sie befindet sich mit dem Mutterhaus seit 1971 in Beutelsbach; die Evangelische Fachschule für Altenpflege, seit 1989; das Altenpflegeheim „Wilhelmine-Canz-Haus".

Darüber hinaus werden Tagungen, Fortbildungsseminare in freundlichen Gästeräumen und Unterkünften angeboten. Der Tätigkeitsbereich der Großheppacher Schwesternschaft umfasst heute ein breites Spektrum des Dienstes an Kindern und alten Menschen.

später ebenfalls sozialpolitisch engagierte und auf die der Grundgesetzartikel zur Kriegsdienstverweigerung zurückgeht, sollen ebenfalls als zwei herausragende Frauen der Sozialgeschichte des Rems-Murr-Kreises näher vorgestellt werden (s. hierzu auch Anna Haag S. 78/79).

Die Wieslaufbahn, die Wieslauftalbahn und Schwäbische Waldbahn

Am östlichen Rand der Region Stuttgart führt die Wieslaufbahn als eine der schönsten Nebenbahnen im „Ländle" von Schorndorf über Rudersberg nach Welzheim in den Naturpark Schwäbischer Wald. Geografisch handelt es sich eigentlich um zwei Bahnen. Einmal die „Talbahn" vom Ausgangspunkt Schorndorf bis Rudersberg, und die „Bergbahn" von Rudersberg nach Welzheim. Letztere fasziniert durch ihren Gebirgsbahncharakter und ihre harmonische Führung durch das landschaftlich schöne obere Wieslauftal mit ihren drei Viadukten. Seit 1992 steht die Bahn unter Denkmalschutz. Zur besseren Unterscheidung wird im Folgenden die Gesamtstrecke als „Wieslaufbahn", die „neue" Bahn als „Wieslauftalbahn" bezeichnet.

Die Geschichte der Bahn

Im Jahr 1890 erfolgte erstmals eine Initiative der Stadt Welzheim, als letzte Oberamtsstadt des Königreichs Württemberg einen Bahnanschluss zu bekommen. Die Städte Schorndorf, Lorch, Schwäbisch-Gmünd, Backnang und Winnenden bemühten sich, Ausgangspunkt der Bahn zu werden. Zunächst sahen alle Projekte Schmalspurbahnen mit 750 Millimetern Spurweite vor, die Variante durch das Wieslauftal

Auf dem Laufenmühle-Viadukt

Klaffenbach,
Igelsbach
Viadukt –
Güterzug mit
Personen-
beförderung
1979

sogar mit Zahnstangen-Abschnitten. 1905 entschied die Regierung jedoch weitblickend, die Bahn regelspurig bauen zu lassen. Mitentscheidend für die Wahl der Linie Schorndorf–Rudersberg–Welzheim war ein Vergleich des Verkehrsaufkommens der Postkutschen und Personenbeförderung auf den vorhandenen Straßen. Hier lag die Strecke Schorndorf–Welzheim mit Abstand an vorderster Stelle.

Zunächst war die Württembergische Eisenbahngesellschaft (WEG), welche heute die modernisierte Wieslauftalbahn betreibt, damit beauftragt, die Bahn zu bauen und zu betreiben. Doch war sie verständlicherweise nicht bereit, wegen der zu erwartenden deutlich höheren Kosten ohne Erhöhung des Staatsbeitrages anstelle der zunächst geplanten Schmalspurbahn regelspurig zu bauen.

Nach unbefriedigenden Verhandlungen mit der WEG und anderen Privat-

gesellschaften beschloss die Königliche Staatsregierung mit Gesetz vom Juli 1905, die Bahn als regelspurige Staatsbahn errichten zu lassen. Die beteiligten Gemeinden mussten den für die Bahn erforderlichen Grund samt allen damit zusammenhängenden Kosten unentgeltlich zur Verfügung stellen. Rudersberg gestattete der Bahn zudem die Wasserentnahme aus dem öffentlichen Netz für die Lokomotiven.

Die „Talbahn" Schorndorf–Rudersberg wurde nach rund zweijähriger Bauzeit am 28. November 1908 eröffnet. Außer den beiden Stahlfachwerkbrücken über die Rems bei Schorndorf und die Wieslauf bei Schlechtbach waren keine Kunstbauten erforderlich. Anders beim Bau der „Bergbahn". Neben geografischen und geologischen Problemen gab es witterungsbedingte Schwierigkeiten, denn das Jahr 1910 verzeichnete immer wieder starke Regenfälle, welche einige der neu aufgeschütteten mächtigen Dämme abrutschen ließen. Deshalb konnte erst drei Jahre später, 1911, die Gesamtstrecke nach Welzheim eingeweiht werden. Nach Eröffnung der Bahn wurden die parallel geführten Postkurse eingestellt.

Die Bahnhöfe Rudersberg und Welzheim entsprechen dem im ganzen Land vorhandenen Einheitsstil, welcher in zahlreichen Varianten je nach Bedeutung auch heute noch anzutreffen ist. Leider wurden an beiden Gebäuden die Holz- und Schindelverkleidungen durch Asbestzementplatten ersetzt und die Fensterläden entfernt. Die ursprüngliche Harmonie der Gebäude ging dadurch verloren.

Die anderen Bahnhofsgebäude stellen eine Besonderheit dar, weil sie in ihrer lieblichen Jugendstil-Architektur nur auf der Wieslaufbahn anzutreffen sind. Sie sind baugleich, wobei die in Richtung Welzheim links stehenden spiegelverkehrt zu den rechts stehenden ausgeführt wurden. Fast alle diese Gebäude, inzwischen in Privatbesitz, wurden renoviert und weitgehend der ursprünglichen Farbgebung nachempfunden. 1992 wurde die gesamte Strecke samt den Gebäuden unter Denkmalschutz gestellt.

Der Personenverkehr war für die Mobilität der Menschen in dieser Region von großer Bedeutung: an Werktagen für die Berufstätigen, welche überwiegend nach Schorndorf, aber auch nach Welzheim tendierten; in den Sommermonaten kamen mit den Sonntagsausflugszügen Heerscharen von Ausflüglern in den Welzheimer Wald. Ihre Blütezeit erlebte die Bahn in den 1960er Jahren, als Zugkreuzungen der dichten Zugfolge wegen nicht nur in Rudersberg, sondern auch in Miedelsbach-Steinenberg sowie in Klaffenbach-Althütte erfolgten.

Michelau,
Wieslauftalbahn

Transportgüter waren zunächst Lang- und Schnitthölzer, Holzwaren der Firma Munz in Welzheim, bekannt als „Wägeles-Munz", ferner Töpferwaren aus dem Umfeld Welzheims und natürlich landwirtschaftliche Güter. Ab 1938 bis zum Ende des Betriebs durch die DB war die weltbekannte Firma Bauknecht bedeutender Kunde der Bahn mit den Betrieben Klingenmühle und Welzheim, in Rudersberg die Firmen Isoklepa und Schröter KG, in Haubersbronn das Betonwerk Sikler.

Durch stetigen Rückgang der Verkehrsleistungen nach Welzheim wurde der Personenverkehr zwischen Rudersberg und Welzheim am 30. Mai 1980 eingestellt.

Der Rumpfbetrieb zwischen Schorndorf und Rudersberg erfolgte mit Wendezügen, wobei sich die DB selbst Konkurrenz machte, indem sie parallel zu den Zügen Busse verkehren ließ. Die Konsequenz war 1986 der Antrag der DB, die Gesamtstrecke auf Busbetrieb umzustellen. Dadurch aufgeschreckt, ließen 1986 der Rems-Murr-Kreis, die Stadt Schorndorf sowie die Gemeinde Rudersberg beim verkehrswissenschaftlichen Institut der Uni Stuttgart ein gesamtwirtschaftliches Gutachten in Auftrag geben mit der eindeutigen Empfehlung, den Schienenverkehr beizubehalten (1987).

Der Rems-Murr-Kreis, die Stadt Schorndorf und die Gemeinde Rudersberg gründeten nun den Zweckverband Verkehrs-Verband Wieslauftalbahn (ZVVW), dem die Stadt Welzheim allerdings nicht beitrat. Dadurch wurde die Renaissance der Strecke auf die „Talbahn" Schorndorf–Rudersberg begrenzt.

Die Betriebsführung der nun privatisierten Wieslauftalbahn wurde der Württembergischen Eisenbahngesellschaft Waiblingen mbH (WEG) übertragen. Zusätzliche Haltepunkte wurden in Schorndorf-Hammerschlag, Haubersbronn-Mitte sowie Rudersberg-Nord (Endhaltestelle) eingerichtet. Die neue Bahn verzeichnet ca. 5000 Fahrgäste täglich; sie ist bei der Bevölkerung sehr beliebt und wird liebevoll „Wiesel" genannt.

Wichtigste Änderung gegenüber der „Staatsbahn" ist der Taktverkehr auf der „Talbahn" mit modernen Triebwagen und der Beitritt zum VVS sowie der Verzicht auf Güterverkehr. Fahrgäste sind wie früher Berufspendler, Auszubildende, Schüler, Hausfrauen und Rentner. Den Ausflugsverkehr wird künftig die „Schwäbische Waldbahn GmbH" übernehmen.

Dem Wunsch der Gemeinde Rudersberg folgend, beschloss der ZVVW 1999 die Weiterführung der Bahn um 800 Meter von Rudersberg-Nord nach Oberndorf. Am 16. Juni 2008 konnte die Verlängerung Rudersberg-Nord–Oberndorf in Betrieb gehen.

Museumsfahrten

Bereits ab 1973 nutzte die Gesellschaft zur Erhaltung von Schienenfahrzeugen (GES) und auch die Eurovapor die Möglichkeit, Museumszüge auf der Gesamtstrecke einzusetzen, was wegen des Dampfverbots ab 1977 nur noch stilwidrig mit Dieselloks möglich war. Die begeisterten Fahrgäste störte dies jedoch kaum. Ein Erdrutsch zwischen Oberndorf und Klaffenbach beendete nach anhaltenden Regenfällen an Ostern 1988 auch

Rudersberg,
Bahnhof

diese Fahrten und die Strecke wurde ab Rudersberg gesperrt. Seit 1993 führt die DBK Historische Bahn in Zusammenarbeit mit der WEG Museumsfahrten zwischen Schorndorf und Rudersberg durch.

1998 wurde ein Konzept zur Einrichtung einer Museums- und Tourismusbahn von Schorndorf nach Welzheim vorgelegt, wozu der eingestellte Streckenteil zwischen Oberndorf und Welzheim reaktiviert werden sollte. Der Antrag wurde 1999 vom Rat der Stadt Welzheim mit großer Mehrheit befürwortet. Auch Landkreis (1999) und Land Baden-Württemberg (2000) gaben ihre Zustimmung und finanzielle Zusagen im Rahmen der Tourismus- und Denkmalförderung. Die Aussichten auf einen Erfolg des Projekts sind gut, denn die landschaftliche Umgebung ist sehr schön und gehört zum Naherholungsbereich Schwäbischer Wald. Vielfältige Kombinationen mit der Bahn wie Rad- und Wandertouren sind möglich.

Im Frühjahr 2000 wurde der „Förderverein Welzheimer Bahn e. V." gegründet, im Juli 2000 die „Schwäbische Waldbahn GmbH" unter Führung der Stadt Welzheim. Inzwischen haben Freunde und Mitglieder des Fördervereins das ganze Jahr bei Wind und Wetter samstags über 20.000 (!) Stunden Arbeitsleistung erbracht, um die Strecke zu pflegen. Ziel der Schwäbischen Waldbahn GmbH ist die betriebsfähige Herrichtung der Strecke sowie die Vergabe an einen Betreiber zur Durchführung eines Tourismusverkehrs an Wochenenden, teils mit Dampfzügen, teils mit Triebwagen. Informationen findet man unter www. welzheimer-bahn.de.

Alfdorf,
Wasserrad der
Meuschenmühle

Mühlen im Schwäbischen Wald

Mühlen sind seit der Antike ein wichtiger Wirtschaftszweig. Sie liefern nicht nur das Mehl für unser tägliches Brot, vielmehr sind mehr als 160 produktive Verwendungsmöglichkeiten von Mühlen nachweisbar. Da wurde längst nicht nur Mehl gemahlen, da wurde gesägt, gerupft, gestampft, weich geklopft, gequetscht ...

Im Vergleich zu den großen leistungsstarken Flussmühlen anderer Regionen gibt es im Schwäbischen Wald kleinere Bachmühlen, die sich – abgesehen von der Murr – mit der bescheidenen Wasserkraft der Bäche und ihren Zuläufen arrangieren mussten. Da waren ausgeklügelte Systeme gefragt, um die nötigen 5 PS zu erreichen, die einen Mahlvorgang überhaupt erst möglich machen. Bachläufe wurden

zusammengeführt, Mühlkanäle angelegt; Mühlteiche wurden aufgestaut, Gefälle ausgenutzt und oberschlächtige Wasserräder eingesetzt, die die Schwerkraft besser ausnutzen, da das Wasser von oben auf das Rad trifft.

Heute kann der Schwäbische Wald darauf verweisen, dass es hier nicht nur die größte Mühlendichte Württembergs gibt, sondern auch die größte zeitgeschichtliche Vielfalt in der Mühlentechnik. Außerdem sind hier alle gängigen Getreidemühlensysteme zu finden. Dass im Schwäbischen Wald noch so viele Zeugen einstiger Wirtschafts- und Technikgeschichte stehen, ist kein Zufall, sondern das Ergebnis ernsthafter Bemühungen zum Erhalt dieser Technikveteranen.

Im Regierungsbezirk Stuttgart und im Rems-Murr-Kreis entstanden bis in die zweite Hälfte des 19. Jahrhunderts noch neue Mühlen. Erst Ende des 19. Jahrhunderts gaben einzelne Betriebe das Mahlen auf. Nach dem Ersten Weltkrieg häuften sich die Stilllegungen. Eine Welle des Niedergangs bewirkte der Zweite Weltkrieg und das endgültige Aus für die meisten Mühlen brachte das Stilllegungsprogramm des Bundes von 1957. Damit waren viele Mühlen im Schwäbischen Wald zunächst dem Verfall preisgegeben.

Doch allmählich setzte ein Umdenken ein. Die Sägemühle Hummelgautsche wurde 1973 vom Forstamt Gschwend und der Gemeinde Alfdorf wieder instandgesetzt. Ein Zeichen für diesen allmählichen Stimmungswandel ist auch der am 18. März 1976 erschienene Aufruf in der Gmünder Tagespost: „Was wird aus den Mühlen im Schwäbischen Wald? Der Verfall dieser alten Kulturdenkmäler muss verhindert werden." Der Mühlenwanderweg wurde 1978 unter Landrat Horst Lässing und dem damals zuständigen Amtsleiter Karl Heinz Veit ins Leben gerufen. Das Engagement des Landkreises für die Erhaltung der historischen Müh-

len wird bis heute tatkräftig weitergeführt – eine echte Generationenaufgabe. Dank vieler Bemühungen der rührigen Mühlenbesitzer und vieler engagierter ehrenamtlicher „Aufbauhelfer" erstrahlen heute die Mühlen des Schwäbischen Waldes in neuem Glanz. Wie Perlen reihen sich viele von ihnen entlang des 37 Kilometer langen Mühlenwanderwegs und konkurrieren mit der Schönheit der Landschaft, die sie umgibt.

Meuschenmühle
(auf Gemarkung Alfdorf)

In der Meuschenmühle kann das System der „Alten Deutschen Wassermühle" noch voll funktionsfähig in Betrieb erlebt werden. Die Mühlentechnik stammt aus dem 19. Jahrhundert, das Gebäude aus dem Jahr 1787. Die Mühlenanlage ist im Erhaltungszustand und der Ursprünglichkeit ihrer technischen Einrichtung von besonderer historischer Bedeutung. Sie ist die „Alte Deutsche Wassermühle",

Alfdorf,
Meuschenmühle

wie sie nur noch einmal in Baden-Württemberg (in der Scheerermühle) anzutreffen ist.

Am „Mühlentag" (Pfingstmontag), dem „Tag des Schwäbischen Waldes" (September) oder bei Gruppenführungen wird das Wasserrad in Gang gesetzt und bringt die ehrwürdige Maschinerie im Mühleninneren zum Rattern. Dieses Erlebnis, umgeben von der alten technischen Ausstattung – den Einschütttrichtern, Mehlsieben, Riemen und Rädern – mit dem Geruch von altem Gemäuer, Holz und Mehlstaub gehört sicherlich zur eindrucksvollsten Zeitreise in eine Mühlenwelt, in der der Müller noch im Verbund mit dem Element Wasser und seiner Muskelkraft dem Korn das Mehl abringen musste. Bis zu zehn Mahldurchgänge waren erforderlich; bei jedem Durchgang musste das Mahlgut von unten aus dem Auffangkasten herausgeschöpft, nach oben getragen und wieder in den Trichter geleert werden, um den Mahlgang

erneut zu beschicken. Die tief ausgetretenen Holzstufen zum Mahlgang der Meuschenmühle sind stumme Zeugen dieser Mühsal. Bei optimalen Wasserverhältnissen konnten maximal 3 bis 5 Zentner am Tag gemahlen werden, die Seemühle in Weissach i. T. schafft 10 Tonnen in 24 Stunden und eine moderne Großmühle kann in dieser Zeit 1500 Tonnen vermahlen.

Heinlesmühle
(auf Gemarkung Alfdorf)

Viele der Mühlen im Schwäbischen Wald hatten, um die Wasserkraft optimal auszunutzen, eine Doppelfunktion und betrieben neben der Getreidemühle noch eine Sägemühle – auch die Menzles- und die Meuschenmühle. Die Heinlesmühle hat noch wie die Ebersberger Mühle beide Gebäude erhalten. Die Sägemühle war sogar noch bis Anfang der 1990er Jahre in Betrieb. Das typische Bauprinzip der Doppelmühlen ist hier noch zu sehen.

Alfdorf, Heinlesmühle

Die Mahlmühlen bestanden in der Regel aus einem gemauerten Erdgeschoss und einer darüber liegenden Fachwerkkonstruktion. Hier war oft auch die Wohnung des Müllers untergebracht. Die Sägemühlen waren fast immer einfache Holzkonstruktionen. Die Heinlesmühle ist auch die einzige am Mühlenwanderweg, die noch über zwei funktionsfähige Wasserräder verfügt. Eines treibt das jüngst renovierte und wieder gangbar gemachte Sägegatter der Sägemühle an, das andere setzte die einstige Getreidemühle in Gang. Im 12. Jahrhundert gehörte die Heinlesmühle der Reichsstadt Schwäbisch Gmünd, 1557 kam sie an Limpurg und 1805 wurde sie württembergisch. Noch heute kündet das imposante Fachwerkgebäude vom einstigen Wohlstand. Es ist ein Prunkstück am Mühlenwanderweg. Die Mühle war von bedeutender Wirtschaftskraft. Als Beispiel sei das Steueraufkommen der Gemeinde von 1829 aufgeführt, das bei 42 Gulden lag. Die Heinlesmühle erbrachte davon allein 10 Gulden, also ein Viertel. Bis Mitte des 19. Jahrhunderts diente sie auch als Rathaus für Vordersteinenberg, war Schildwirtschaft und eine Zeit lang auch Schulgebäude.

Menzlesmühle
(auf Gemarkung Kaisersbach)

Die Menzlesmühle im Gauchhauser Tal gehört zu den schönsten Mühlen im Schwäbischen Wald. Sie wurde im Jahre 1305 erstmals schriftlich erwähnt als „Molendono dicto Cronmul", als Cronmühle. Der Name Menzlesmühle besteht erst seit dem 19. Jahrhundert. 1721 fiel die Menzlesmühle einem

Großbrand zum Opfer und wurde anschließend wieder aufgebaut.

Vier Wasserräder sorgten 1853 für den Antrieb – drei größere Räder für die Mahlmühle und ein kleines „Fladerrad" für die damals noch existierende Sägmühle.

Mit Zahnrädern (Kammrad und Stockrad) konnte die Kraft des Wasserrads „um die Ecke" geleitet und in höhere Drehzahlen umgewandelt werden. Da man mit diesen Getrieben noch sehr eingeschränkt war, wurde für jeden Mahlgang ein eigenes Wasserrad benötigt. In der Menzlesmühle waren drei Mahlgänge vorhanden, entsprechend wurden drei Wasserräder hintereinander und gegeneinander etwas versetzt eingebaut.

Das Fladerrad ist ein Rad mit kleinerem Durchmesser von 70 bis 100 Zentimetern, kleiner als die oberschlächtigen Mühlräder und deshalb billiger zu bauen. Durch den geringeren Durchmesser kamen sie auf höhere Drehzahlen. Das sparte ein teures Holzgetriebe für die Übersetzung, wie es langsam drehende große Mühlräder brauchen, um schnelle Bewegungen des Sägeblattes zu erreichen. Fladerräder, auch als „Flatterräder" bezeich-

Alfdorf, Mühlenwanderweg bei der Heinlesmühle

net, konnten eingesetzt werden, wenn viel Wasser zur Verfügung stand.

Hummelgautsche – Vaihinghofer Sägmühle
(auf Gemarkung Alfdorf)

Die Hummelgautsche war wie viele der kleinen Sägmühlen im Schwäbischen Wald eine Gemeinschaftsmühle. Das heißt, sie unterstand weder Landesherrn noch Kloster, vielmehr teilten sich mehrere Bauern die Rechte. „Die Genossen hatten ihre Anteile in Tage pro Monat aufgeteilt. Der geringere hatte vielleicht 3 Tage Anteil, der größere 15 Tage. So viele Tage wie einer Anteil hatte, durfte er sägen, dann musste er dem nächsten Platz machen.
Waren Reparaturen am Sägwerk fällig, mussten die Mühlzimmerleute im gleichen Rhythmus vom jeweiligen Bauern verköstigt werden. Da war nicht jede Küche gleich, so wenig wie es bei den einzelnen Bauern mit der Ordnung in der Mühle gleich war. Ein Schild gab es in manchen Mühlen mit der Aufschrift: ‚Ein jedes Ding an seinem Ort spart viel Zeit, manch

bittres Wort.' Es zeigt recht gut die Stimmung, die manchmal zwischen den Genossen herrschte. Wie eine solche Genossenschaft, die bis zu 20 Teilhaber haben konnte, ohne Streit funktionierte, ist rätselhaft, schon allein des Wassers wegen", berichtete der verstorbene Mühlenbauer Gottlob Bohn aus Kirchenkirnberg um 1970.

In der Hummelgautsche hat man mit einem Hochgang, also einer Einblattsäge, Balken, Dielen und Bretter gesägt. Beim Hochgang ist in einem Rahmen (Gatter) im Gegensatz zum Vollgatter nur ein Sägeblatt eingespannt. Das Gatter wird über eine Kurbel und eine Stelze auf- und abwärts bewegt. Diese „gautschende" Bewegung zusammen mit den gemeindeeigenen Bullen (schwäbisch: Hommel), die auf der Wiese um die Mühle gegrast haben, gaben der Vaihinghofer Sägmühle ihren Beinamen.

Es konnte immer nur ein Brett gesägt werden. Dann wurde der Wagen wieder mit dem Stamm zurückgefahren. Der Stamm musste um die Brettstärke, die gesägt werden soll, verschoben und wieder festgespannt werden. Der letzte Schnitt war schwierig, weil das verbleibende Brett und die Schwarte zu wenig Halt gaben, um sie zu befestigen. Die letzten 10 cm des Stammes konnten wegen der Halterung, dem Geißfuß, nicht gesägt werden und wurden abgerissen oder abgespalten.
Gesägt wurde hauptsächlich in der Zeit, in der in der Landwirtschaft nicht viel Arbeit anfiel: im zeitigen Frühjahr, im Spätherbst und – wenn es ging – im Winter. Dann aber oft bei Tag und Nacht, solange Wasser da war.

Die Müllerstochter Renate Fürstenau erinnert sich: „In der Hummelgautsche wurde zu meiner Jugendzeit auch immer noch gesägt. Sie war ja von alters her eine Gemeinschaftsmühle. Der Vaihinghof, der Deschenhof und der Obermüller vom Birkhof waren damals die Besitzer. Wenn sie dann gesägt haben, haben sie es gar nicht gern gesehen, wenn wir als Kinder herumgesprungen sind. Die haben uns dann fortgejagt. Es war ja auch nicht ungefährlich. Aber das haben wir als Kinder halt nicht so gesehen. Gesägt haben sie nur Holz aus dem eigenen Wald für den Eigenbedarf, denn das war eine ganz langsame Geschichte. Die sind immer ewig drangestanden, bis ein paar Bretter oder Bälkle fertig waren. Aber zumindest konnten sie sich mit Schnittholz versorgen, ohne dass sie dafür einen Groschen gebraucht haben."

Murrhardt,
Rümelinsmühle

Mühlen mit ungebrochener gewerblicher Tradition

Die heutige Seemühle in Weissach im Tal kann auf eine Tradition blicken, die bis in die Jahre zwischen 1230 und 1245 zurückreicht. Ihren Namen hat sie von einem See, der schon längst nicht mehr existiert. Er war im 16. Jahrhundert für die herzogliche Fischzucht angelegt worden, um den Stuttgarter Hof mit frischem Fisch zu beliefern. Fisch wird längst nicht mehr geliefert, aber die Seemühle produziert nach wie vor und zwar Mehle von bester Weizenqualität, die im Mühlenladen im Erdgeschoss verkauft werden. In der angegliederten Backstube entstehen Brote aus den eigenen Mehlen, Hefezopf, Salz- und Zwiebelkuchen.

Das heutige Gebäude geht in seiner Substanz auf das Jahr 1743 zurück. Das berichtet die Inschrift am Mühlengebäude: „In Gottes Namen. An(n)o 1743./ (ist) die Mühle von Grund auff wieder neu/ erbaut worden./ ....". Zunächst lief die Mühle mit drei, ab 1831/35 mit vier Wasserrädern. Anfang des 20. Jahrhunderts lässt sich für die Mühle eine Energie von 12 PS feststellen. Damit wurden damals die Getreidemühle, eine Dreschmaschine, eine Hanfreibe, eine Futterschneide, eine Kreissäge und eine Obstmühle betrieben. Bis 1973 wurde die Wasserkraft

Alfdorf,
Hagmühle

Wasserrad von 1983 ist im Radhaus an der Giebelseite untergebracht.

Das heutige Mühlengebäude stammt aus dem Jahr 1799. Im ersten Stock ist der Walzenboden. Hier findet der eigentliche Mahlprozess statt mit den drei Walzenstühlen aus den 1950er Jahren. Die Mahlarbeit, die früher die Mühlsteine erledigten, machen heute die Hartgusswalzen in den Walzenstühlen. Auch der Mühlenladen befindet sich auf diesem Stockwerk – sozusagen am Ort des Geschehens. Neben mühlenfrischem Mehl aus verschiedenen Getreiden gibt es auch sämtliche Dinkelprodukte, Nudeln und allerlei Backzutaten sowie Trockenfrüchte. Ein besonderes Erlebnis sind die wöchentlichen Backtage, wenn das Backhäusle seinen unverschämt guten Duft von frischem Holzofenbrot verströmt. Neben Dinkel und Vollkornbrot an Donnerstagen entstehen freitags Bauernbrot, Salzkuchen und Dinkelhefezöpfe.

Die Voggenbergmühle auf der Gemarkung Alfdorf ist die letzte gewerbliche Mahlmühle, die am Mühlenwanderweg liegt. Sie wird 1524 als Sägmühle genannt. Ab 1571 ist sie auch als Mahlmühle nachweisbar. Die beiden Mühlengebäude stammen aus dem 19. und aus der Mitte des 20. Jahrhunderts. Ganz neu erstellt wurde der Gebäudetrakt, in dessen Erdgeschoss der Mühlenladen untergebracht ist. Hier gibt es eine eindrucksvolle Vielfalt an Mehl aus verschiedenen Getreidesorten und in sämtlichen Ausmahlgraden. Außerdem gibt es eine reiche Auswahl an Trockenfrüchten, Nüssen, Sämereien und Nudelkreationen. Das Angebot lässt Herzen von Hobbybäckern und -köchen höher schlagen.

genutzt. Seitdem liefert Strom die nötige Energie für den verbliebenen Mühlenbetrieb.

Die Rümelinsmühle in Murrhardt liegt außerhalb des alten Murrharder Stadtkerns, 200 Meter oberhalb des Zuflusses des Dentelbaches in die Murr. Auch wenn die Mühle nicht mehr einsam am Stadtrand liegt, sondern von der Stadt eingeholt wurde, ist sie ein intaktes, bilderbuchreifes Mühlenanwesen mit Hauptgebäude, Scheunen, Ställen, Backhaus, Bauerngarten und Staketenzaun. Sie ist die einzige produzierende Mühle im Schwäbischen Wald und eine der wenigen in Deutschland, die dies noch teilweise mit Hilfe des Mühlrades tut. Ein Ausgleichsmotor unterstützt das Wasserrad; er bremst, wenn es sich durch ein zu hohes Wasserangebot zu schnell dreht und treibt an, wenn die Wasserkraft zu gering ist. Der Mühlkanal zweigt ab beim Zusammenschluss des Trauzenbaches mit dem Siegelsbach zum Dentelbach. Dabei wird noch das Mühlkanalsystem verwendet, wie es bereits im Klosterlagerbuch von 1576 beschrieben wird. Das

Wie funktioniert eine Getreidemühle?

Das Mühlrad nutzt die Kraft des Wassers. Das sich drehende Wasserrad ist der „Motor" der Mühle. Je nach Gefälle und Wassermenge kommen ober-, mittel- und unterschlächtige Räder zum Einsatz. Bei oberschlächtigen Mühlen wird das Wasser über einen Holzkanal, die Wasserradrinne, von oben auf das Mühlrad geleitet, bei mittelschlächtigen Mühlen trifft das Wasser in Höhe des Wellbaums auf die Schaufeln des Wasserrades. Die unterschlächtigen Wasserräder werden nicht durch das Gewicht des herunterfallenden Wassers, sondern durch die Strömung angetrieben. Das Mühlrad ist auf eine Achse, den Wellbaum, aufgezogen. Der Wellbaum überträgt die Drehbewegung des Mühlrads ins Innere der Mühle auf das Kegelradgetriebe (Stirn- oder Kammrad) am anderen Ende des Wellbaums im Mühlengebäude. Stirn- oder Kammrad tragen 60–120 „Kämme", die wie Zähne von Zahnrädern arbeiten und damit die Müllereimaschinen über weitere Zahnräder oder Riemen in die benötigte Drehzahl bringen. Bei großen, langsam laufenden Wasserrädern muss, um die notwendige Drehzahl zu erreichen, oftmals ein zusätzliches Getriebepaar, fliegendes Rad und Trieb, eingebaut werden. Die eigentliche Mahlmaschine ist der Mahlgang. Dieser besteht aus dem feststehenden Bodenstein, der auf dem Zwischenboden (Biet) ruht, und dem sich darüber drehenden Läuferstein. Der Läuferstein ist mittels der Haue im Mühleisen, einer senkrechten Welle, eingehängt. Mit dem Handrad der Aufhelfvorrichtung kann der Stein auf- und abwärts bewegt und damit der Mahlspalt verändert werden. Von Zeit zu Zeit müssen Boden- und Läuferstein nachgeschärft werden. Damit das gemahlene Gut nicht davon stauben kann, sind die Steine von einem Mantel, der Zarge, umgeben. Über einer Aussparung in der Mitte der Zarge sitzt der Trichter, in den das zu mahlende Gut geschüttet wird. Der verstellbare Rüttelschuh am unteren Ende des Trichters sorgt für eine gleichmäßige Zuführung des Mahlguts zu den Mahlsteinen. Das gemahlene Gut geht durch das Auslaufrohr weiter zur Sichtmaschine, wo mit entsprechenden Sieben das Gut z. B. in Mehl, Grieß und Schrot getrennt werden kann.

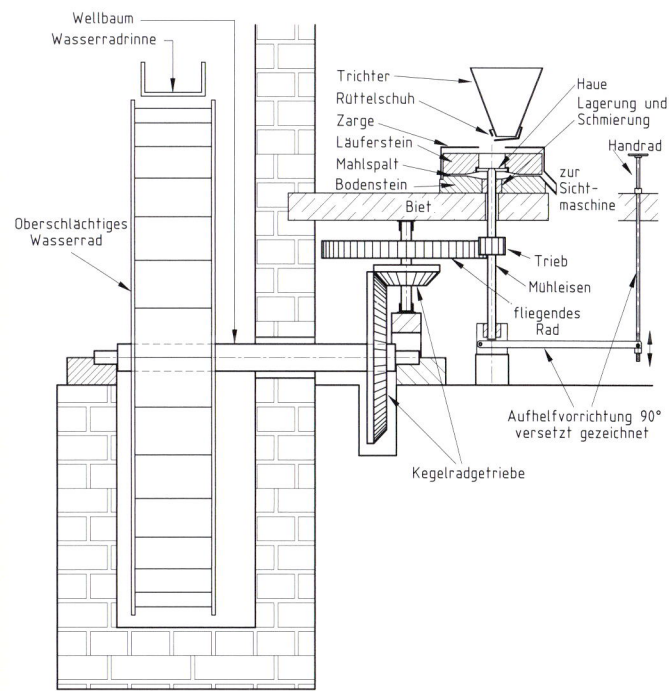

Deutsche Mahlmühle
Prinzipskizze

Leben und Überleben in der Geschichte

Im Jahr 1832 kleidete der Dichter Ferdinand Freiligrath (1810–1876) seine Gedanken zur Auswanderung in ein Gedicht mit dem Titel „Die Auswanderer". Es fällt in die frühen Jahre seines Schaffens, als Freiligrath sich dem damals Exotischen widmete und es romantisch verklärte. Seine Äußerungen zur Auswanderung wären später vermutlich anders ausgefallen, denn der Dichter gehörte ab 1844 als Freund von Karl Marx zum radikalpolitischen Flügel der Revolutionäre von 1848/49 und musste nach ihrem Scheitern Deutschland verlassen. Dabei konnte er am eigenen Leib erleben, wovon er rund 20 Jahre vorher so romantisch geschwärmt hatte. Von den tatsächlichen Härten der Auswanderung, der wochenlangen Überfahrt auf überfüllten Segelschiffen, von Krankheit und Tod und den Startschwierigkeiten in Amerika sprach der Dichter der Romantik allerdings nicht.

Württemberg auf dem Weg zum Armenhaus

Die Auswanderung aus Württemberg, und damit auch aus dem Gebiet des heutigen Rems-Murr-Kreises, war ein Phänomen, das sich in einer Wellenbewegung vom Anfang des 18. Jahrhunderts bis in die Zeit der Weimarer Republik erstreckte.
Dabei hatte es um die Mitte des 17. Jahrhunderts danach gar nicht ausgesehen. Im Dreißigjährigen Krieg und durch die Pest waren ganze Landstri-

Warten auf das Schiff

che entvölkert worden, die Raubzüge französischer Heere in den Jahren von 1688 bis 1697 taten ein Übriges, die Bevölkerung zu dezimieren. Im Vordergrund standen im Württemberg des 18. Jahrhunderts also zunächst Einwanderer. Vor allem Glaubensflüchtlinge aus dem Alpenraum gelangten in die südwestdeutschen Länder, denn der durch den Ausgang des Krieges gefestigte Grundsatz der Glaubenshoheit der Landesherren in ihren Territorien ließ ihnen nur die Wahl zwischen dem Wechsel der Religionszugehörigkeit und dem Verlassen ihrer Heimat. Und so kamen österreichische Protestanten, Waldenser aus Italien, Hugenotten aus Frankreich und Juden aus den umliegenden Ländern. Diese Einwanderer waren durchaus willkommen und wurden als Handwerker, Unternehmer und Händler in die Städte integriert.

Seit der Mitte des 18. Jahrhunderts änderte sich die Situation. Die Bevölkerung war stark gewachsen und die verfügbare Anbaufläche war in Württemberg begrenzt, besonders die bäuerliche Realteilung führte dazu, dass Familien auf ihren oft nur noch handtuchgroßen Landstücken keinen auskömmlichen Ertrag erwirtschaften konnten. Gerade der in Württemberg verbreitete Weinbau war Wetterschwankungen, klimatischen Katastrophen und Schädlingsbefall besonders ausgeliefert. Hinzu kam, dass die kleinen Betriebe des selbständigen herstellenden Gewerbes zunehmend durch billigere englische Industrieimporte unter Druck gerieten. Und all dies geschah just in einer Zeit, als sich die rechtlichen und sozialen Bindungen der alten Feudalordnung langsam

Die Auswanderer (Auszug)

Des Dorfes steingefasste Quelle,
Zu der ihr schöpfend euch gebückt,
Des Herdes traute Feuerstelle,
Das Wandgesims, das sie geschmückt.

Bald zieren sie im fernen Westen
Des leichten Bretterhauses Wand;
Bald reicht sie müden braunen Gästen,
Voll frischen Trunkes, eure Hand.

Ermattet trinkt daraus der Tscherokese,
Ermattet, von der Jagd bestaubt;
Nicht mehr von deutscher Rebenlese,
Tragt ihr sie heim, mit Grün belaubt.

O sprecht! Warum zogt ihr von dannen?
Das Neckartal hat Wein und Korn;
Der Schwarzwald steht voll finstrer Tannen,
Im Spessart klingt des Älplers Horn.

Wie wird es in den fremden Wäldern
Euch nach der Heimatberge Grün,
Nach Deutschlands gelben Weizenfeldern,
Nach seinen Rebenhügeln ziehn!

Ferdinand Freiligrath (1832)

aufzulösen begannen. In Württemberg gerieten also sowohl die Landwirtschaft als auch das selbständige Gewerbe in Not und damit ein Großteil der Bevölkerung. Eine mehr als luxuriöse und zugleich ruinöse Hofhaltung der Fürsten tat ein Übriges, um das Herzogtum zu einem der ärmsten Länder Europas zu machen.

Es waren also vorwiegend wirtschaftliche Gründe und Perspektivlosigkeit, welche die Menschen veranlassten, das Land zu verlassen. Im Gegensatz zu den meisten deutschen Territorien war jedoch Württembergern das Auswandern unter Mitnahme ihrer Habe erlaubt, im Tübinger Vertrag von 1514 war ihnen das Recht auf „freien Abzug" ausdrücklich verbrieft worden.

Auswandern nach Südosteuropa im 18. Jahrhundert

Im 18. Jahrhundert begann das Habsburger Reich, Kolonisten für diejenigen Gebiete zu werben, die ihm nach den siegreichen Türkenkriegen zugefallen waren, vor allem entlang dem Unterlauf der Donau. Es ging den österreichischen Herrschern, besonders Maria Theresia, um die Sicherung ihrer Staatsgrenze. Geworben wurden Siedler vor allem in den vorderösterreichischen Gebieten zwischen Bodensee und Breisgau. Man spricht für das 18. Jahrhundert von drei großen „Schwabenzügen", von südwestdeutschen Auswanderern also, die in dieses Gebiet aufbrachen. Insgesamt handelte es sich um rund eine halbe Million Auswanderer, davon etwa 150000 aus Baden und Württemberg, denen diese Migranten insgesamt den Sammelbegriff „Schwaben" verdanken. Die Kolonisten fuhren zuerst mit den so genannten Ulmer Schachteln, großen flachgehenden Booten, auf der Donau flussab bis Budapest und setzten von dort die Reise in Trecks fort. Am Ziel winkten ihnen viele Vergünstigungen: Sie erhielten kostenlos Land (Acker und Wiesen) und Baumaterial, Feuerholz konnten sie zu ermäßigten Preisen erwerben. Drei Jahre waren

sie von Abgaben befreit und leibeigen wurden sie überhaupt nicht. Das klang sehr verlockend für süddeutsche Bauern, die unter Missernten, Realteilung und Kriegszügen gelitten hatten.

In der zweiten Hälfte des 19. Jahrhunderts traten neben die österreichischen Werber auch preußische. Die Preußen suchten sich ihre neuen Untertanen ganz gezielt in den „überbevölkerten südwestdeutschen Ländern", wie König Friedrich-Wilhelm II. verlautbarte. Sie wollten Kolonisten für die Teile Polens anwerben, welche Preußen 1795 zugefallen waren, u. a. Westpreußen, Kulmer Land und Pommerellen. Damit traten sie in direkte Konkurrenz zu den Österreichern.

Erst ein Auswanderungsverbot, das der frischgebackene König Friedrich I. auf Druck Napoleons erlassen hatte – der Kaiser brauchte Steuerzahler und vor allem Soldaten und hatte keinerlei Interesse daran, dass seine Untertanen und die seiner Verbündeten auswanderten –, dämmte den Wegzug vorübergehend ein. Dennoch gab es auch weiterhin Auswanderungen aus Württemberg, vor allem nach Russland. Nachdem Napoleons Macht durch den gescheiterten Russlandfeldzug und die folgende Auflösung des Rheinbundes, dem auch Württemberg angehört hatte, weitgehend gebrochen war, nahmen Auswanderungen wieder zu, obwohl das Verbot erst 1815 offiziell aufgehoben wurde.

Auswanderziele im 19. Jahrhundert

Nach Russland zu gehen, hatte in Württemberg schon Tradition: Bereits auf das Jahr 1762 ging ein „Einladungsmanifest" der deutschstämmigen Zarin Katharina II. zurück, dem eine große Zahl von Kolonisten aus Südwestdeutschland folgte. Ihr Ziel war das Schwarzmeergebiet. Allein zwischen 1814 und 1817 verließen 15000 Menschen Südwestdeutschland mit dem Ziel Russland, davon waren etwa zwei Drittel Württemberger. Bis weit ins 19. Jahrhundert hinein blieb Russland ein erstrebenswertes Ziel für Auswanderer aus dem deutschen Südwesten. Dies änderte sich erst nach 1871, als die Russlanddeutschen ihre Privilegien verloren und u. a. Wehrdienst leisten sollten. Sie verließen in Scharen ihre Dörfer und zogen nach Nord- und Südamerika weiter oder kehrten nach Deutschland zurück. Ein besonderer Schub von Rückwanderern ist für die Zeit des russisch-japanischen Krieges von 1904/05 zu verzeichnen.

Auch wenn Russland traditionell ein wichtiges Ziel für württembergische Auswandererfamilien war, wurde doch ab der ersten Hälfte des 19. Jahrhunderts Amerika immer attraktiver, und hier vor allem die USA, das „Land der unbegrenzten Möglichkeiten". Von den Württembergern, die zwischen 1815 und 1870 das Land verließen, gingen 90 Prozent nach Amerika. In den Jahren 1846–1855 waren es nicht weniger als 164000 Menschen. Allein im Zusammenhang mit der gescheiterten Revolution von 1848/49 zog rund eine halbe Million aus Südwestdeutschland – Baden, Württemberg und der Pfalz – nach Amerika. Die Zahl der Auswanderer in die USA blieb auch für den Rest des 19. Jahrhunderts konstant auf hohem Niveau.

Wer fortzog – und warum

Vom 18. Jahrhundert bis zum Ende der napoleonischen Ära dominierten bei der Auswanderung wirtschaftliche Gründe: Bevölkerungswachstum, Folgen der bäuerlichen Realteilung und Perspektivlosigkeit. Als nach den napoleonischen Kriegen jedoch die Konsolidierung des Landes zunächst stecken blieb, wurde Auswanderung auch für eher vermögende Schichten ein Thema. Ökonomische Probleme und politische Unzufriedenheit fielen in den Jahren 1816/17 bei vielen zusammen, denn zu den Querelen um die Schaffung einer Verfassung kam, dass im Jahr 1816 der Sommer völlig ausfiel, mit allen negativen Folgen wie Missernten und Hungersnot. An dieser Katastrophe war, wie man heute weiß, der verheerende Ausbruch des Vulkans Mount Tamboro in Indonesien schuld, dessen Ascheregen einen Schleier um die ganze Welt zog, der die Sonne verdunkelte und zu einem dramatischen Abfall der Temperaturen führte. Eine weltweite Klimaveränderung war die Folge, die vor allem Europa und Nordamerika ein Jahr ohne Sommer bescherte. Der Freiherr vom und zum Stein, Initiator wesentlicher Reformen in Preußen in napoleonischer Zeit, analysierte die prekäre Situation in Württemberg 1816/17 als Wirtschaftskrise und politischen Verfassungskonflikt in einem, der auch gemeinsam gelöst werden musste. Stein plädierte für eine neue Verfassung mit Einbindung aller Stände, einen rigiden Sparkurs der Regierung, den Kampf gegen Misswirtschaft und Korruption. Ein staatliches Präven-

und in der neuen Heimat als „Startkapital" nutzen konnten. Und als im Jahr 1817 als Folge der grassierenden Hungersnot und Teuerung allein zwischen Januar und Juli nicht weniger als 17200 Menschen in Württemberg ihrer Heimat den Rücken kehrten und in Richtung Amerika und Russland zogen, handelte es sich nicht etwa um die Ärmsten der Armen, sondern um einen Personenkreis, der in der Krise durchaus etwas zu verlieren hatte. Diese Entwicklung sah die Regierung verständlicherweise mit Sorge, weil sie das Land langfristig in seinem wirtschaftlichen Bestand gefährdete.

Wichtiger als die bloße Menge der Auswanderer war allerdings, dass diese eine Art Vorhut bildeten, die mit ihren Rückmeldungen aus der neuen Heimat auch andere zur Auswanderung motivieren und diese mit ihrem erworbenen Know-how bei der Umsetzung ihrer Absicht unterstützen konnten. Denn bis in die 1840er Jahre war die Auswanderung noch nicht besonders organisiert. Dann jedoch änderte sich dies: Südwestdeutsche Nationalökonomen begannen, Auswanderung als Instrument zur Regulierung des Bevölkerungswachstums anzusehen. Besonders von der Auswanderung armer Familien erhofften sie sich eine wesentliche Entlastung der staatlichen und gemeindlichen Kassen, weil die Unterstützungszahlungen wegfielen. Württemberg erließ regelrechte Auswandererschutzgesetze und organisierte eine Auswandererbetreuung. Diese Unterstützung führte tatsächlich dazu, dass wieder zunehmend ärmere Familien das Land verließen, zwischen 1812 und 1867 rund 450000 Menschen.

Auswanderer-Pass des Königreichs Württemberg

tionsprogramm sollte der Auswanderungsstimmung und Perspektivlosigkeit den Boden entziehen, denn die Auswanderungsbewegung ging dem Land langsam aber sicher an die Substanz.

Die Rahmenbedingungen für eine Auswanderung waren in Württemberg vergleichsweise günstig: Schließlich hatte der Tübinger Vertrag von 1514 den Landeskindern nicht nur das Recht auf freien Abzug verbrieft, sondern, was nicht weniger wichtig war, diesen mit dem Recht auf die Mitnahme ihres gesamten Vermögens verknüpft. Eine Abzugsgebühr, die so genannte Nachsteuer, wurde nicht erhoben. Damit war die Auswanderung für Personen mit Besitz durchaus attraktiv, weil sie diesen mitnehmen

Waren politische Gründe für die Auswanderung bis dahin nur ein untergeordnetes Motiv gewesen, gab es in der späten Restaurationszeit und im Umfeld der gescheiterten Revolution von 1848/49 einen massiven Auswanderungsschub von rund 5 Prozent der damaligen Bevölkerung, die das Land nicht freiwillig verließen, sondern als politische Flüchtlinge bezeichnet werden müssen. Im Verlauf der Debatte um Verfassungsreformen ging es nur um Unzufriedenheit, nach 1848 um die Existenz oder gar das nackte Leben. Politisch engagierte, liberal, demokratisch oder kommunistisch denkende Menschen aus bürgerlichen, intellektuellen Schichten mussten Württemberg und Baden verlassen, darunter viele prominente Persönlichkeiten wie Georg Herwegh, Ferdinand Freiligrath, Friedrich Kammerer und Friedrich List.

Nach 1848 nutzten die württembergischen Behörden Auswanderung als Mittel, „Kommunisten" und „Proletarier" loszuwerden und auf diese Weise wieder Ruhe ins Land zu bringen. Die Gemeinden erhielten sogar Geldmittel zur Förderung der Auswanderung vor Ort.

Man kann durchaus sagen, dass sich der Staat in Württemberg Mitte des 19. Jahrhunderts quasi als Auswanderungsagentur betätigte.

Auswanderung aus dem heutigen Rems-Murr-Kreis

Der heutige Rems-Murr-Kreis setzt sich im Wesentlichen aus den Gebieten der Altkreise Backnang, Waiblingen und Teilen des Kreises Schwäbisch-Gmünd zusammen. Territorial entsprach dies dem Umfang der Vorgänger dieser Kreise, also der württembergischen Oberämter Backnang, Waiblingen, Schorndorf und Welzheim sowie Teilen der Oberämter Gaildorf und Marbach. Aus den amtlichen Oberamtsbeschreibungen, die in der Mitte des 19. Jahrhunderts für alle Oberämter erschienen, ist einiges überliefert über den Umfang der Auswanderungen sowie die möglichen Ursachen, welche die Zeitgenossen dafür verantwortlich machten.

Im Falle Backnangs gibt es nur wenige Quellen vor der Oberamtsbeschreibung. Dort vermerkten die amtlichen Berichterstatter vor allem ökonomische Probleme, welche in den 1850er Jahren die Auswanderungszahlen in die Höhe trieben: Zu Anfang der 1850er Jahre war das Oberamt „auch unter denjenigen [anderen Oberämtern], in denen vergleichsweise die größte Zahl der Gante [Zwangsversteigerungen] vorkam, in welchen also auch der ökonomische Zerfall am weitesten um sich gegriffen hatte". Jährlich kam auf 37 Familien 1 Gant, d. h, etwa 2,7 Prozent der Amtsbevölkerung scheiterte jedes Jahr ökonomisch. Dieser Umstand spiegelt sich auch in den Auswandererzahlen. Die Auswanderungsquote lag im Jahrzehnt zwischen 1842 und 1852 bei rund 2,4 Prozent. Wenige Jahre später, 1856/57, hatte sie sich mit 4,7 Prozent beinahe verdoppelt und Backnang lag mit dieser Quote in der Spitzengruppe der Oberämter in Württemberg. Die Berichterstatter führten die Auswanderung auf eine gleichzeitig auftretende Kombination von wirtschaftlicher Not und starkem Bevölkerungswachstum zurück, denn im Oberamtsbezirk wurden fast die ganze erste Hälfte des 19. Jahrhunderts hindurch mehr Menschen geboren als starben, man hatte sogar einen landesweit deutlich überdurchschnittlichen Geburtenüberschuss aufzuweisen. Und so erreichte Mitte der 1850er Jahre die Auswanderung aus dem Oberamt ihren Höhepunkt, zu einer Zeit, als sie im Landesdurchschnitt schon wieder deutlich abnahm; die Auswanderung verlief in Backnang also gewissermaßen antizyklisch. Nach 1856/57 sank die Auswandererquote jedoch schnell wieder, nun verließen nur noch rund 100 Menschen pro Jahr das Oberamt. Eine ausgeprägte Flexibilität bei der Wahl des Lebensmittelpunktes schien im Oberamt Waiblingen schon immer üblich gewesen zu sein, wenn man den Berichten der Oberamtsbeschreibung folgt, die 1850 erschien: „Besondere Neigung zu dem schon zuvor erwähnten Auswandern, zunächst durch ungenügenden Grundbesitz veranlasst, zeichnete den Remsthäler schon in früheren Jahrhunderten aus (...)." Dass es dabei auch um den „Volkscharakter" ging, zeigt die folgende Einschätzung von Amts wegen: „Insbesondere ist die Leichtigkeit charakteristisch, womit der Bewohner der „Berglen" seinen Wohnort ändert; die Auswanderung nimmt er leicht und spricht von Amerika etwa wie von einem benachbarten Lande, da selten eine Familie sich findet, die nicht in den Vereinigten Staaten einen nahen Anverwandten hätte." Doch auch wirtschaftliche Gründe wurden gesehen: „Es ist namentlich bemerkenswerth, wie ein

Steigen der Fruchtpreise immer eine Zunahme der Auswanderung aus unserem Oberamte zur Nachwirkung hat." Nach amtlicher Zählung wanderten zwischen 1841 und Herbst 1848 861 Personen aus dem Oberamt aus, die meisten nach Nordamerika (455) und Siebenbürgen (279). Ihren Höhepunkt erreichte die Auswanderungswelle 1846 und 1847, als 630 Personen das Oberamt verließen. Das Vermögen, welches die Auswanderer insgesamt mitnahmen, belief sich auf 203376 Gulden.

Die Zahlen für das Oberamt Schorndorf sind niedriger, doch auch hier hat Auswanderung aus amtlicher Sicht etwas mit dem „Volkscharakter" zu tun: „Von der dem Remsthäler eigenthümlichen Neigung zum Auswandern und der Leichtigkeit, womit namentlich die Berglensbewohner ihren Wohnort ändern, war schon in der Beschreibung des Oberamts Waiblingen (...) die Rede. (...) In den letztverflossenen 10 Jahren sind 547 Personen mit einem Vermögen von 104.820 fl. ausgewandert, wovon 299 nach Amerika, 70 nach Polen, 69 nach Siebenbürgen, 38 nach Ungarn etc."

Nach der vorläufigen Auswertung von Archiv-Material durch das Landesarchiv Baden-Württemberg verließen vom 18. bis zum beginnenden 20. Jahrhundert mehr als 4500 Personen das Gebiet des heutigen Rems-Murr-Kreises und zogen in alle Welt fort. Hierbei sind bislang viele kleine Gemeinden und Wohnplätze im Kreisgebiet noch gar nicht erfasst, die tatsächliche Zahl könnte durchaus um einiges höher gewesen sein. Die meisten (knapp 3000) verließen ihre Heimat zwischen 1850 und 1880. Im Krisenjahr 1816 waren es immerhin fast 600 Auswanderer, mehr als im gesamten 18. Jahrhundert.

Geringer als erwartet war die Auswanderung nach der gescheiterten Revolution von 1848/49 (175 Personen). Das spricht dafür, dass sich die Auswirkungen der Revolution und das Engagement der Bevölkerung im Gebiet des Rems-Murr-Kreises, anders als z. B. in Baden, eher in Grenzen gehalten hatte. Die 1848er-Flüchtlinge zogen bis auf einen (nach Chile) alle nach Nordamerika, hier kamen die größten Gruppen aus Sulzbach (39) und aus Waiblingen (21).

Der Löwenanteil der Auswanderer (2684) verließ das Land jedoch später, zwischen 1850 und 1880 (danach waren es bis zum Ende des Ersten Weltkriegs nur noch 163 Personen). Das Hauptziel dieser größten Auswanderungswelle lag eindeutig in Nordamerika (2301) und in Osteuropa (122 gingen nach Russland, genannt wird hauptsächlich die Region Minsk). Eine große Gruppe wagte sich nach Australien (75). Nach Südamerika wandten sich 47. Auch die Schweiz war mit 43 Auswanderern beliebt, ebenso wie Siebenbürgen und Rumänien (23), das Gebiet Polens (18), Österreich (13), Ungarn (12) und Frankreich (11). Etwas exotischer waren Ziele in Algerien (14) und Afrika (1).

Die Ziele waren zwar vielfältig, fallen aber in der Gesamtschau nicht aus dem Rahmen: Bis 1816 zogen die Auswanderer hauptsächlich in andere Regionen Europas (inklusive Russlands) und nach Nordamerika. Auffallend sind 146 Auswanderer aus Beutelsbach nach Nordamerika und größere Gruppen nach Russland aus Fellbach

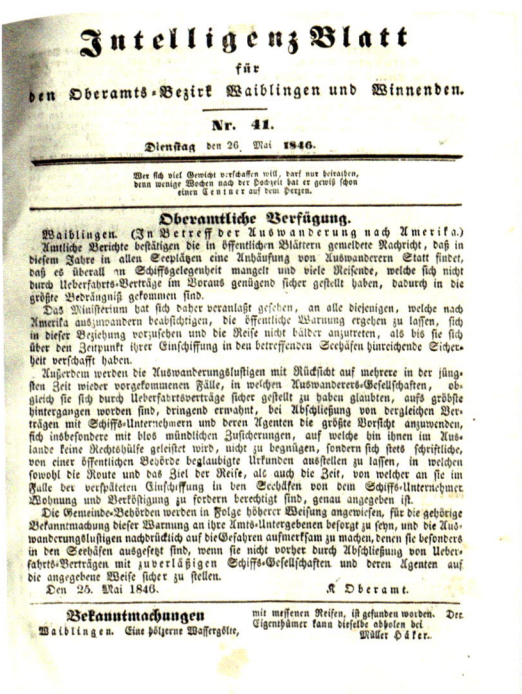

Artikel zur Auswanderung 1846

(57), Rudersberg (28), Winnenden (28) und Waiblingen (45).

Andere Ziele waren England (22), Frankreich (10), die Schweiz, die Niederlande und Österreich. Hier ragen auffällig große Gruppen aus Fellbach nach Nordamerika (242), aus Schorndorf, Winterbach und Schwaikheim nach Russland (je um die 50) und eine Gruppe aus Waiblingen nach England (22) hervor.

Seit den 60er Jahren des 20. Jahrhunderts bewegt sich das Pendel nach Jahrhunderten der Auswanderung wieder zurück: Es wandern wieder Menschen nach Baden-Württemberg und in den Rems-Murr-Kreis ein, auf der Suche nach Arbeit und einer besseren Zukunft – nachvollziehbare Motive, die denen der Auswanderer aus dem heutigen Kreisgebiet ähneln dürften.

Anna Haag (1888–1982)

Anna Pauline Wilhelmine Haag, geb. Schaich, wurde am 10. September 1888 in Althütte geboren. Sie wuchs als drittes von sechs Kindern in den bescheidenen Verhältnissen einer damaligen Lehrerfamilie auf. Mit 21 Jahren heiratete sie den Mathematik- und Physiklehrer und Philosophen Albert Haag, mit dem sie 1912 nach Bukarest zog, wo er an einer Deutschen Schule unterrichtete. Aus dieser Ehe gingen ein Sohn und zwei Töchter hervor. Anna Haag starb im Jahr 1982 im Alter von 93 Jahren in Stuttgart.

Anna Haag begann bereits in Bukarest, für deutsche Zeitungen Berichte über Land und Leute zu schreiben. Im Jahr 1919 kehrte die Familie nach Württemberg zurück. Anna Haag griff auch hier weiter zu Stift und Block und schrieb nun für württembergische Zeitungen. 1926 erscheint ihr erstes Buch „Die vier Rosenkinder", viele andere sollten folgen.

Noch zur Weimarer Zeit trat sie der SPD und der „Internationalen Frauenliga für Frieden und Freiheit" (IFFF) bei. Nach 1945 initiiert sie die erneute Gründung und übernimmt die Leitung der Gruppe Württemberg. Während des Naziregimes wurde ihr Mann strafversetzt, sie hatte Publikationsverbot.

Die politische Verfügbarkeit von Frauen während des Naziregimes bewegte sie nach Kriegsende dazu, Mütter und Hausfrauen, also ihre Schicksalsgenossinnen, zu politischer Mitverantwortung anzuhalten. Sie kämpfte darüber hinaus für die Anerkennung der Hausfrauenarbeit (heute Familienarbeit). So setzte sie sich beispielsweise 1947 im Landtag dafür ein, dass auch Hausfrauen als Beschäftigte betrachtet wurden, denn sie waren aufgrund ihrer „Nichtbeschäftigung" damals von Lebensmittel-Zulagekarten für Beschäftigte ausgeschlossen. Ihre Tätigkeit und ihre Erfolge als Abgeordnete des ersten baden-württembergischen Landtages zeugen von Mut und Durchsetzungsvermögen für gesellschaftspolitische Themen.

„Stuttgarter Frauen helfen bauen", diese dem raschen Wiederaufbau gewidmete Arbeitsgemeinschaft geht ebenfalls auf die Initiative Anna Haags zurück. Mit besonderer Aufmerksamkeit setzte sie sich auch für Weiterbildungsmöglichkeiten alleinerziehender Frauen ein. So entstand mit Unterstützung der Stadt Stuttgart und amerikanischer Spenden auf ihre Initiative in Bad Cannstatt ein Wohnheim für alleinstehende Mädchen und Frauen. Es wurde 1951 eingeweiht. Das nach ihr benannte „Anna-Haag-Mehrgenerationenhaus" in Stuttgart-Bad Cannstatt ist bis heute Ausdruck ihres großen sozialen Engagements. Der 1976 gegründete „Arbeitskreis Anna-Haag-Haus e.V." bewahrt ihr Vermächtnis. Im September 2005 wurde die Anna-Haag-Stiftung GmbH ins Leben gerufen, um den „Sozialen Arbeitskreis Anna-Haag-Haus e.V." bei der Realisierung seiner Ziele als Mehrgenerationenhaus zu unterstützen und um ein Forum für den Dialog der Generationen bieten zu können.

Geprägt von den Erfahrungen zweier Weltkriege und ihrer Folgen machte sie den Einsatz für den Frieden zu ihrer zentralen Aufgabe. Anna Haag vertrat überzeugend ihre entschiedene Haltung gegen die Wiederbewaffnung und einen neuen Kriegsdienst. Im Jahr 1947 brachte sie den Initiativgesetzentwurf im Landtag ein, der von vier weiblichen und 13 männlichen Abgeordneten unterzeichnet wurde: „Niemand darf zum Kriegsdienst mit der Waffe gezwungen werden." Trotz erheblicher Kontroverse mit männlichen Kollegen wurde der Entwurf im April 1948 angenommen. Bei der späteren Übernahme in das Grundgesetz der Bundesrepublik wurde er um den Gewissensvorbehalt ergänzt: „Niemand darf gegen sein Gewissen zum Kriegsdienst an der Waffe gezwungen werden".

Anna Haag wurde 1968 mit dem Bundesverdienstkreuz Erster Klasse ausgezeichnet, 1978 verlieh ihr die Stadt Stuttgart die Bürgermedaille, sie erhielt weiter die Verdienstmedaille des Landes und die Medaille für Verdienste um die Heimat. Zahlreiche Schulen im Rems-Murr-Kreis wurden inzwischen nach ihr benannt. Darüber hinaus tragen viele Straßen ihren Namen.

Im Geburtshaus Anna Haags, dem alten Schulhaus in Althütte, werden in einer Vitrine persönliche Erinnerungsstücke aus ihrer Althütter Kinder- und Jugendzeit gezeigt. Ein persönlicher Nachlass Anna Haags befindet sich im Stadtarchiv Stuttgart: Kriegstagebücher, Reiseberichte, Hörspiele, Rundfunksendungen, Gedichte, Zeitungs- und Zeitschriftenaufsätze.

Literatur von Anna Haag

Die vier Rosenkinder, Geschichten aus einem Waldschulhaus, Heilbronn, 1926. *Frau und Politik*, Karlsruhe, 1946. *Ich reise nach Amerika*, Stuttgart, ca. 1949. *Zum Mitnehmen – ein bisschen Heiterkeit*, Stuttgart, 1967. *Das Glück zu leben*, Erinnerungen und Begebenheiten aus neun Jahrzehnten, Stuttgart, 1967. *Gesucht: Fräulein mit Engelsgeduld*, Ein vergnüglicher Roman, Stuttgart, 1969. *Was ich meiner schwäbischen Heimat verdanke*; in: Schwaben unter sich – über sich (hrsg. von Otto Heuschele), Frankfurt, 1976. *Zu meiner Zeit*, Mühlacker, 1978.

Tipps

Gottlieb Daimler Geburtshaus Schorndorf

Das Geburtshaus des Autopioniers Gottlieb Daimler befindet sich in Schorndorf in der Höllgasse. Heute ist das Haus ein Museum und liefert Informationen über den wohl bekanntesten Sohn der Stadt und seine Erfindung. Unter *www.schorndorf.de* oder *Tel. 07181 602-140* sind weiterführende Informationen und Hinweise zu Führungen und Öffnungszeiten zu finden.

Führungen in der Mühle

Ausgebildete Gäste- und Naturparkführer/innen bieten neben einer Reihe anderer Angebote auch Mühlenbesichtigungen und -wanderungen für Gruppen an. Dabei orientieren sie sich an den individuellen Bedürfnissen der Besucher und stimmen ihr Angebote entsprechend auf Vereine, Schulen, Kindergärten, Unternehmen, Geburtstagsrunden und Menschen jeden Alters ab. Beratung und Informationen erhält man über *E-Mail: mweigle@web.de; www.die.naturparkfuehrer.de, E-Mail: info@die.naturparkfuehrer.de.*

Mühlenwanderweg

Um die historischen Mühlen für Einheimische und Besucher zu erschließen, wurde 1978 der Mühlenwanderweg ins Leben gerufen und mit dem Mühlensymbol ausgeschildert. Er verbindet auf einem 37 km langen Rundweg elf der schönsten noch erhaltenen Mühlen. Für kürzere Wanderungen stehen drei ausgeschilderte Rundwege zwischen 10 und 15 km Länge zur Verfügung. Das Heft mit der ausführlichen Wanderbeschreibung kann unter *Tel. 07151 501-1376* bestellt oder im Internet unter *www.schwaebischerwald.com* heruntergeladen werden.

„Mühlentag" und „Tag des Schwäbischen Waldes"

Am Pfingstmontag jeden Jahres findet deutschlandweit der „Deutsche Mühlentag" statt. An diesem Tag bieten die meisten Mühlen, insbesondere auch am Mühlenwanderweg, Einblicke ins Mühleninnere. Die Mühlräder werden in Gang gesetzt, die historische Mühlentechnik wird soweit wie möglich in Betrieb genommen und den Besuchern im Rahmen von Mühlenführungen vorgeführt. Daneben gibt es oftmals rustikale Bewirtung mit Schmackhaftem aus dem Backhäusle. In den angeschlossenen Mühlenläden werden Mühlenprodukte angeboten.

Auch am „Tag des Schwäbischen Waldes", einer Großveranstaltung mit einer Vielzahl von Einzelveranstaltungen zur Erkundung des Waldes, öffnen viele Mühlen ihre Pforten und laden zu Führungen und zur Einkehr ein. Der „Tag des Schwäbischen Waldes" findet jährlich im September statt. Informationen unter *www.schwaebischerwald.com.*

Hagmühle

Die Hagmühle wurde in einer Urkunde 1417 erstmals genannt. Sie wurde als Mahl- und Sägemühle betrieben. Der Name der Mühle ist auf den nahen Limes zurückzuführen, der im Volksmund als „Hag", also Zaun oder Hecke, bezeichnet wurde. Bis 1975 war die Hagmühle noch als Getreidemühle in Betrieb. Bis heute ist ihre Einrich-

tung vollständig: drei Walzenstühle, Plansichter, Elevatoren und Getreidereinigung. Zwei historische Mahlgänge mit Mühlsteinen sind ebenfalls vorhanden.

In der idyllisch im Leintal gelegenen Mühle besteht die Möglichkeit seine Ferien zu verbringen. Außerdem bietet die Hagmühle mit ihrer geschlossenen Hofanlage und einem vollständigen Mahlwerk die nostalgische Kulisse für kulturelle Veranstaltungen mit wechselndem Charakter.

An zwei Wochenenden im September werden Bilder, Skulpturen, aber auch Schauspiel und Musikveranstaltungen präsentiert. Einmal im Monat wird ein „Rock in der Mühle" veranstaltet, in der Regel an einem Freitag.

Die Räume stehen ebenfalls für Seminare und Fortbildungsveranstaltungen zur Verfügung.

Informationen und Buchungen unter *Tel. 07172 32487* oder *www.xn–hagmhle-92q.de.*

WanderWalter

WanderWalter ist das GPS-System für den Schwäbischen Wald. Er basiert auf der Wanderkarte des Landesvermessungsamtes. Alle Informationen zur Lage der verschiedenen Mühlen, zum Mühlenwanderweg, seinem Verlauf und zu vielen anderen Routen und Freizeitaktivitäten können unter *www.schwaebischer-wald.com* nachgeschaut werden. Wer einen gps-fähigen Taschencomputer hat, kann sich alle Informationen auch kostenlos herunterladen.

Museumsbahnfahrten

Bereits seit 1985 verkehrt auf der Strecke zwischen Gaildorf und Untergröningen die Kochertalbahn im Dampfbetrieb, seit 1992 gibt es die Wieslauftalbahn. Sie verbindet Schorndorf und Rudersberg und wird ebenfalls von Dampfzügen befahren. Die Strecken werden von der DBK Historische Bahn e.V. betrieben. Angeboten werden neben dem Pendelverkehr auch Tagesfahrten und Fahrten auf den DB-Strecken. Das aktuelle Programm mit Fahrtterminen lässt sich im Internet abrufen *www. dbk-historische-bahn.de*. Fragen werden telefonisch unter *Tel. 0700 32580106* und per *E-Mail: info@ dbk-historische-bahn.de* beantwortet.

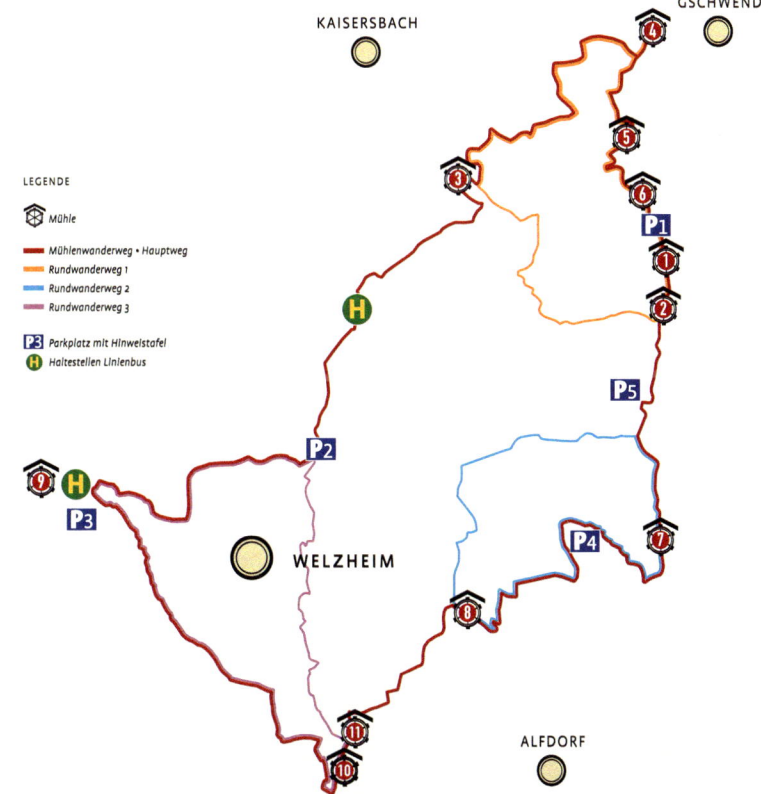

Auf den Spuren großer Herrscherhäuser

Grenzland – Königsland

Der Rems-Murr-Kreis ist ein Kunstprodukt. Erst 1973 entstand er auf der Grundlage einer Verwaltungsneuordnung hauptsächlich aus den Altkreisen Backnang und Waiblingen. Den Kreisen gingen verwaltungsgeschichtlich die Oberämter und Ämter voraus. Das „Amt Waiblingen" entstand sogar bereits in der Mitte des 13. Jahrhunderts und gilt als die „Keimzelle" des

späteren Königreichs Württemberg. Legt man dieses Datum zugrunde, kann man sogar sagen, dass der Rems-Murr-Kreis mit seinen Vorläufern der älteste Landkreis in Baden-Württemberg ist.

Erste feste Strukturen lassen sich bereits in der Römerzeit verorten. Damals trennte der Limes die Westhälfte des heutigen Kreisgebiets vom Land der germanischen „Barbaren". Die Reste dieser riesigen Wehranlage zählen heute zum Weltkulturerbe und gehören zu den touristischen Höhepunkten im Rems-Murr-Kreis, die immer einen Besuch lohnen.

Grenzland blieb die Gegend zwischen Rems und Murr auch nach dem Untergang des Römischen Reiches, denn entlang der Wasserscheide zwischen Rems und Murr verlief im 5. Jahrhundert die Grenze zwischen den Siedlungsgebieten der Franken und der Schwaben. Der fränkische Adel gewann schließlich auch gegen die südlichen Nachbarn die Oberhand und reklamierte das Remstal (mit Waiblingen als Hauptort) und den Raum entlang der Murr für das Königsgut der Karolinger und ihre Nachfolger. Das heutige Kreisgebiet war fortan jahrhundertelang ein Kristallisationspunkt deutscher Geschichte, weil hier viele der maßgeblichen Familien Besitz und Rechte hatten, sie lebten sozusagen Burg an Burg.

„Große Politik" – Waiblinger und Welfen

Die Bedeutung der Waiblinger

So wie unter den Karolingern die Franken und unter den sächsischen Kaisern die Sachsen das tonangebende „Staatsvolk" im Reich gewesen waren, stützten sich die Salierkaiser wiederum hauptsächlich auf die Franken. Durch diese Verschiebung und den bedeutenden königlichen Besitz in Schwaben richtete sich das machtpolitische Interesse der Herrscherfamilie u. a. auf den Raum des heutigen Rems-Murr-Kreises. Dies blieb auch

nach dem Übergang der Herrschaft im Reich von den Saliern auf die Staufer so. Der ehemalige Waiblinger Stadtarchivar Wilhelm Glässner hat in seiner „Waiblinger Tradition" sogar festgestellt, dass „Waiblingen über die ganze mittelalterliche Kaiserzeit persönliches Hausgut [war], das sich von den Karolingern über die Frauen schwäbischer Herzöge und die „Heinriche von Waiblingen" – die später Salier genannt wurden – zu den Staufern vererbte."

In diesem einen Satz steht im Grunde schon alles wirklich Wichtige: In spätkarolingischer Zeit hat in Waiblingen eine Pfalz bestanden, hier hat Kaiser Karl III. (der Dicke) mehrere Urkunden ausgestellt, und in einer solchen aus dem Jahr 885 wird die Stadt zum ersten Mal erwähnt. Der erste Salierkaiser, Konrad II., führte den Beinamen „der Waiblinger", vermutlich tradiert über seine Gemahlin Gisela von Schwaben. Diese beiden waren die Stammeltern der berühmten „Heinriche von Waiblingen", der Kaiser Heinrich III., Heinrich IV. und Heinrich V. aus dem Geschlecht der Salier. Die Tochter Heinrichs IV., Agnes von Waiblingen, heiratete 1079 den Staufer Friedrich, den ersten Herzog von Schwaben aus diesem Geschlecht, und brachte dabei Waiblingen in die Ehe mit. Auf diese Weise gelangte tatsächlich das Haus- und Hofgut Waiblingen über die Karolinger und die Salier zu den Staufern. Auch zukünftig waren die Bindungen der Familie an diese Region eng: Die Söhne Herzog Friedrichs I., Friedrich und Konrad, wurden von ihrer Mutter Agnes zumindest zeitweise in Waiblingen aufgezogen, und als der Ältere als Friedrich II. Herzog von Schwaben wurde, erhielt sein jüngerer Bruder Güter und Rechte im nördlichen Schwaben, vermutlich auch Waiblingen. Mit diesem jüngeren Bruder, der als Konrad III. im Jahr 1138 deutscher König wurde, saß erstmals ein Staufer auf dem Thron – und offenkundig wiederum ein „Waiblinger". Dieser Name hatte für die Staufer hohen Symbolwert, weil er das Bindeglied zwischen ihnen und ihren salischen Vorgängern darstellte. Der wichtigste Chronist der Staufer, Otto von Freising, erwähnte wohl, dass Herzog Friedrich I. von Schwaben von hohem Adel war, verzichtete aber darauf, ihn nach seiner Familie als „Staufer" zu bezeichnen. Vielmehr zog er ihn in die salische Kaiserfamilie der „Heinriche von Waiblingen". Auch Friedrich Barbarossa sprach von seinen Vorfahren – salischen wie staufischen – als „Waiblingern". Mit „Waiblingern" waren also nicht nur die Salier, sondern vor allem die Staufer gemeint.

Der Herrschaftsbereich der Welfen

Deren härteste Konkurrenten um den Vorrang im Reich des Hohen Mittelalters waren die Welfen. Bei ihnen handelt es sich um das älteste Adelsgeschlecht Europas und es gibt sie noch heute. Die Familie ist nicht nur alt, sie war auch von Anfang an von großer Bedeutung. Aus der Ehe des fränkischen Grafen Welf, und auf diesen Leitnamen trifft man immer wieder, ging u. a. eine Tochter Judith hervor, die im Jahr 819 Kaiser Ludwig den Frommen heiratete, den Sohn Karls des Großen. Diese Ehe spielte in der Erinnerungskultur der Wel-

fen später eine große Rolle, weil sie ihre Abstammung damit bis auf Karl den Großen zurückführen konnten. Wenige Jahre später ging die Schwester der Kaiserin, die Welfin Hemma, eine Ehe mit dem ostfränkischen König Ludwig ein. Schon diese beiden Verbindungen machen klar, dass die Familie bereits in karolingischer Zeit zum höchsten Adel im Frankenreich gehörte.

In Burgund herrschten von 888 bis 1032 Mitglieder des Welfenhauses als Könige. Deren Töchter heirateten wiederum ins Reich hinein: Adelheid ehelichte Kaiser Otto den Großen, Gisela Herzog Heinrich II. von Bayern. Aus beiden Verbindungen gingen deutsche Könige bzw. römische Kaiser hervor: Otto II. und Heinrich II.

Seit der zweiten Hälfte des 9. Jahrhunderts ist zunehmend von welfischen Amts- und Herrschaftsträgern im Süden des Reichs die Rede. Die Welfen dieser Zeit vereinten Besitz im alemannischen, fränkischen und bayerischen Raum. Zum Mittelpunkt ihrer Herrschaft wurde seit dem 10. Jahrhundert Ravensburg, wo sie das Kloster Altdorf gründeten. Über Generationen, bis zu Heinrich dem Schwarzen und Wulfhild (gest. 1126), wurden sie auch dort begraben.

Der welfische Herrschaftsbereich kristallisiert sich heraus zwischen Bodensee und Ammer, dem Schussengau im Westen, dem Ammergau im Osten, dem Inntal und dem Vinschgau im Süden (heute Südtirol). Südlich des Alpenhauptkamms bestanden Heiratsverbindungen zu den Grafen von Este, deren Gebiet bis an die Toskana reichte. Im welfischen Einflussbereich lagen auch die für die deutschen

Könige und Kaiser wichtigen Alpenpässe Reschen und Brenner. Den Welfen gehörten Orte wie Ravensburg, Memmingen, Mering, Schongau und Peiting. Sie gründeten und förderten Klöster in Altdorf bzw. Weingarten, Kempten, Zwiefalten, Ochsenhausen, Roth, Altomünster, Rottenbuch, Füssen und Steingaden. Auch Burgenbau betrieben sie eifrig. Hohenschwangau und Neuschwanstein z. B. gehen im Kern auf welfische Bauten zurück. Im 12. Jahrhundert waren die Welfen ein Machtfaktor im Reich, an dem niemand ohne Weiteres vorbeikam. Bei Königswahlen traten sie mehrmals als unmittelbare Konkurrenten der Staufer auf. Obwohl das Zentrum ihrer Macht im Alpenraum und am Bodensee lag (und etwas später vor allem in Norddeutschland), hatten sie auch Besitz im nördlichen Schwaben erworben. Welfische Güter und Rechte lagen im Raum Fellbach und damit im heutigen Rems-Murr-Kreis. Die Welfen waren damit unmittelbar an ihre staufische Verwandtschaft herangerückt.

Der weite Weg nach Württemberg

Im Südwesten trieben nicht nur die im Reich führenden Waiblinger und Welfen ihre Machtpolitik, auch andere, alteingesessene lokale Geschlechter suchten sich ihren Anteil zu sichern. Grund für das mitunter unübersichtliche Hin und Her im Ränkespiel der Adelsfamilien war, dass das mittelalterliche Reich kein geschlossener Territorialstaat war, sondern ein Gemenge aus sich überlappenden Besitzungen und Rechten, die man erwerben, verpfänden, verleihen oder gar verschenken konnte: Wer an einem Ort z. B. die Abgaben der Bauern für sich beanspruchen konnte, war dort nicht automatisch auch für Recht und Ordnung zuständig – und schon gar nicht für die Aufsicht über die kirchlichen Angelegenheiten. Diese verschiedenen Rechte konnten durchaus auf konkurrierende Adelsgeschlechter verteilt sein, die sich nicht scheuten, sie notfalls mit Gewalt durchzusetzen. Der Bau von Burgen, und von denen gab es im heutigen Kreisgebiet eine ganze Reihe, war der sichtbare Aus-

Backnang, Stiftskirche – Tafel über dem Grabmal Hermann II.

druck der Bestrebungen des Adels, Pflöcke einzuschlagen, um sich Rechte zu sichern und durch weitere Erwerbungen ein Territorium zu bilden. Auf der anderen Seite ist die große Zahl von Adelsburgen auch ein Zeichen für die Schwäche der königlichen Gewalt, denn Burgenbau war ursprünglich ein Recht, das nur dem König zustand.

Doch neben den Geschlechtern der Staufer und Welfen war im hohen Mittelalter die Reihe der Familien, welche im heutigen Rems-Murr-Kreis handfeste Interessen verfolgten, erheblich länger. Zu ihnen gehörten vor allem die Zähringer, die Grafen von Calw und ihre Seitenlinie, die Löwensteiner. Hinzu kamen diejenigen Adeligen, welche in das Kreisgebiet „hineinheirateten", wie z. B. die Hessonen, aber auch die Wirtenberger. Diese Adelsfamilie nannte sich nach ihrer Burg Wirtenberg auf dem Rotenberg über dem heutigen Stuttgarter Stadtteil Untertürkheim. Bis Mitte des 14. Jahrhunderts findet sich in Urkunden ausschließlich diese Schreibweise, später heißt es dann „Wirtemberg", der Name „Württemberg" wurde erst mit der Erhebung zum Königreich im Jahr 1806 offiziell. Gerhard Fritz übertreibt sicher nicht, wenn er in seinem Werk „Herrschaft, Verwaltung und Volk" konstatiert, dass sich im hohen Mittelalter „die vornehmsten Geschlechter Süddeutschlands im Gebiet des Rems-Murr-Keises versammelten" und die „Kreisgeschichte (...) in dieser Zeit fast ein exemplarisches Beispiel für deutsche Geschichte" bietet. In dieses Bild fügt sich auch, dass für Land und Leute im heutigen Kreis nicht weniger als vier verschiedene Bistümer zuständig waren: für den Südwesten Konstanz, für den Südosten Augsburg, für den Nordwesten Speyer und schließlich für den Nordosten Würzburg. Diese Zuständigkeiten bezogen sich jedoch nur auf geistliche Angelegenheiten.

Das Ende der staufischen Macht

Als Heinrich VI., der ältere Sohn und Nachfolger Friedrich Barbarossas, 1197 überraschend starb, kam es 1198 zu einer Doppelwahl von Heinrichs jüngerem Bruder Philipp von Schwaben und dem Welfen Otto, einem Sohn Heinrichs des Löwen. Jetzt war es Philipp, der auf Unterstützung in Schwaben angewiesen war und sie sich teuer erkaufen musste. Die Markgrafen von Baden, welche damals noch ihren Sitz in Backnang hatten, waren auf der Seite des Staufers, die Unterstützung der Wirtenberger Grafen jedoch, die durch Heirat einige Besitzungen im mittleren Remstal innehatten, musste sich Philipp sichern, indem er ihnen u. a. Waiblingen und weitere Teile des Remstales überließ. Für die Wirtenberger wurde der neue Machtbereich vom Wirtenberg bis Beutelsbach zur Basis ihres Aufstiegs. Otto IV. wurde nach der Ermordung Philipps von Schwaben zwar Kaiser, zog sich aber 1216 resigniert zurück und überließ dem Staufer Friedrich II. das Feld. Während dessen Regierungszeit verlor die Familie in Deutschland, wo zunächst Friedrichs Söhne Heinrich VII. und schließlich Konrad IV. für die Staufer regierten, dennoch zunehmend buchstäblich an Boden. Hier kam es auf Betreiben der stauferfeindlichen Kurie 1246 zur Wahl des Thüringer Landgrafen

Der Investiturstreit

Waiblingen,
Stauferstele

Wenn man die Landkarten Schwabens vom 11. Jahrhundert und vom Ende des 13. Jahrhunderts vergleicht, ist eine deutliche Verschiebung zu erkennen. Wo vordem Staufer, Welfen, Zähringer und Badener sowie Wirtenberger Besitz hatten, erkennt man Ende des 13. Jahrhunderts nach und nach ein deutliches Übergewicht des Geschlechts der Wirtenberger. Diese Entwicklung ging zunächst im Wesentlichen auf den so genannten Investiturstreit zurück: Während der langen Herrschaft des Saliers Heinrichs IV. – sie währte von 1056 bis zu seinem Tod 1106 – erschütterten tiefgreifende Verwerfungen die Ordnung des Reichs und der damaligen Welt. Im Investiturstreit ging es um weit mehr als die Frage, wer die Bischöfe einsetzen darf, Kaiser oder Papst. Es ging vielmehr um die Reform zentraler Institutionen der mittelalterlichen Kirche überhaupt: Papst Gregor VII. wandte sich sowohl gegen die Praxis der Ämterhäufung (Simonie) als auch die Laieninvestitur der Bischöfe mit Ring und Stab (als Symbole der weltlichen und der kirchlichen Macht). Was wie eine theologische Spitzfindigkeit anmutet, betraf vielmehr politische Kernfragen. Bischöfe zu investieren, war bis dahin ein zentrales Recht der Könige gewesen. Für sie waren die Kirchenfürsten wichtige Stützen ihrer Macht, sowohl finanziell als auch militärisch. Den Herrschern diesen Zugriff zu entziehen, hieß an den Grundpfeilern der königlichen Macht im Reich zu rütteln.

Im heutigen Rems-Murr-Kreis hielt der Adel zunächst zum Papst, und Kaiser Heinrich IV. hatte alle Hände voll zu tun, um gegenzusteuern und Verbündete in der Region zu gewinnen. Vor diesem Hintergrund steht die Belehnung seines treuen Gefolgsmanns Friedrich von Staufen mit dem Herzogtum Schwaben, der darüber hinaus die Kaisertochter Agnes von Waiblingen zur Frau erhielt. Auch die Verleihung von Waiblingen und Winterbach, beide Bestandteil des Königsguts, an den Bischof von Speyer diente dazu, dessen Unterstützung zu gewinnen. Herzog Friedrich holte sich die Orte für sein Herzogtum allerdings bald darauf zurück. Somit war Waiblingen und mit ihm Teile des Remstales von den Saliern an die Staufer übergegangen, um 1100 folgte der Südosten des heutigen Kreisgebietes. Rund 150 Jahre lang kehrte unter der Herrschaft der Staufer Ruhe im Rems-Murr-Kreis ein, die kirchlichen Streitfragen waren durch das Wormser Konkordat von 1122 geklärt und der Adel an Rems und Murr stand treu zum staufischen Geschlecht.

Heinrich Raspe zum Gegenkönig, und wieder einmal musste der heimische Adel Partei ergreifen. In der entscheidenden Schlacht bei Frankfurt liefen die Grafen Ulrich I. (der Stifter) und Hartmann von Wirtenberg mit allem Gefolge vom Staufer Konrad IV. zur Gegenpartei über. Graf Ulrich besetzte im Handstreich alle staufischen Güter im Rems-Murr-Kreis und wo immer er ihrer habhaft werden konnte. Das faktische Ende der staufischen Macht mit dem Tod Friedrichs II. 1250 ließ diesen Gewaltakt letztlich glücken. Somit bestanden zwischen dem Niedergang des staufischen Herzogtums in Schwaben und dem Aufstieg des Hauses Wirtenberg enge Zusammenhänge. Das Haus Wirtenberg profilierte sich nicht als Testamentsvollstrecker der Staufer, sondern ist eher zu ihren Totengräbern zu zählen.

Der Aufstieg der Wirtenberger

Um 1300 waren die Wirtenberger unbestritten die Herren im Remstal, durch Heirat gewannen sie auch Backnang, Reichenberg und Weissach hinzu. Im heutigen Kreisgebiet gehörten noch einige Gebiete anderer Herren, wie den Löwensteinern (Murrhardt, Sulzbach, Großaspach, Burgstetten), den Grafen von Sturmfeder (Oppenweiler), den Herren von Urbach und anderen, doch es war nur eine Frage der Zeit, bis die Wirtenberger sich diesen Besitz aneignen konnten, zuletzt gelang dies 1362 mit der Vogtei über das Kloster Adelberg. Damit war nahezu der gesamte heutige Rems-Murr-Kreis unter wirtenbergischer Herrschaft.

Der Rems-Murr-Kreis als „Wiege" Badens und Württembergs

Waiblingen war seit dem 8. Jahrhundert Königsgut und Ende des 13. Jahrhunderts an Wirtenberg gelangt. Anders verlief die Entwicklung in Backnang, obwohl es ähnlich anfing wie in Waiblingen. Auch Backnang war Königsgut, allerdings erst in der ersten Hälfte des 12. Jahrhunderts. Wahrscheinlich gelangte es durch seine Gemahlin Gisela von Schwaben an Kaiser Konrad II. Bereits 1027 wird jedoch Hesso I. als Herr Backnangs genannt, er war verheiratet mit einer „Gisela von Backnang", vermutlich einer Tochter der bereits genannten Kaiserin Gisela aus ihrer zweiten Ehe mit Herzog Ernst von Schwaben. Hessos Vater führte den Grafentitel und verfügte über ausgedehnte Ländereien im Schwarzwald. Die Hessonen wurden so zu „Grafen von Backnang" und die Stadt zum Mittelpunkt ihres Herrschaftsgebietes. Im Verlauf des Investiturstreites, der in Süddeutschland so vieles durcheinanderwirbelte, standen die Hessonen zunächst der Partei des Papstes nahe. Auf dem Höhepunkt des Streites, Ende des 11. Jahrhunderts, leitete Graf Hesso III. einen bedeutsamen Wechsel im Schwerpunkt der Familieninteressen ein. Westlich von Backnang errichtete er die neue, starke Burg Wolfsölden, nach der sich das Geschlecht fortan auch nannte. Backnang selbst wurde hierdurch gewissermaßen disponibel und stand als Mitgift zur Verfügung. Und so geschah es: Als Hessos Tochter Judith um 1110 den Markgrafen Hermann I.

von Baden heiratete, wurde Backnang badisch. Hermann stammte aus dem mächtigen Geschlecht der Zähringer, die im Elsass und der Schweiz reich begütert waren und nun ihre Fühler in Richtung Zentralschwaben ausstreckten. Als Ausdruck seines Herrschaftsanspruchs und aus anderen praktischen Gründen stiftete Markgraf Hermann II. das Augustiner-Chorherrenstift in Backnang, das Papst Paschalis II. 1116 bestätigte und privilegierte. Die Stiftung dieses Klosters beförderte nicht nur das Seelenheil des Markgrafen, er hatte es außerdem als Grablege und Verwaltungszentrum ausersehen. Hermann III. von Baden heiratete um 1130 die Stauferin Ber-

ta, eine Tochter König Konrads III. Zu ihrer Mitgift gehörten Ländereien an Jagst und Tauber, die das Herrschaftsgebiet Hermanns derart vergrößerten, dass sich Backnang auch geografisch als Mittelpunkt anbot. Die Badener Markgrafen in Backnang waren treue Parteigänger der Staufer, der Schwenk Hermanns V. zu den Welfen nach der Ermordung Philipps von Schwaben war aus der Not geboren und währte nur so lange, bis mit Friedrich II. wieder ein Staufer König wurde. Diese „Staufernähe" brachte es allerdings auch mit sich, dass Backnang in die Kämpfe zwischen Friedrich und seinem abtrünnigen Sohn Heinrich VII. geriet und 1235 verwüstet wurde.

Backnang, Stiftskirche und Schloss

Die entscheidende Rolle der Wirtenberger

Backnang, Stiftskirche – Grablege der Markgrafen von Baden

Markgraf Hermann V. wurde als letzter Badener in Backnang bestattet, seine Witwe Irmgard, eine Enkelin Heinrichs des Löwen, ließ die Leiche in das neu gegründete Zisterzienserinnenkloster Lichtental bei Baden-Baden überführen. Damit endete die Tradition Backnangs als Grablege der Badener. Hermann V. hinterließ zwei Söhne. Der ältere, Hermann VI., starb 1268 an der Seite seines Freundes, des letzten Staufers Konradin, in Neapel. Sein jüngerer Bruder Rudolf I. starb 1288. Rudolfs Tochter Irmgard war mit dem wirtenbergischen Grafen Eberhard dem Erlauchten verheiratet. So gelangten zwischen 1297 und 1304 zuerst Burg Reichenberg und bald darauf auch Backnang selbst an das Haus Wirtenberg.

Das Geschlecht der Wirtenberger war über zweihundert Jahre zuvor mit einer Heirat ins Licht der Geschichte getreten: 1080/81 heiratete der Adelige Konrad von Wirtenberg, der im westlichen Schurwald begütert war, in den heutigen Rems-Murr-Kreis ein. Seine Braut Luitgard kam aus der Familie der Grafen von Calw, deren Seitenlinie auch der Vater des Bräutigams entstammte, der zum Umfeld des salischen Kaiserhauses zählte. Über diese Ehe kamen Beutelsbach und Schnait an die Wirtenberger. Konrad hatte in der zweiten Hälfte des 11. Jahrhunderts seine bisherige Wohnstatt verlassen und sich auf dem Rotenberg (keltisch virodonum, in Urkunden Wirtenberc), wo sich heute über dem Stuttgarter Stadtteil Untertürkheim die Grabkapelle der Königin Katharina von Württemberg erhebt, eine Burg gebaut, nach der er und seine Familie sich fortan nannten. Wenig später, noch vor 1100, gründete Konrad in Beutelsbach ein weltliches Chorherrenstift. Die Stiftskirche wurde bis zur Zerstörung des Stifts im Jahr 1311 zur Grablege der Wirtenberger Grafen.

Konrad I. von Wirtenberg stand im Investiturstreit auf der Seite des Papstes und wird in Urkunden gegen Ende des 12. Jahrhunderts gemeinsam mit den ebenfalls kaiserkritischen Herzögen Bertold von Zähringen und Welf erwähnt. Der Investiturstreit endete 1122 mit dem Wormser Konkordat, und die Wirtenberger waren gut beraten, sich mit ihren mächtigen staufischen Nachbarn zu arrangieren. Sie profitierten später von den Nöten Philipps von Schwaben, im Kampf gegen seinen welfischen Konkurrenten Otto Unterstützung finden zu müssen, und ließen sich ihre Hilfe reich belohnen. Die Familie nutzte konsequent jede sich bietende Gelegenheit, ihr Territorium zu vergrößern und hielt sich, anders als die hohenlohesche Verwandtschaft, aus der Reichspolitik eher fern. Die Wirtenberger hatten das benachbarte straff organisierte staufische Territorium stets vor Augen und fürchteten immer, eines Tages davon geschluckt zu werden. Daher war der Umschwung in der Schlacht von Frankfurt zwar ein Verrat, aber auch das Ergebnis nüchternen Kalküls. Graf Ulrich I. von Wirtenberg verließ König Konrad IV. am 5. August 1246 nicht spontan, sondern nach reiflicher Überlegung – und reichlicher Bezahlung durch den Abgesandten des stauferfeindlichen Papstes. Ulrich entschied sich für einen eigenen wirtenbergischen Weg, für das eigene Territorium und gegen die Staufer. Diese Geburtsstunde des späteren Württemberg war zwar nicht besonders ehrenvoll, aber kalkuliert – Graf Ulrich riskierte den Ausbruch aus der hergebrachten Ordnung, hatte Glück und wurde belohnt.

Ulrich I. heiratete wenig später, im Jahr 1251, Mechthild von Bayern. Im Gefolge dieser Heirat fand auch ein Interessens- und Gebietsausgleich mit dem Haus Baden statt, bei dem Stuttgart an Wirtenberg fiel und sich die Badener aus dem heutigen Kreisgebiet zurückzogen. Damit war der Weg frei für ein geschlossenes Territorium am mittleren Neckar. Die Wirtenberger bauten das neue er-

Backnang-Strümpfelbach, Schloss Katharinenhof

worbene Stuttgart seit dem 14. Jahrhundert zu ihrer Residenz aus. 1321 verlegte Graf Eberhard I. das Beutelsbacher Stift, das 1311 zerstört worden war, endgültig nach Stuttgart. Auch die in Beutelsbach begrabenen Wirtenberger Grafen wurden dorthin umgebettet.

Dieser Vorgang markiert auch den grundlegenden Wechsel des Schwerpunktes der dynastischen und territorialen Politik der Wirtenberger, mit ihm endete die geschichtsträchtige Phase, in welcher der Rems-Murr-Kreis Schauplatz der „Geburtswehen" sowohl Badens als auch Württembergs gewesen war. Von der neuen Hauptstadt Stuttgart aus begann die umtriebige Herrscherfamilie mit dem mitunter turbulenten Ausbau der Grafschaft, später des Herzogtums und schließlich des Königreichs Württemberg. Doch seinen Anfang genommen hat diese Erfolgsgeschichte im Rems-Murr-Kreis.

Tipps

Staufer-Spektakel und Altstadtfest in Waiblingen

Während des Staufer-Spektakels in Waiblingen wird das Mittelalter lebendig. Eine Zeitreise ins mittelalterliche Leben mit klirrenden Schwertern, Gauklern und zünftigem Essen erleben die Besucher bei diesem Fest. Handwerker zeigen ihr Können und führen alte Techniken vor, dabei wird zum Mitmachen eingeladen. Das Spektakel bietet interessante Eindrücke für Jung und Alt und bringt den Gästen die Sitten und Bräuche des Mittelalters näher. Termine und weitere Informationen gibt es unter *www. staufer-spektakel.de* und *Tel. 07151 5001-655.*

Badisches Markgrafenfest

Backnang blickt auf eine große badische Vergangenheit zurück. Über zwei Jahrhunderte lang war die Stadt das Machtzentrum der Markgrafen von Baden. Sie errichteten dort das Augustiner-Chorherrenstift und die Stiftskirche St. Pankratius, die bis Mitte des 13. Jahrhunderts als Grabstätte der Markgrafen diente. Die historischen Originalschauplätze werden beim Markgrafenfest drei Tage lang in ein mittelalterliches Spektakel verwandelt. Hier messen sich badische und württembergische Ritter im Wettkampf, Gaukler tummeln sich zwischen den Marktständen, Handwerker bieten ihre mittelalterlichen Waren an. Führungen zu geschichtsträchtigen Stätten runden das Programm ebenso ab wie badische und württembergische Spezialitäten. Das Fest wird alle zwei Jahre veranstaltet. Termine finden sich unter *www.backnang.de.*

Stiftskirche St. Pankratius in Backnang

Die auf dem Burgberg gelegene Kirche war die erste Grablege der Markgrafen von Baden. Der Bau des frühen 12. Jahrhunderts war eine querschifflose Basilika, beeinflusst vom Baustil der St.-Peter-und-Paul-Kirche auf der Insel Reichenau. Die Türme sind bis heute erhalten. Backnang war durch Heirat in badischen Besitz übergegangen. Bis ins Jahr 1243 wurden die Markgrafen in der Stiftskirche beigesetzt. Besichtigungen der Kirche und Krypta sind möglich. Die Öffnungszeiten finden sich auf der Internetseite *www.stiftskirche-backnang.de.*

Grafik-Kabinett Backnang

In den Zwischenetagen des Stadtturms sind Ausschnitte aus der Stadtgeschichte Backnangs ausgestellt. Vom Turm selber bietet sich ein herrlicher

Blick über Backnang und die landschaftlich schöne Backnanger Bucht. Das Grafik-Kabinett, das im Helferhaus des Stiftshofs untergebracht ist, hat sich auf alte Meister spezialisiert. Rund 2000 Blätter – Originaldrucke von Albrecht Dürer, Lucas van Leyden und Lucas

Cranach d. Ä. – sind u. a. ein Teil der städtischen Kunstsammlung. Die Blätter sind Bestandteil der Ernst-Riecker-Stiftung, die der im vorletzten Jahrhundert nach Amerika ausgewanderte Kunstsammler seiner Heimatstadt vererbt hat. Sie gelten in Fachkreisen als „bedeutende Sammlung europäischer Druckgrafik von hohem kunsthistorischen Wert". *www.backnang.de.*

Galerie Backnang
Die Galerie der Stadt Backnang im Turmschulhaus lädt rund viermal

im Jahr zu wechselnden Ausstellungen zeitgenössischer Kunst ein. Nicht zuletzt mit ihren weithin beachteten Ausstellungen international renommierter Künstler wie Ilya Kabakov, Neo Rauch oder Tim Eitel hat sich die Galerie ihren Ruf als couragierte Förderin überwiegend junger Gegenwartskunst erworben. *Tel. 07191 340700* und *www.backnang.de.*

TraumZeit-Theater
Wer auf dem Murrtal-Radwanderweg von Marbach nach Gaildorf unterwegs ist, sollte in Backnang einen Zwischenstopp am Stiftshof einlegen. Vom Platz hinter der Stiftskirche bietet sich ein schöner Blick über Backnang und das Murrtal. Das Ensemble beherbergt heute Museen und Galerien. Rund um den Stiftshügel hat sich eine Szene mit mehreren Kleinkunstbühnen entwickelt. Das TraumZeit-

Theater bietet ein vielfältiges und interessantes Varieté-Programm an. Die Bühne ist im Kellergewölbe des ehemaligen Augustiner-Klosterstifts aus dem 12. Jahrhundert beheimatet. Das Theater ist eins der kleinsten Varietés Deutschlands, in dem ständig gespielt wird. Den Spielplan und weitere Informationen zum Theater gibt es unter *www.traumzeittheater.de* und *Tel. 07191 9056900.*

GalliTheater
Das GalliTheater befindet sich in Backnang etwas unterhalb des Stiftshofes am Ölberg, es bietet neben einem breiten Theaterprogramm – sowohl für Erwachsene als auch für Kinder – ein großes Angebot an Theaterworkshops an. Informationen und Karten unter *www.galli.de* oder *Tel. 07191 910901.*

Burgen und Schlösser im Rems-Murr-Kreis

Die Allgegenwart der Burgen und Schlösser im Rems-Murr-Kreis spiegelt auch die politische Geschichte wider: Vom 11. bis zum 19. Jahrhundert waren sie das wichtigste Instrument zur Durchgliederung und Verwaltung des Landes. Wohl und Wehe, Friede und Fehde hingen von Entscheidungen ab, die dort getroffen wurden. Erbaut von Adligen, Grafen, weltlichen und geistlichen Fürsten, die das „Recht der Zugbrücke" hatten, waren sie Ausdruck des Anspruchs auf Herrschaft über einen mehr oder weniger großen Raum. Dabei ist die Reformation von Bedeutung: Sie wurde von den adligen Standesherren zu guten Teilen deshalb gefördert, weil sie ihnen durch Einverleibung der Klöster und deren Besitz erheblichen Gebiets- und Machtzuwachs ermöglichte, der sich dann auch im mehr oder weniger prunkvollen Schlossbau widerspiegelte.

Die Aufgaben von Burg und Schloss wandelten sich im Laufe der Zeit, denn sie mussten den veränderten Lebens- und Verteidigungsbedürfnis-

sen angepasst werden. Hierbei zeigt es sich, dass Wohn- und Wehrfunktion mehr und mehr getrennt wurden: Einerseits entstand das Schloss, zum anderen aber die Festung, wobei zum Bau der Letzteren schon herzogliche Potenz vonnöten war.

Leben in Burg und Schloss

Um die Tradition und Geschichte des Rems-Murr-Kreises verstehen und einordnen zu können, ist es lohnend, Burgen und Schlösser näher kennen zu lernen, denn sie stellen einen wichtigen Teil des Geschichtsbildes dar

und fordern gleichzeitig zu künftigen Aufgaben heraus. Sie sind, wie andere Bauten auch, bildlich gesprochen ein steingewordenes Gedächtnis – auch für die früher geltenden gesellschaftlichen Normen, Ziele und Ideale. Authentische Information zum Leben in einer Burg geben am besten Zeitgenossen selbst. In einem Brief an den Nürnberger Patrizier Pickheimer schildert der Humanist Ulrich von Hutten, wie es auf einer Burg um 1500 zuging: „Die Burg, ob sie auf dem Berg oder in der Ebene liegt, ist nicht als angenehmer Aufenthalt, sondern als Festung gebaut. Sie ist von Mauer und Gräben umgeben, innen ist sie eng und durch Stallungen für Vieh und Pferde zusam-

Oppenweiler,
Ehem. Sturm-
feder'sches Schloss

mengedrängt. Daneben liegen dunkle Kammern, vollgepfropft mit Geschützen, Pech, Schwefel und sonstigem Zubehör für Waffen und Kriegsgerät. Überall stinkt es nach Schießpulver; und dann die Hunde und ihr Dreck, auch das – ich muss schon sagen – ein lieblicher Duft! Reiter kommen und gehen, darunter Räuber, Diebe und Wegelagerer ... Man hört das Blöken der Schafe, das Brüllen der Rinder, das Bellen der Hunde, das Rufen der auf dem Feld Arbeitenden, das Knarren und Rattern der Fuhrwerke und Karren; ja sogar das Heulen der Wölfe."

Auf Burgen zu wohnen, war also sicherlich kein ganz ungetrübtes Vergnügen. Und dennoch haben die Sitze der Standesherren für viele sowohl einen ästhetischen als auch einen romantischen Reiz. Sie lassen mehr und anderes erkennen als Mühsal und Notdurft, denn es handelte sich stets auch um strategische und kulturelle Zentren, also um Kristallisationspunkte der verschiedenen Führungsschichten. Nur diejenigen gehörten

zum Adel, die eine Burg oder ein Schloss besaßen. Diese Gebäude wurden durchaus mit dem Ziel errichtet, die Macht des Besitzers in der Region zu beweisen und ihm die Möglichkeit zu geben, sich notfalls mit Gewalt zu behaupten. Insbesondere sind sie eine Darstellung dessen, was sich ein Standesherr an Bedeutung zumaß, was er vermochte. So repräsentierten sie sein Vermögen, das durchaus wahrgenommen werden sollte. Sie wirkten als Symbol für Herrschaft und Macht, demonstrierten Stärke, Unantastbarkeit und Festigkeit.

Schlösser waren zudem, ebenso wie ihre Vorläufer, die Burgen, der Mittelpunkt adliger Herrschaft. Von ihnen aus wurde regiert. Von ihrem Wesen her entsprachen sie der Familie, welche sie bewohnte. Nicht zufällig spricht man von fürstlichen oder adeligen Häusern, meint damit in der Regel die Familien. Und nicht umsonst nannten sich die meisten Adelsfamilien nach ihrem Stammsitz, der auch für die Region namensgebend wirkte. Am besten verdeutlicht dies das Beispiel der Burg Württemberg, nach der das Geschlecht und später sogar das ganze Land benannt wurde.

Burgen, Schlösser und ihre Geschichte

Ursprünglich bezeichnete der Begriff „Burg" nur eine (befestigte) Höhe. Schon die Germanen nannten ihre großen, mit Erdwällen ummauerten Anlagen „Burgen" und übertrugen diese Bezeichnung auf die mit Mauern versehenen Städte der Römer. So erklären sich die Namen von Augs-

burg und Regensburg, also von Städten, die auf römische Gründungen zurückgehen. Im Reich der Franken, d. h. in Frankreich, finden wir den Begriff wieder in „le bourg", was soviel wie „Marktflecken" bedeutet.

Burgen wurden dem Gelände angepasst und befanden sich häufig auf schwer zu erreichenden, leicht zu verteidigenden und somit Sicherheit gewährenden Bergeshöhen, die sie krönten. Dort waren sie ohne Gräben, nur mit einer Ringmauer wirkungsvoll zu befestigen.

Der Rems-Murr-Kreis weist besonders viele Burgen und Schlösser auf, bedingt durch die eher engen landschaftlichen Gegebenheiten. Außerdem gab

es hier kein Primogeniturgesetz, das die Zersplitterung des Besitzes durch Erbteilung vermieden hätte. Diese rechtliche Situation führte zu sehr kleinteiligen territorialen Verhältnissen.

Die geologische Struktur des Rems-Murr-Kreises bietet zwar keine steilen, nach allen Seiten hin abfallenden Berggipfel als Bauplätze, jedoch haben Geländevorsprünge ähnliche Funktion, weshalb man beispielsweise den Reichenberg, die Burg von Auenwald-Ebersberg oder Winnenden-Bürg auf einem derartigen Geländesporn errichtete. Wurden Burgen indessen in der Ebene angelegt, waren sie in der Regel zu ihrem Schutz von einem Flusslauf umgeben oder durch einen

Oppenweiler,
Burg Reichenberg

Bauliche Elemente einer Burg

Stauferzeitliche Burgen sind durch Buckelquaderwände charakterisiert, was bedeutet, dass ihre Außenwände aus großen Steinquadern mit glattem Randschlag und nur grob behauenen, vorkragenden Bossen errichtet wurden, in denen sich häufig noch Zangenlöcher erkennen lassen. Erst später wurden die Zangenlöcher an den Innenflächen der Steine angebracht. Diese Wände gleichen riesigen Schuppenpanzern, wirken wehrhaft, kraftvoll und abstoßend – und gleichzeitig gebändigt, vornehm und anziehend. So spiegeln sie den trutzigen Stolz der ritterlichen Burgherren wie keine andere Mauertechnik wider. Sie verleihen den Burgen einen abweisenden Charakter, machen sie auf den ersten Blick zur monumentalen, steinernen Droh- und Abwehrgebärde. Ästhetisch betrachtet sind Buckelquader ein Dekor, das den Baukörper belebt und ihm ein wuchtiges, repräsentatives Aussehen verleiht. Aus militärischer Sicht erschweren sie dem Feind das Anleitern an die Gebäudemauer, denn die langen, schweren Leitern, welche die geharnischten Kämpfer sicher tragen sollten, konnten nicht gegen die Wand gekippt, sondern mussten entlang der Mauer nach oben geschoben werden. Schon die Römer verwandten Buckelquader für ihre Mauern. Die Staufer, besonders Friedrich II., brachten von Italien diese Art der Natursteinmauer-Gestaltung mit, weshalb man von „staufischen Buckelquadern" spricht – eigentlich fälschlicherweise. Schöne Beispiele von Buckelquader-Mauerwerk sind im Kreisgebiet die Bergfriede von Winnenden-Bürg und der Burg Waldenstein.

Zinnen, Schießscharten und Pechnasen bei der Baugestaltung zu verwenden, war zudem ein typisch adliges Privileg und Ausdruck der Wehrhaftigkeit. Zinnen und die hiervon abgeleiteten Stufengiebel galten im Mittelalter und lang darüber hinaus als Hoheitszeichen, als Zeichen der Souveränität. Beispiele hierfür sind die Giebelgestaltungen von Alfdorf und diejenige des ehemals herzoglichen Jagdschlosses Engelberg. Vor der Kernburg mit Palas als Wohngebäude liegen Wallgräben, Schildmauern sowie Flankierungstürme, innerhalb der Kernburg gibt es häufig noch den Bergfried mit hoch gelegenem, nur mit einer einziehbaren Leiter zu erreichendem Zugang, in den man sich in der Not zurückziehen konnte. All diese Elemente sowie Zugbrücke und Fallgitter dienten nur der Verteidigung.

Der Bautypus Burg vereinigt die beiden Elemente der ritterlichen Tugenden: Verteidigung und Angriff, wenn auch das erstgenannte Element eindeutig überwiegt. Durch künstlerische Ausschmückung, Bemalung und Ausstattung gab der Bauherr zudem seinem Kunst- und Kulturverständnis Ausdruck.

Burggraben von ihrer Umgebung abgetrennt, wie dies beispielsweise in Schorndorf oder Oppelsbohm erkennbar ist.

Der Begriff „Schloss" stammt vom mittelalterlichen Wort „sloz" und meinte ursprünglich nur den Verschluss, seit dem Mittelalter in übertragener Bedeutung auch „feste Burg" oder „Kastell" – also alles andere als „öffentlich zugänglich". Viele Schlösser gingen aus Burgen hervor und Reste alter Burgmauern sind deshalb oft in den Schlössern zu finden, wie die Beispiele von Kernen-Stetten und Oppelsbohm zeigen.

Der Aspekt der Wehrhaftigkeit wurde jedoch im Laufe der Entwicklung zunehmend überflüssig, da die Verteidigung der Herrschaft später an (möglichst fern liegenden) Landesgrenzen oder auf dem Schlachtfeld stattfand. Ab der Renaissance bezeichnete der Begriff „Schloss" daher vor allem prunkvolle Wohnbauten der weltlichen und geistlichen Fürsten und des Adels. Somit setzte er sich von der Burg, der Feste oder Festung bedeutungsmäßig ab. Der Wohnzweck und das Regelmaß bestimmten immer mehr das Bild des Schlosses.

Burgen und Schlösser im Rems-Murr-Kreis

Alfdorf, Unteres Schloss

Es wird berichtet, dass der Generalfeldzeugmeister Georg Friedrich vom Holtz 1628 eine über dem dort beginnenden Schweizerbachtal liegende „alte Burg" erwarb und an deren Stelle das jetzige „Untere Schloss"

Alfdorf,
Unteres Schloss

Alfdorf;
Wappentafel
derer vom Holtz
und Schenk von
Geyern

von Alfdorf errichtete. Noch heute wird es von dieser Familie bewohnt. Im Schlosshof steht eine uralte, vom Sturm zerrissene riesige Linde, deren Äste auf Säulen gestützt sind.

Man betritt den Schlossbereich von Osten her durch einen vorgesetzten Torbau aus dem Jahr 1720. Das Schloss selbst ist ein klassischer, dreigeschossiger, massiver Rechteckbau unter einem Satteldach, dessen Giebelseiten zwölffach getreppte Stufengiebel als Hoheitszeichen zieren. An der nach Osten gekehrten Hofseite sind an den Gebäude-Ecken zwei stockwerkübergreifende Erker angebracht, deren Konsolen etwa drei Meter über dem Geländeniveau beginnen. Sie haben den Querschnitt eines halben Achtecks. Zudem befindet sich an der südöstlichen Gebäudeseite ein ehemaliger Aborterker mit rechteckigem Grundriss zwischen Erdgeschoss und erstem Stock. Das Gebäude ist verputzt und hat hochrechteckige Sprossenfenster mit Klappläden.

Der etwa in der Gebäudemitte angeordnete Hauptzugang zum Schloss besteht aus einem profilierten Segmentbogentor mit vorgeblendetem Schlussstein, über dem sich ein Allianzwappen derer vom Holtz und der Schenken von Geyern mit der Jahreszahl 1762 befindet. Links vom Hauptzugang ist eine Rundbogentür, die ursprünglich zu einer Kapelle mit Kreuzgratgewölben führte. Sie ist 1950 eingestürzt. Ihre Gewölbe wurden durch eine Flachdecke über Pfeilern ersetzt. Rechts vom Hauptzugang befindet sich ein rundbogiges Kellertor, durch das man einen stattlichen, tonnengewölbten Keller betritt.

In das erste Obergeschoss gelangt man über eine an Podesten abgewinkelte Holztreppe, die im 18. Jahrhundert erneuert wurde. Erwähnenswert ist in diesem „piano nobile" eine Stuckdecke des späten 18. Jahrhunderts. Die Kassettendecke der Bibliothek ist neuerer Herkunft. Die Fachwerk-Wände aus Pfosten, Riegeln und wandhohen

Andreaskreuzen sind im Inneren des Gebäudes noch größtenteils sichtbar vorhanden und wenig verändert. Auch die Balkendecken in den Treppenvorplätzen der beiden Stockwerke sind unvergipst. Dies überrascht, denn üblicherweise wurden im Inneren von Schlössern die konstruktiven Gebäudeteile durch Putz, Tapeten, Teppiche oder Vorhänge verkleidet.

Auenwald-Ebersberg, Schloss – ehemalige Burg

Auf der Spitze einer Bergzunge, oberhalb der Orte Ebersberg und Lippoldsweiler, liegt – von der Umgebung durch einen Burggraben getrennt – die Burganlage Ebersberg, die einen herrlichen Ausblick weit über die Backnanger Bucht bis ins Neckartal gewährt. Sie ist die Stammburg des Hochadligen Sibeto von Ebersberg, der sie um 1225 gründete. Die Familie verarmte im 14. Jahrhundert und verkaufte 1328 Burg und Herrschaft Ebersberg an Graf Ulrich III. von Württemberg, der sie jedoch bald wieder aufgab. Über verschiedene Besitzer gelangte die strategisch unwichtig gewordene Burg 1698 in den Besitz des Klosters Schöntal an der Jagst. 1714 zerstörte ein Brand fast die gesamte Schlossanlage. In seiner heutigen barocken Form wurde das Schloss um 1720 vom Zisterzienserkloster Schöntal neu erbaut. Die Kapelle zum Heiligen Michael wurde 1724 eingerichtet. 1786 verkaufte das Kloster Schöntal nach dem Wegzug der Mönche das Schloss wiederum an Herzog Karl Eugen. Eine Auflage für den Verkauf war, dass der Herzog die ungestörte Glaubensausübung der (katholischen) Untertanen anerkennen musste.

Man betritt die Anlage von Osten her über eine Brücke von 1580. Diese Brücke ist heute größtenteils von aufgefüllter Erde eingefasst. Danach durchschreitet man das Zugangstor

Auenwald-Ebersberg, Burganlage Ebersberg

und blickt auf den stattlichen, runden, mit staufischen Buckelquadern aufgemauerten Bergfried, von dem heute nur noch ein Stumpf von etwa 10 Metern Höhe vorhanden ist. Er stammt aus der ersten Burganlage des 12./13. Jahrhunderts und stellt den Schmuck der Anlage dar. Hofwärts befindet sich an ihm eine vermauerte, im 16. Jahrhundert angelegte Rechtecktür mit Karnies-Profil und dem Wappenschild derer von Massenbach, welches die letzten Erbhofträger der Ebersberg waren.

Von dem Bergfried aus führen Umfassungsmauern zum nördlichen Hauptbau mit kreuzgewölbten Räumen im Erdgeschoss, der noch Reste des alten Palas enthält. Er wurde nach der Übergabe der Burg an das Kloster Schöntal im Jahr 1698 von Matthias Wiedemann auf dem noch vorhandenen Erdgeschoss errichtet. Gegenüber, in nordwestlicher Richtung, liegt der Kapellenflügel mit rechteckigem Glockenturm. Die beiden Gebäude stoßen spitz zusammen, sodass ein so genannter Winkelhakenbau entsteht. Die ehemalige Kapelle hat eine wertvolle Stuckdecke von 1725 mit geschweiften Rahmenfeldern, die herzähnliche einfache Motive und kleine Engelsköpfe einschließen. Ihr Barockportal trägt das Vollwappen des Klosters Schöntal mit dem Herzschild von Abt Benedikt Knittel, der 1725 die Kapelle weihte.

Vom Kapellenflügel ist die Umfassungsmauer in südlicher Richtung zu einem Wehrturm geführt. An der Innenseite der Ringmauer sind Spolien in Form von romanischen Doppelarkaden und Vierpassöffnungen befestigt, die von einem 1624 abgerissenen Ritterbau stammen. Sie wurden seinerzeit lediglich als Mauerfüllung verwendet, jedoch bei der Instandsetzung der Anlage um 1980 wiedergefunden und dekorativ aufgestellt. Der anschließenden Südseite ist eine Terrasse vorgelegt. Die Wirtschaftsgebäude des ehemaligen Schlossgutes sind heute nur noch in Schriftquellen nachweisbar.

Seit 1963 wird die Anlage von der katholischen Pfadfinderschaft St. Georg als Jugendbildungsstätte genutzt, die mit viel Eigenarbeit in dem alten Gemäuer ein modernes Erholungs- und Familienheim eingerichtet hat. Das Haus verfügt nun über 64 Betten und ist ein so genanntes Selbstversorgerhaus.

Backnang-Strümpfelbach, Schloss Katharinenhof

Einen guten Einblick in das höfische Leben des 18./19. Jahrhunderts – insofern es sich in baulichen Anlagen manifestiert – gewährt das zwischen Strümpfelbach und Oppenweiler gelegene Schlösschen Katharinenhof. Es wurde von Prinz Friedrich von Württemberg durch den Hofbaumeister Ludwig von Zanth im Jahr 1847 in klassizistischer Formensprache errichtet und nach Katharina, der Gemahlin des Prinzen, benannt. 1916 wurde das Schloss durch den Oberhausener Industriemanager Paul Reusch erworben, der es als sein Landgut nutzte. Er starb dort 1956. Sein Erbe verkaufte es 1994 an den jetzigen Eigentümer.

Das Gebäude ist von einem 24 Hektar großen Park umgeben, der entsprechend dem damaligen Zeitgeist als

englischer Landschaftspark konzipiert wurde. Nachdem das Gebäude in Privatbesitz übergegangen war, erhielt es eine Parkmauer mit Pavillons und Gärtnerhaus, auch Plastiken großer Deutscher, z. B. von Bredow, Ulfert-Jansen, Behn und Kiefer. Hervorzuheben ist eine Reliefstele von Eduard Mörike, die von dem Münchner Bildhauer Josef Meiner nach einem Entwurf von Bernhard Bleeker ausgeführt wurde. Auch gibt es in dem Park ein großartig angelegtes Naturtheater und vielerlei andere Attraktionen.

Das Schlösschen hat die Form eines zweigeschossigen Rechteckbaus über einem Kniestock mit je zwei gepaarten Rundbogenfenstern im Mittelrisalit der beiden unteren Stockwerke. Im ersten Obergeschoss, dem „piano nobile", befinden sich die offiziellen Empfangsräume und zwischen den beiden Fensterpaaren eine Bildnische. Im zweiten Obergeschoss waren die eher privaten herrschaftlichen Wohn- und Schlafräume untergebracht. Das Dachgeschoss, das ursprünglich für die Wohnungen der Dienstboten vorgesehen war, ist als Mezzanin (niedriges Zwischen- oder Dachgeschoss) ausgebildet. Ein Belvedere (Aussichts-Plattform auf dem Dach) krönt das Walmdach des Gebäudes, das von einer Lichtöffnung durchbrochen wird. Letztere erinnert an das nahe gelegene barocke Oktogon-Schlösschen von Oppenweiler, das ebenfalls eine zentrale Lichtöffnung aufweist. Es unterscheidet sich indessen von Oppenweiler, vor allem insofern, als im Katharinenhof das Treppenhaus nicht zentral in dieser Lichtöffnung untergebracht ist, sondern im nordwestlichen Eckbereich des Gebäudes.

Im Inneren des Schlösschens wurden in den Jahren 1959/1960 weitgehende Umbauten im Stil der damaligen Zeit durchgeführt, die heute störend wirken, jedoch blieben das Prinzenzimmer mit Wand- und Deckenvertäfelungen, das Frühstückszimmer mit seinen hochwertigen Stuckaturen und der alten Möblierung sowie im Erdgeschoss der Saal mit seiner aufwändig bemalten Decke weitgehend im Original erhalten. Der jetzige Eigentümer ließ maßgebliche Restaurierungsarbeiten im Schlosspark durchführen und das Zufahrtstor sowie Teile der Umfassungsmauer weitgehend nach altem Vorbild sehr qualitätsvoll erneuern.

Backnang-Strümpfelbach, Schloss Katharinenhof

Winterbach, Jagdschloss Engelberg

Das ehemals herzogliche Jagdschloss Engelberg, in dessen östlichem Giebel auf dem obersten Stein die Jahreszahl 1602 als Baudatum eingehauen ist, liegt auf einem Geländesporn in Halbhöhenlage über dem Remstal.

Der Name Engelberg geht auf ein hier ursprünglich bestehendes Kloster zurück. Schon vor der Klostergründung soll auf dem Engelberg ein wundertätiges Marienbild verehrt worden sein und diese Tatsache veranlasste möglicherweise Graf Ulrich den Vielgeliebten, dort im Jahr 1466 ein Augustiner-Eremiten-Kloster zu gründen. In den Annalen dieses Klosters taucht der Begriff Engelberg erstmalig auf.

Dem Kloster war allerdings nur eine kurze Lebenszeit beschieden: Schon 1525 wurde es im Bauernkrieg zerstört. Herzog Ulrich VI. übernahm die Klosterruine in seinen Besitz und sein Nachfolger Friedrich I. ließ dort das heutige Jagdschloss errichten. Die Lage an der seit römischer Zeit bestehenden Verbindung zwischen Rems- und Neckartal war günstig, zudem ist der Engelberg bis heute vom Schurwald umgeben, den man auch früher den „Weiten Wald" nannte. 292 Jahre lang – von 1525 bis 1817 – war dieses Jagdschloss Zentrum einer herzoglichen Forstverwaltung und von ihm aus wurden zunächst herzogliche, ab 1805 dann königliche Jagden organisiert und veranstaltet. Die Jagdleidenschaft der Standesherren war somit der erste und entscheidende Grund für die Erhaltung der noch heute den Engelberg umgebenden Wälder.

Das Jagdschloss Engelberg ist in seinen Grundstrukturen dem etwas früher (1592) errichteten „Stuttgarter
Lusthaus" von Georg Beer verwandt,
welches zu den bedeutendsten Bauten
der deutschen Renaissance zählte: In
beiden Fällen handelt es sich um einen stattlichen, zweigeschossigen Bau
auf dem Grundriss eines gestreck-
ten Rechtecks mit Satteldach, dessen
beide Giebel die Form eines gleich-
seitigen Dreiecks haben. Bei dem
Engelberger Jagdschloss dienen Stufengiebel als aus der Gotik übernom-

menes Hoheitszeichen (vgl. Alfdorf),
während der Stuttgarter Bau als Zierde der Giebel Voluten mit Fialen trug.
Auch fehlen dem Engelberger Schloss
die an mittelalterliche Burganlagen
erinnernden runden Ecktürme und
die von Pfeilern getragene, vorgesetz-
te Loggia, die das Stuttgarter Lusthaus
zierten.
Während sich das äußere Erscheinungsbild des Engelberger Jagdschlosses durch die Jahrhunderte einiger-
maßen unverändert erhalten hat,
wurde sein Inneres um 1960 durch

tief in die Substanz eingreifende Umbauten für schulische Zwecke völlig verändert. Insbesondere wurden das großzügige barocke Treppenhaus, Stuckdecken und Lambrien entfernt und die klare Raumaufteilung einer bis dahin erhaltenen zweibündigen Anlage zerstört. Auch das stattliche barocke Hoftor mit kugelbekrönten Torpfeilern und Gittern aus schwerem Gusseisen wurde 1964 abgebrochen, wodurch die Hauptzufahrt gründlich entstellt wurde.

Zum Schloss gehört ein weitläufiger, barocker Terrassengarten, der durch den Baumeister Karl Eugens, Christoph Friedrich Weyhing (1716–1784), angelegt wurde. Vorbild mag der Terrassengarten Schickhardts in Leonberg von 1610 gewesen sein. Der Engelberger Schlossgarten treppt sich nach Osten in sieben stufenförmig angelegten Terrassen vom Schloss bis zum Schlossteich herab. Die Terrassen sind durch Treppenanlagen verbunden, die ursprünglich in gerader Linie vom Schloss bis zu diesem Teich führten. Aufgefangen wird diese Hauptachse des Gartens von einem kleinen Gartenhäuschen über der Gartenmauer am Ende des Grundstücks.

Kernen-Stetten, Schloss

Der Hauptachse des Gartens entspricht eine Querachse in nord-südlicher Richtung, die früher durch zwei hainbuchenumstandene Pavillons markiert war. Der südliche Pavillon mit seinen prächtigen Bäumen ist gut erhalten und neuerdings restauriert. In ihm wurde 1945 die „Freie Waldorfschule Engelberg" gegründet. An der Stelle des entsprechenden nördlichen Pavillons standen bis vor kurzer Zeit noch die drei umgebenden Hainbuchen, die jedoch gefällt wurden. So ist die Situation durch die neuen schulischen Bedürfnisse sehr verändert.

Kernen-Stetten, ehemaliges Schloss

„Stetten liegt gerade unter dem Himmel, aber ein wenig nebendraußen, zwischen Wald, Weinbergen und kostbaren Wiesen. Es hat einen Bach mit Regenbogenforellen und viel fleißiges Manns- und Weibervolk." So preist der Schriftsteller August Lämmle „Stetten im Remstal", das eigentlich im Haldenbachtal, einem Seitental der Rems liegt. Dort errichtete Johann Friedrich Thumb von Neuburg, der Truchsess württembergischer Grafen, ab 1620 einen Gebäudekomplex von vier Steinhäusern um einen gemeinsamen Hof, wobei Teile einer im 16. Jahrhundert mehrfach erweiterten Burg mitverwendet wurden.

Die Anlage wurde in den Jahren 1661 bis 1666 von Herzog Eberhard III. erworben, der zunächst das Lusttürmlein mit achteckiger Glockenstube neu errichtete. In dessen Keller soll man 1855 ein an Ketten angeschmiedetes menschliches Skelett gefunden haben. Unter Eberhard III. wurden auch die beiden nördlich gelegenen Gebäude mittels eines Zwischenbaus zu dem so genannten Liebenstein'schen Bau vereinigt. Dieser erhielt an der nach Nordosten gerichteten Giebelseite das Hauptportal der Anlage, welches von korinthisierenden Kapitellen und akanthusverziertem Gebälk gerahmt ist. Darüber befindet sich eine profilierte Austrittsplattform, die von Volutenkonsolen getragen wird. Der Giebel

selbst ist gemäß dem Zeitgeschmack des ausgehenden 17. Jahrhunderts mit dem herzoglichen Wappen, Voluten, einem zusätzlichen Dreiecksgiebel und einem Obelisk geschmückt.

Nach dem plötzlichen Tod des Erbprinzen Wilhelm Ludwig im Jahr 1673 diente die Anlage zunächst seiner Witwe Magdalena Sibylla als Witwensitz. Sie erweiterte 1679 bis 1682 den südlichen Baukörper, den so genannten Bonn'schen Bau, in welchem sich zuvor die Dürnitz befand und ließ dort als „Herzkammer des Schlosses" eine Kapelle mit einem nach Südosten gerichteten spätgotischen Kapellenchörlein einbauen. Ihr Schlafzimmer über der Kapelle wurde so eingerichtet, dass sie vom Bett aus den Prediger sehen konnte. Die Kapelle erhielt breite Spitzbogen-Maßwerkfenster mit Schräggewänden, die auch nach außen hin den sakralen Charakter des Raumes deutlich erkennen lassen. Ungewöhnlich ist im Inneren die prospekthafte Anordnung der Altarzone mit zwei Kanzeln zwischen Kolossal-Halbsäulen. Die emblematischen Grisaille-Malereien, welche die Altar-Kanzelwand und die Empore schmücken, stammen von Thomas Höpfer und dessen Mitarbeiter H. J. Kempter. Dargestellt sind volkskundliche Zeugnisse in der Form von illustrierten Sinnsprüchen. Sie sollten Wegweiser sein, um „auf rechter Straße durch das Leben gehen" zu können. Dargestellt ist beispielsweise eine Frau, die in einem Labyrinth kniet. Ihr wird aus einer Hand, die aus den Wolken kommt, ein kreuzgekrönter Stab gereicht. Dazu die Inschrift: „Ich halte fest an Gottes Wort. Das ist mein Stab und starker Hort". Auf der Deckenmalerei ist das Jüngste Gericht in drastischen Szenen dargestellt.

Magdalena Sibylla legte auch zwischen 1677 und 1712 einen großzügigen Schlossgarten an. Von ihm ist nur noch die dem Hauptflügel südwestlich vorgelagerte Terrasse und die ursprünglich in der Hauptachse der Gartenanlage stehende breite Treppe mit seitlichen Postamenten erhalten. Letztere weisen eine noch in der Tradition der Spätrenaissance stehende Beschlagwerks-Ornamentik auf.

Auch der Sommersaal im Erdgeschoss des Liebenstein'schen Baues stammt von Magdalena Sibylla. Er entstand im Jahr 1692 und ist mit schweren Stuckaturen des Wessobrunners Andreas Schmuzer reich ausgestattet. In der Lambris-Zone befinden sich querelliptische Bilder, darüber in der Hauptfläche der Wand in Kartuschenform 37 hochovale Darstellungen aus der griechischen Mythologie von Paul Etschmann, der auch die reiche Deckenbemalung mit der Darstellung des Sturzes von Phaeton schuf. Erwähnt sei zudem wiederum eine Labyrinth-Darstellung von Theseus, dem Ariadne das Fadenknäuel gibt, welches er während seines Ganges durch das Labyrinth abrollen, liegen lassen und durch Wiederaufrollen seinen Rückweg finden kann. Sowohl die Kapelle als auch der Sommersaal gehören zu den bemerkenswertesten Raumschöpfungen der Spätrenaissance im ehemals württembergischen Herzogtum.

1712 erhielt die Maitresse Eberhard Ludwigs (des Sohnes von Magdalena Sibylla und Wilhelm Ludwig), die bekannte „Reichsverderberin" Wilhelmine von Graevenitz, Wohnrecht

in der Schlossanlage von Stetten. Sie ließ 1722/23 vermutlich durch Giovanni Donato Frisoni den so genannten Eberhardinischen Bau errichten. 1745 wurde auf Geheiß der Herzogin Johanna Elisabeth der Wintersaal angefügt, der vermutlich von Frisoni entworfen und mit Stuckaturen von Riccardo Retti ausgeschmückt wurde. 1831 bis 1852 wurde das Schloss, nachdem es die königliche Familie nicht mehr bewohnen wollte, zur „Erziehungs- und Unterrichtsanstalt" umgenutzt. 1863 verkaufte König Wilhelm I. den einstigen Witwensitz an die „Schwachsinnigen-Anstalt" von Winterbach, die dort eine „Heil- und Pflegeanstalt" einrichtete. Der Anstalt wurden mehrere Neubauten im alten Parkbereich angefügt. Die erwähnten wertvollen Räume blieben jedoch erhalten.

1930 übernahm Pfarrer Ludwig Schlaich die Leitung der Anstalt und führte sie mit großer Umsicht durch schwere Zeit. 1940 wurde sie „kriegsbedingt" beschlagnahmt und musste ganz geräumt werden. Gegen Ende des Krieges zwangen die Ereignisse zur Aufnahme von Kranken, die aus Stuttgarter Krankenhäusern ausgelagert werden mussten. Mitte 1952 wurde das Schloss wieder frei und ist heute der Sitz der Diakonie Stetten.

Kernen-Stetten,
Schloss –
„Sommersaal"

Kernen-Stetten, Ruine Yburg

Südöstlich von Stetten im Remstal, inmitten eines rebbesetzten Steilhangs, liegt die Yburg, das Wahrzeichen des Ortes. Von dort aus hat man einen großartigen Blick auf die fruchtbare Remstallandschaft von Fellbach über Korb bis nach Großheppach. Der Name des Gebäudes dürfte von dem Wort „Eibe" abgeleitet sein, also eigentlich „Eibenburg" bedeuten.

Mit dem Bau der Yburg wurde im frühen 14. Jahrhundert von den Truchsessen von Stetten begonnen. Sie gehörten einer der wenigen staufischen Ministerialenfamilien an, denen es gelang, aus dem Lehen eine Herrschaft von Dauer zu schaffen. Heute steht von der Yburg nur noch ein hoher Steinkasten, welcher den Grundriss eines Rechtecks mit einer Seitenlänge von 13 mal 11 Meter hat – ein steinernes Viereck mit hohen Fenstern. Ihre Halbhöhenlage auf abschüssigem Gelände ist fortifikatorisch wenig günstig, wozu erschwerend kommt, dass sie keinen Wasseranschluss hat, und dass daher das notwendige Trink- und Waschwasser aus dem Tal über 200 Meter mühsam steil bergauf geschleppt werden musste.

Offensichtlich stand bei der Yburg nicht der Verteidigungscharakter, sondern nur der Wohn- und Repräsenta-

Kernen-Stetten, Yburg

tionswert in herrlichster Aussichtslage im Vordergrund. Es handelt sich also um einen Wohnturm – eine im Kreisgebiet seltene Bauform. Nachdem allerdings 1443 bis 1447 eine Wasserburg im Tal errichtet wurde (von der heute nichts mehr zu erkennen ist), verlor die Yburg an Bedeutung. So wurde sie an das Haus Württemberg verkauft, welches sie in den Kranz von Burgen aufnahm, die Beutelsbach umgeben, denn von dort aus hatte das Haus Württemberg seinen Aufstieg genommen.

Die Außenwände des Steinhauses sind aus Bruchsteinen, die Gebäudekanten aus Quadersteinen gemauert, wobei die Wandstärke von unten nach oben abnimmt: Im Erdgeschoss sind die Wände noch 1,5 Meter stark, im nächsten Stockwerk 1,35 Meter, dann 1 Meter und im obersten Stockwerk haben sie nur noch eine Stärke von 55 Zentimetern.

Der nach Westen orientierte Zugang zum Gebäude besteht aus einem Spitzbogentor mit geschrägtem Gewände. Man gelangt zunächst in einen Vorraum, dann sieht man die Zugänge zu den beiden parallel liegenden Kellerräumen vor sich liegen, die nur teilweise in das Erdreich hineinragen. Die Form der Kellerzugänge ist ebenfalls durch Spitzbogen bestimmt. Das Erdgeschoss erhält sein Licht nur durch Lichtschlitze, die heute zum Teil mit Erde überdeckt sind. Die über den Kellern liegenden Geschosse sind nur sparsam durchfenstert. Lediglich das oberste Geschoss verfügt über einige gekuppelte Rechteckfenster mit geschräg ansetzenden Fasen und ein Kreuzstockfenster.

Schon 1598 wird berichtet, dass das „obere Schlößlein oder Hauß ob dem Dorf gar baufällig" ist, doch 1659 wurde es erneuert und erhielt ein viertes Stockwerk. In dieser Zeit wohnten fünf Familien in dem Gebäude. 1738 erfolgten letzte Reparaturen, aber damals war die Burg schon insgesamt so baufällig, dass Herzog Karl Eugen sie 1760 bis auf die noch heute sichtbaren Außenwände abreißen ließ. Früher stand in dem spätgotischen Steinhaus eine mächtige Ulme, die das Kastengemäuer überragte – ein Gegenstück zur Hirsauer Ulme.

Zur Sicherung der Kellerräume wurde im späten 19. Jahrhundert eine Betondecke eingezogen. Bis in unsere Zeit wurde dieser Zustand beibehalten und so macht nun das Gebäude den Eindruck eines eher spartanischen Rohbaus, dem das Dach fehlt.

Oppenweiler, ehemaliges Sturmfeder's Schloss

Am nordöstlichen Ortsrand von Oppenweiler stand zunächst eine mittelalterliche Wasserburg. Sie wurde von Franz Georg Freiherr von Sturmfeder, dem kaiserlichen Rat und Ritterrat des Kantons Kocher, erworben, der 1783 mit dem Bau eines Schlösschens begann. Den Entwurf hierfür mit dem recht originellen Grundriss eines etwas in die Breite gezogenen Oktogons lieferte der Architekten-Dilletant Johann Andreas Traitteur aus Heidelberg. So entstand ein reizvoller, frühklassizistischer Bau mit Laterne über dem Zeltdach, umgeben von einem See, der inmitten eines weitläufigen Parkes liegt. Nur eine einzige Brücke

gewährt den Zugang zum Schlösschen. Überschreitet man sie, so wird man an der Eingangsseite des Gebäudes durch einen Portikus mit Architrav und Wappen der Erbauerfamilie empfangen.

Die Front- und Rückseite des achteckigen Gebäudes ist durch fünf Fensterachsen bestimmt, die beiden Seitenflächen indessen nur durch je vier Achsen. Die Schrägflächen des Oktogons sind zweiachsig. Der Baukörper ist verputzt, die drei Vollgeschosse sind durch umlaufende Gesimse gegliedert. Die Erschließung der beiden oberen Stockwerke und des Dachgeschosses erfolgt durch ein zentral im Gebäude angelegtes Treppenhaus, das sein Licht durch einen Schacht erhält, der in ein aufgesetztes Belvedere mündet. Dort befinden sich rundbogige Fenster, die allerdings das große Treppenhaus nur unzureichend belichten, weil das Licht nur gebrochen einfallen kann (vgl. auch Backnang-Strümpfelbach, Katharinenhof).

Das Schloss ist von einem Landschaftspark umgeben, der ab 1790 durch den berühmten Gartenarchitekten Friedrich Ludwig von Sckell angelegt wurde und bis heute in seinen Grundstrukturen noch erhalten ist. Auch der Garten von Oppenweiler ist als Englischer Garten zu bezeichnen, dessen Charakteristikum es ist, die „natürliche Wirkung" zu betonen – also gerade nicht die strenge Geometrie, welche den barocken Garten charakterisiert. Es äußert sich hierin ein neues, romantisch zu nennendes Verständnis der Natur, das liebevolles Einfühlen in Naturprozesse und deren sanftes Steuern zum Ziel hat. Eigentlich besteht die Bezeichnung „Englischer Garten" zu Unrecht, denn dessen Vorbild ist der „Chinesische Garten", den die Engländer als Seefahrer zuerst kennen lernten und daraufhin zunächst bei sich zu Hause einführten. Später wurde diese Gartenform in ganz Europa übernommen.

Heute dient das Schlösschen den Zwecken der Gemeindeverwaltung. Bei den notwendigen statischen Sicherungs- und Umbaumaßnahmen in den achtziger Jahren des vergangenen Jahrhunderts wurde das Treppenhaus unter weitgehender Beibehaltung der alten Stufen saniert und in diskreter Weise ein Aufzug eingebaut.

Oppenweiler-Reichenberg, Burg

Zwischen Backnang und Oppenweiler erblickt man von der Bundesstraße aus die ehemals markgräfliche Burg Reichenberg, ein Musterbeispiel einer hochmittelalterlichen staufischen Burganlage. Sie wurde von 1225 bis 1230 als Ringgadenanlage durch Markgraf Hermann V. von Baden errichtet.

Das Datum ist urkundlich erwähnt, was bei mittelalterlichen Burgen selten ist, denn konkrete Urkunden über die Gründungszeit fehlen meistens, weil der Bau einer Burg, der nur auf eigenem Boden erfolgen durfte, keine Rechtshandlung hervorrief.

1420 kam der Reichenberg in württembergischen Besitz. Das dreigeschossige Schloss im Südwesten der Anlage wurde in den Jahren 1556 bis 1562 in die Burganlage eingebaut und diente ebenso wie der Engelberg als Jagdschloss und Forstamt. Es bot dem Forstmeister einen dauernden Wohn- und Verwaltungssitz. Die Keller des Schlosses wurden teilweise aus dem gewachsenen Fels gehauen. Der berühmteste dort amtierende Förster war Karl Friedrich von Schiller (1793–1857), der Sohn des Dichters Friedrich Schiller. Alt ist der Raum links neben dem Zugang, in dem sich wohl ursprünglich eine Kapelle befand. Ebenso gehört der rechts vom Eingang gelegene Prinzenbau von 1730 noch zu dem alten, wenn auch stark veränderten Baubestand.

Die Geschlossenheit der Talrandburg über dem Murrtal beeindruckt noch heute. Es ist die besterhaltene Höhenburg des Rems-Murr-Kreises, die schon durch ihre Lage fasziniert. Sie ist von einer Ringmauer in der Form eines dem Gelände angepassten unregelmäßigen Fünfecks umschlossen, die noch zu guten Teilen erhalten ist. Diese Mauer weist staufisches Buckelquader-Mauerwerk mit Zangenlöchern sowie eine mächtige Schildmauer auf. Der Ringmauer wurden im 16. bis 18. Jahrhundert mehrere Gebäude von innen her angelehnt, was erkennen lässt, dass diese Mauer damals ihre Defensivfunktion schon weitgehend verloren hatte. Zwischen den Burgen Reichenberg und Ebersberg muss eine enge Beziehung bestanden haben, denn die Steinmetzzeichen beider stimmen überein.

An der Südseite, von wo aus man die Anlage durch ein Rundbogentor betritt, befindet sich ein freistehender, stattlicher Bergfried. Ein solcher Bergfried stellte die letzte Zufluchtmöglichkeit für die Bewohner des Schlosses dar und war, wie andere Bergfriede auch, ursprünglich nur durch einen Zugang zu erreichen, zu dem man lediglich über eine Leiter gelangen konnte, die bei Bedarf eingezogen wurde. Der Grundriss dieses Bergfriedes ist rund. Dies ist die neuere Grundrissform, die nach der Erfindung der Kanonen entstand, denn deren Kugeln prallen an einer zylindrischen Mauerfläche besser ab als an planen Wänden, die zuvor auch für Bergfriede üblich waren. In Oppenweiler hat der Bergfried vier übereinanderliegende kuppelgewölbte Innenräume. Der unterste Raum diente, wie andernorts auch, als Verließ (vgl. Kernen-Stetten).

Der Bergfried der Burg Reichenberg hat einen Durchmesser von 12,5 Metern bei einer Mauerstärke von stattlichen 4 Metern, sodass im Inneren nur ein freier Raum von 4,5 Metern verbleibt. In dieser mächtigen Wand liegt eine Wendeltreppe, welche die Stockwerke des Turmes miteinander verbindet. Ursprünglich war der Bergfried wesentlich höher und trug, wie alte Abbildungen zeigen, ein Belvedere als Bekrönung und Ausguck. An der winterlichen Sonnenaufgangsseite im Südosten ist er aufgrund besonders heftiger Temperatur- und Feuchtigkeitsschwankungen, die gerade dort

stattfinden, im Mauerwerk stark verwittert, doch dank seiner Materialfülle statisch nicht gefährdet.

1930 wurde die Anlage von der Evangelischen Gesellschaft erworben, die dort ein Altenheim einrichtete, das heute von der Paulinenpflege Winnenden geführt wird.

Rudersberg, Burg Waldenstein

Die ehemalige Burg von Waldenstein, auf einem westwärts ins Wieslauftal hereinragenden Bergsporn in schöner Aussichtslage gelegen, gehörte zwar zu den ersten Zentren staufischer Macht im Kreisgebiet, doch heute ist nichts mehr klar an der Anlage – weder die häufig wechselnden Besitzverhältnisse, noch die bauliche Grundstruktur des Hauptgebäudes, das schon 1535 als „baufällig" bezeichnet wurde. Auch ist der Halsgraben, der an der südöstlichen Bergseite liegt, heute zugeschüttet und somit nicht mehr erkennbar.

Die Burg wurde schon im 13. Jahrhundert von den Herren von Schlechtbach errichtet. 1251 wird sie erstmals erwähnt. Die Bauherren hatten zunächst den Rang von Reichsministerialen, später wurden sie zu „wirtembergischen" Lehensleuten. Nach mehreren Verpfändungen war die Burg von 1588 bis 1620 im Besitz der Familie von Gaisberg (vgl. Großheppach und Schnait). Heutiger Besitzer ist die Familie Göppel, welche die Burg in dritter Generation als Ausflugsgaststätte bewirtschaftet.

„Die Grundstruktur der Anlage wird dadurch verunklärt, dass ein großer Teil überhaupt abgängig ist und der erhaltene Teil eine ausgebaute

Ruine darstellt, welche die Spuren umfangreicher Ausbesserungen aufweist", schreibt Adolf Schahl in seiner Beschreibung der „Kunstdenkmäler des Rems-Murr-Kreises". Immerhin zeigt das drei Stockwerke hohe Hauptgebäude noch in Umrissen die Grundstruktur eines unregelmäßigen Sechsecks, das bei variierender Mauerstärke gut erhaltene staufische Buckelquader mit Randschlag und Zangenlöchern erkennen lässt. Die Unterschiede der Quaderformen lassen verschiedene Bauperioden vermuten. Das potenziellen Angreifern zugewandte, stumpfwinklig gebrochene Mauerwerk ist bis zu 3,5 Metern dick, während die hofseitige Wand eine Dicke von „nur" etwa 1,5 Metern erreicht. Die Fenster sind heute in unpassender Weise vergrößert, was der beeindruckenden Geschlossenheit und Monumentalität des Gebäudes schadet, freilich dem Benutzer zugute kommt. Auffällig ist ein schönes romanisches Rundbogenportal aus Sandsteinquadern an der Nordostseite des Hauptgebäudes. Hinter demselben erstreckt sich ein Burghof mit den Resten eines nach Westen orientierten kleinen Rundturmes, dessen Zweck unklar erscheint. Heute sind verschiedene Wirtschaftsgebäude aus späterer Zeit Teil der Anlage.

Rudersberg-Waldenstein, Burganlage Waldenstein

Schorndorf, Burgschloss

Ab 1538 wurde an der Stelle einer alten Wasserburg ein in die Festung Schorndorf integriertes Burgschloss errichtet, dessen Baumeister unbekannt ist. Es ist gleichsam das Hauptwerk der Festung und gehört zu den sieben großen Landesfestungen, die Herzog Ulrich VI. (1498–1550) errichten ließ. Die anderen Festungen sind Kirchheim, Hohenasperg, Hohenneuffen, Hohenurach, Hohentübingen und Hohentwiel. Die Steine zur Errichtung dieser Festungen wurden vorzugsweise von Klöstern genommen, die im Bauernkrieg zerstört worden waren. Im Fall von Schorndorf waren es die Klöster Engelberg, Adelberg und Lorch. Auch Steine von Winnenden-Bürg wurden für die Befestigung des Burgschlosses verwendet. Im 16. Jahrhundert war Schorndorf die stärkste Stadtfestung des ganzen Herzogtums, denn Gefahr drohte vor allem aus dem Osten.

Der Grundriss des Schorndorfer Burgschlosses in der Form eines Trapezes orientiert sich an der typisch römischen Vierflügelanlage mit Innenhof und ist somit nach Tübingen ein sehr frühes, für Renaissance-Anlagen später typisches Beispiel dieser Art in unserem Raum. Es ist nicht auszuschließen, dass die gewählte Grundrissform auf Albrecht Dürer zurückgeht, der 1527 eine „Befestigungslehre" herausgegeben hatte. In dieser Schrift wird als Prototyp eines Schlosses ein mit Wällen umgebener Viereckbau mit offenem Innenhof vorgestellt und das Schorndorfer Beispiel kommt Dürers Vorschlag recht nahe.

Da das Schorndorfer Schloss die Aufgabe einer Festung hatte, liegt es separat am südöstlich gelegenen Rande der Oberen Stadt. Der dreistöckige Baukörper ist auf Pfähle gegründet und zeigt einen rundum laufenden, abgeschrägten Sockel. An den vier Ecken des im Äußeren völlig schmucklosen Werksteinbaus sind mächtige Rundtürme angebracht, die für die Verteidigung wichtig waren, denn man konnte durch ihre Schießscharten mit Bogen, Armbrüsten und Feuerwaffen die Außenwände des Schlosses bestreichen. Die Türme sind bis in die Kellerzone durchgemauert und dienten als Schießkammern. Alle vier Flügel des Schlosses tragen ineinandergezogene Satteldächer mit stehendem Dachstuhl, die vier Türme indessen haben Kegeldächer. Die zum Innenhof gekehrten Wände sind in sichtbarer Fachwerk-Konstruktion ausgeführt.

Das Schloss kann man über zwei Brücken erreichen, die über einen ursprünglich mit Wasser gefüllten Burggraben führen. 1976 wurde er teilweise wieder freigelegt. Über der östlichen Durchfahrt ist wiederum ein in Stein gehauenes „wirtembergisches" Wappen zwischen korinthischen Säulen angebracht. Darüber befindet sich ein Außenerker mit Pechnase, der von zwei Konsolen gestützt wird.

Das Schorndorfer Schloss verfügt über bedeutende Keller mit durchgehenden, segmentbogenförmigen Gewölben und Lichtschächten zu den Fenstern. Bisher hat sich noch keine adäquate Nutzung für diese prächtigen Kellerräume gefunden.

Vielfach wurde das Burgschloss umgebaut: für die Zwecke einer Kasemat-

te, eines Gefängnisses, einer Kaserne, eines Forstamtes, eines Finanzamtes und Notariats. Einer der hiermit beauftragten Architekten war A. Kempter, der 1834 eine Kostenschätzung für den Umbau anfertigte. Heute ist dort das Amtsgericht Schorndorf untergebracht.

Sulzbach, Schloss Lautereck

Das Wasserschloss Lautereck wurde in einer wiesenreichen, von den hohen waldgrünen Löwensteiner Bergen umgebenen Talweitung der Murr errichtet und wird schon im Jahr 1559 als Eigentum der Grafen von Löwenstein genannt. Über das genaue Baudatum

des Schlosses herrscht noch Unklarheit. Die Grafen von Löwenstein regierten das Amt Sulzbach bis zum Jahr 1867. Dann gelangte das Schlösschen zunächst in den Besitz des Rothgerbers Lutz, der es jedoch schon 1868 an den Bauern Welz verkaufte. Bekannt ist, dass das Wasserschloss schon Ende des 17. Jahrhunderts baufällig war, denn die Giebel des Hauptgebäudes mussten 1665 und 1713 erneuert werden. 1751 mussten wiederum größere Instandsetzungsarbeiten durchgeführt werden. Von 1844 bis 1939 befand sich das Schloss in privatem Besitz. Danach wurde es vom Reicharbeitsdienst übernommen und diente nach 1945 als Unterkunft für Flüchtlinge, als Schule und für an-

Schorndorf, Burgschloss

dere öffentliche Zwecke. Bei dem damit verbundenen Einbau neuer Fenster wurde das umliegende Fachwerk teils verändert, teils zerstört. Kürzlich wurde das Dach neu eingedeckt. Nun soll das Gebäude kulturellen Zwecken dienen: Es wurde ein Trauzimmer eingerichtet und die Schaffung neuer Räume für die Zwecke von Jugendmusikschule, Volkshochschule und sonstiger Vereine sind vorgesehen. Im ersten Obergeschoss des nordöstlichen Turmes wurde 2008 neben einigen Farbresten eine dekorative Fensterumrahmung aus der Renaissancezeit gefunden, die freigelegt und restauratorisch überarbeitet wurde.

Der zweistöckige Rechteckbau mit einer Grundfläche von 17 mal 10 Metern unter Satteldach wird von zwei rund ansetzenden, darüber oktogonalen Ecktürmen flankiert, die sich an der östlichen Traufseite des Gebäudes befinden. Deren Fachwerkaufbau harmoniert mit dem 1959 wieder freigelegten Sichtfachwerk des Hauptgebäudes. Die Türme haben in den unteren beiden Stockwerken schlanke, zum Teil horizontal liegende Maueröffnungen, die als Schießscharten genutzt werden konnten. Der Hauptzugang zu dem Gebäude besteht aus einer Rundbogentür, welche die Jahreszahl 1628 trägt. Dieser Zugang stammt wohl nicht aus der Erbauungszeit, sondern ist Teil der vielfältigen Veränderungen, die in späteren Zeiten ausgeführt wurden.

Im Inneren ist das Gebäude in Längsrichtung zweizonig, in Querrichtung dreizonig unterteilt. Dies gilt mit leichten Abweichungen für alle Geschosse. Im Lauf der Zeit hat das „Schlösslin" eine stetige Minderung seiner Wirkung hinnehmen müssen. Durch die private Nutzung und der starken Abnutzung ab 1939 ist von der ehemaligen Ausstattung fast nichts mehr vorhanden. So kann beispielsweise nicht mehr festgestellt werden, wo die Zugänge zu den Räumen ursprünglich lagen und ob im Bereich des heutigen Treppenantritts eine Wand existierte oder nur ein Unterzug.

Ursprünglich war die Schlossanlage, zu der auch ein ansehnlicher Garten und eine Schafscheuer gehörte, „von einem sehr breiten, ausgemauerten Wassergraben im Viereck umgeben, der jetzt größtenteils trocken liegt und als Garten benützt wird" (Oberamtsbeschreibung von 1871). Über ihn führte an der Nordseite eine Brücke. Von diesem Wassergraben ist heute nur noch eine flache Vertiefung erhalten. Die den Hof einschließende Ringmauer mit gotischem Eingang und Brücke, die auf alten Plänen zu sehen ist, existiert nicht mehr.

Weinstadt-Großheppach, Schloss

Das Schloss der Familie von Gaisberg-Helfenberg, das am Rande des Dorfes an der Straße nach Gundelsbach liegt, wurde im Jahr 1593 von einem Dr. Martin Eichmann gegründet – vermutlich an der Stelle eines abgegangenen Burgstalls. Es bestand damals aus einem Gebäude mit zwei Vollgeschossen, einem Dachgeschoss, einem quadratischen Gewölbekeller mit einer dem Hauptgebäude entsprechenden Grundfläche von 10 mal 10 Metern und einer Mauer mit Torhaus unter Zeltdach. Dieses zweigeschossige Herrenhaus unter Satteldach, dessen Firstlinie etwa in west-östlicher Richtung verläuft, ist der Kern der Anlage. 1684 wurde der Schlossmauer ein Wächterhaus und später ein zweigeschossiges Gebäude mit Pferdestall und Kutscherwohnung, beides mit Zeltdächern, eingefügt. 1723 folgten ein Wirtschaftsgebäude mit Gewölbekeller und 1893 zusätzliche Erweiterungen. Der Hauptbau erhielt durch Johann Friedrich Stockmayer ab 1750 seine heutige Form. 1893 wurden im Südwesten ein turmartiger Aufsatz und nach Norden hin weitere Anbauten errichtet, sodass die ursprüngliche Gebäudegestalt und die innere

Weinstadt-Großheppach, Toranlage des Schlosses der Familie von Gaisberg-Helfenberg

Raumfolge von 1750 heute nur noch im Dachgeschoss zu erkennen ist. Seit 1918 befindet sich das Schloss im Besitz der Familie von Gaisberg.

Die Anlage ist in ihrer Gesamtheit durch Wirtschaftsgebäude im Süden und einen beide Gebäude verbindenden ehemaligen Stallbau bestimmt, sodass ein gemeinsamer Hof umschlossen wird. Der Zugang erfolgt durch eine Rechteckpforte neben dem Herrenhaus, daneben ist die Zufahrt zum Gebäude angeordnet, dessen schmiedeeisernes Tor durch hohe, kugeltragende Pfeiler flankiert ist. In einem der Pfeiler ist heute noch das Stockmayer'sche Wappen zu sehen.

Im Inneren des Schlosses dominiert das 1893 im nördlichen Teil des Herrenhauses errichtete, reich mit Jagdtrophäen geschmückte Treppenhaus mit seinen durch Kehrplätze rechtwinklig gebrochenen Läufen. Der Große Salon, der Kleine Salon mit Deckengemälde und die im Stil der Renaissance holzgetäfelte Bibliothek sind schon 1947 unter Denkmalschutz gestellt worden, 1957 ebenso die gesamte Anlage, die sich heute durch umsichtige Verwaltung in gutem Zustand befindet. Zu dem Anwesen gehört ein stattlicher Schlosspark, der heute noch die Größe von ca. 2 Hektar hat. Dieser Park ist von einer Mauer umschlossen, in welche um 1900 ein zweiachsiges gotisches Spitzbogen-Maßwerkfenster eingebaut wurde. Eine fachgerechte Restaurierung dieser Spolie steht noch aus.

Ab 1980 wurden alle Gebäude einer grundlegenden Sanierung unterzogen, sie wurden an eine Zentralheizung angeschlossen, ihre Elektroinstallation auf zeitgemäßen Stand gebracht und die Dächer mit vielerorts zusammengesuchten, alten, handgestrichenen Biberschwänzen neu gedeckt.

1983 wurde die gemeinnützige Charlotte-von-Gaisberg-Stiftung gegründet. Stiftungszweck ist die Erhaltung des Schlossbesitzes samt der historischen Einrichtung im überkommenen Zustand und die Öffnung des Anwesens für die Öffentlichkeit.

Weinstadt-Schnait, Oberes Schloss

Das ehemalige Obere oder Neue Schloss ist ein stattliches, von einem traufständig zur Straße hin gekehrten Satteldach bedecktes Gebäude mit massiv gemauertem Erdgeschoss-Sockel und einem Obergeschoss, das aus heute verputztem Fachwerk ausgeführt wurde. Bauherr war Konrad von Gaisberg. Die zur Straße gekehrten Gebäudekanten waren ursprünglich auf beiden Seiten durch Erker verziert, die auf einer im Grundriss rechteckigen, vor die Kante des Erdgeschosses platzierten Erkerkonsole aufsitzen. Nur der rechte dieser beiden Erker ist erhalten, seine ursprünglich vorhandenen Fenster sind heute allerdings leider vermauert. Die Konsole dieses Erkers zeigt eine reichgebildete, wenn auch verstümmelte Profilierung in der Formensprache der Renaissance. In der zur Straße hin gekehrten Erdgeschoss-Seite befinden sich zwei alte, vergitterte Fenster in Rechteck- und Kreisluken-Form.

Den Zugang zum Gebäude bildet ein Rundbogentor, in dem die Jahreszahl der Erbauung, 1609, eingehauen ist. Im Erdgeschoss befand sich ursprünglich eine Halle, die vom neuen Eigentümer wieder hergestellt wurde, nachdem sie gründlich verbaut worden war. Auch der prächtige Keller

wurde zu Beginn der achtziger Jahre des vergangenen Jahrhunderts mustergültig renoviert, indem der vorhandene, später eingebaute Betonboden entfernt und durch einen Bodenbelag aus Naturstein ersetzt wurde. Heute dient dieser Keller als eindrucksvoller Ausstellungsraum. Das sehr große Dach des Gebäudes wurde mit alten

Weinstadt-Schnait, „Oberes Schloss"

Biberschwanz-Ziegeln neu gedeckt, die speziell für diesen Zweck in mühevoller Arbeit gesammelt wurden. Die Fenster mit ihrer T-Teilung und ebenso die Klappläden wurden bei der Renovierung in alter Form erhalten.

Winnenden, Schloss Winnenthal

Das zur Stadt Winnenden gehörige Areal, auf dem heute das Schloss Winnenthal steht, befand sich seit dem 13. Jahrhundert im Besitz einer Deutschordenskommende, die seit 1291 erwähnt wird. Die Kommende verkaufte das Grundstück 1665 an Herzog Eberhard III., welcher es umgehend der Familie Winnenthal, einer Nebenlinie des Hauses Württemberg, übergab. Der Herzogadministrator Friedrich Karl von Winnenthal (1652–1698) beauftragte daraufhin den Architekten Matthias Weiß mit

der Errichtung eines Neubaus. So entstand das ungemein weitläufige Schloss Winnenthal, ein Renaissancebau von barocken Dimensionen, in der Form einer stattliche Dreiflügel-Anlage, die sich nach Süden hin zu einem Schlosspark öffnet. 1813 wurde das Schloss zur Kaserne umgenutzt, mit entsprechend traurigen Folgen für die Innenausstattung. Seit 1834 befindet sich dort ein Psychiatrisches Landeskrankenhaus.

Das nördlich gelegene dreigeschossige Hauptgebäude, das einstige Corps de logis, ist ein riesiger, fast schmuckloser Bau, dessen Fassade durch insgesamt 22 Achsen mit gekuppelten Fenstern in unregelmäßigen Abständen bestimmt wird. Die Geschosse sind von außen her durch stark vorkragende Gesimse voneinander getrennt. Im Inneren sind sämtliche Stuckarbeiten des 17. Jahrhunderts entfernt und die Raumaufteilung für die neuen Zwecke völlig verändert. Nur der Betsaal im zweiten Obergeschoss, der 1786 nach Plänen von A. Groß II. eingebaut wurde, blieb von den Umbaumaßnahmen verschont. Seine Stuckierung stammt allerdings wohl erst von 1898, dem Jahr, in dem auch das Deckengemälde entstand.

An diesen Hauptbau schließt im Westen rechtwinklig und nach Süden gerichtet der Komturbau an, der ebenfalls im Inneren gänzlich erneuert wurde. Auch äußerlich wurde er durch den Verlust seines Treppenturms und die Verlängerung nach Süden hin verändert. Erhalten blieb nur das so genannte „Komturhäusle". In dem östlichen Schlossflügel, Kavaliersbau genannt, verschied 1844 Nikolaus Lenau, der geisteskrank nach Winnenthal gebracht wurde. Dieser

Baukörper wurde gänzlich abgerissen und neu aufgebaut.

In den ehemals weitläufigen Gartenanlagen, die heute durch Neubauten für unruhige Kranke und andere Zwecke eingeschränkt sind, ist ein Monumentalbrunnen aus der Erbauungszeit des Schlosses erhalten. Der „schön kostbare springprunnen" stammt aus dem Jahr 1678. Der achteckige, sehr geräumige Brunnentrog erhält seinen Zulauf durch Mäuler von Ungeheuern, Löwenköpfen und Masken, die

aus einem dreigeschossigen Brunnenstock von 1878 hervorragen und dort mit reichgestalteten, schmiedeeisernen Bändern befestigt sind. Dieser Brunnen ist die Zierde der Anlage. Auch darf ein Gedenkstein aus dem Jahr 1733 mit einem sehr sinnreichen Gedicht auf den berühmten „Mops von Winnenden" nicht unerwähnt bleiben, der seinem Herren Herzog Carl Alexander auf Kriegspfaden bis ins ferne Belgrad gefolgt war und ganz alleine in 11 Tagen (!) den Rückweg fand.

Winnenden, Schloss Winnenthal

Winnenden, Burganlage Bürg

Die ehemals stattliche Burganlage zu Bürg steht nordöstlich der heutigen Stadt Winnenden auf einer Sandsteinkuppe an der Stelle eines römischen Kastells der XXIV. Kohorte („castrum Winidum"). Dort wurde sie ab 1180 von dem freien Herren Gottfried von Winnenden errichtet, der von 1181 bis 1196 in den Urkunden erscheint. Sie ist weit über die Winnender Bucht hinaus zu sehen. Bauherr war Graf Gottfried von Schauenburg, dessen Schwiegersohn Heinrich von Neuffen die Befestigung zu einer mächtigen Burganlage ausbaute. Beide Männer waren enge Vertraute der Stauferkaiser, in deren Gefolge sie regelmäßig anzutreffen waren. Der berühmteste Bewohner der Burg war der Minnesänger Gottfried von Neuffen (genannt 1230–1255). Er gehörte der Generation an, die auf Walther von der Vogelweide folgte und fiel besonders durch seine vollendete Beherrschung der dichterischen und höfischen Formen auf.

Später wurde die Burg von den Schenken von Winnenden erworben, die zunächst als Neuffener Dienstmannen agierten, bis sie 1350 durch die Niederadelsfamilie von Yburg, die württembergische Lehensleute waren, abgelöst wurden. 1499 übernahm das Haus Württemberg die unbewohnte und langsam verfallende Burg. Sie war unattraktiv geworden, denn das neue Zeitalter der Renaissance verabscheute dicke Mauern und dunkle Gemächer. Heute wird die ehemalige Burganlage gastronomisch genutzt. Die hierfür notwendigen Um- und Neubauten verunklären die ehemalige bauliche Situation außerordentlich. Die herrliche Aussicht weit hinaus in die umgebende Landschaft bleibt hiervon unberührt.

Der Burgturm von Winnenden-Bürg liegt im Südosten der Anlage. Sein Buckelquadermauerwerk legt eine Datierung um 1200 nahe und zeugt noch heute von der einstigen Blüte und Standhaftigkeit dieser Burg. Ursprünglich waren es zwei derartige Türme, die beide zu einer vielleicht kastellartig umfassten Talrandburg gehörten.

Der jetzt vorhandene Turm an der Hangseite hat noch eine Höhe von 22 Metern und war ursprünglich sicherlich höher. Die Mauerdicke von 2,8 Metern ist mächtiger als der lichte Innenraum des Turmes, der nur 2 Meter beträgt. Der ursprüngliche Zugang in Leiterhöhe von Norden her ist noch vorhanden, was seine Bestimmung als Bergfried erkennen lässt (vgl. Oppenweiler-Reichenberg). Der heutige Zugang ist ein roher Durchbruch. Das unterste Stockwerk dieses Bergfrieds mit seiner gewölbten Decke diente, wie andernorts auch, als Verließ. Der Turmaufsatz mit Kegeldach stammt aus dem 18. Jahrhundert, ebenso der offene Glockenstuhl mit Geläut. An den Turm schließen Mauerreste an, die fast ohne Mörtel in durchgehenden Schichten erstellt wurden – ein Hinweis auf eine sehr solide Mauertechnik und vor allem ein Beweis von großem handwerklichen Können.

Im 1807 erbauten Nachbarhaus entstand die Gastwirtschaft, die 1929 von Joseph Reich in die heutigen Gebäude der „Schönen Aussicht" verlegt wurde.

Winnenden-
Bürg

Tipps

Wasserschloss Oppenweiler

Das achteckige Schloss Oppenweiler – gebaut von Freiherren von Sturmfeder – entstand im Jahr 1783 im klassizistischen Stil anstelle einer Wasserburg aus dem späten 13. Jahrhundert. Das Schloss beherbergt heute das Rathaus der Gemeinde, es liegt noch immer auf der Insel, umgeben von einem Schlosspark. Dieser wurde von dem bekannten Gartenarchitekten Friedrich Ludwig von Sckell, der auch den Englischen Garten in München und die Parkanlagen von Schwetzingen und Hohenheim entworfen hat, geplant. Führungen können beim Bürgermeisteramt Oppen-

weiler telefonisch abgesprochen werden: *Tel. 07191 484-0*, Hintergrundinformationen bietet die Internetseite *www.oppenweiler.de*.

Welzheimer Wasserturm

Um sich einen Überblick über den Schwäbischen Wald zu verschaffen, lohnt ein Ausflug zum Wasserturm nach Welzheim. Der Aufstieg auf den 30 Meter hohen Wasserturm wird mit einem wunderschönen Panorama über Welzheim und über die Baumwipfel des Schwäbischen Waldes belohnt. Der Wasserturm befindet sich in der Wiesenstraße. Der Schlüssel zum Turm ist bei Maria Arndt erhältlich. *Tel. 07182 8129*.

Burg Reichenberg

Anfang des 13. Jahrhunderts wurde die Burg Reichenberg vom badischen Markgrafen Herman V. hoch über dem Murrtal gebaut. Die Burganlage ist vollkommen erhalten und bietet einen schönen Blick auf das Murrtal. Die Geschichte der Burg ist spannend und bewegt. Aus badischem Besitz ging sie in württembergische Hand über, war dann über 380 Jahre Herzogliches Forstamt und ist seit 120 Jahren diakonische Einrichtung. Viele Bereiche

sind für die Öffentlichkeit zugänglich. In Führungen lässt sich die Geschichte der Burg erleben. Anmeldungen zu Führungen sind telefonisch über *Tel. 07191 935593* und *0163 8504764* möglich, Termine sind unter *www.burg-reichenberg.de* nachzulesen.

Burg Bürg bei Winnenden

Die Burg Bürg nahe Winnenden gibt von ihrem 23 m hohen Turm einen herrlich Blick ins Remstal frei. Im Jahr 1181 wurde die Burg von Gottfried von Winnenden errichtet. Ein besonderer Blick bietet sich zur Zeit der Obstbaumblüte vom Turm aus über die Landschaft. 1538 wurde die Anlage bis auf den Wehrturm, den Bergfried, abgetragen. Die Burg ist heute vom Dorf Bürg umgeben.

Yburg Kernen-Stetten

Die Ruine der Yburg liegt in den Weinbergen bei Stetten. Die Burg wurde zwischen dem 12. und 14. Jahrhundert von den Truchsessen von Stetten erbaut. Bereits ab 1387 verlor sie mit der Errichtung eines Wasserschlosses im Tal ihre Bedeutung. Im Jahr 1760 wurde das Gebäude zum großen Teil abgerissen. Heute sind nur die Grundmauern des alten Wohngebäudes sichtbar und ragen wie ein Monument aus den Weinbergen heraus. Unterhalb der Burg befindet sich heute das „Museum unter der Yburg" mit einer Schuhmacher- und Schreinerwerkstatt sowie einer Rauchküche. Führungen können unter *Tel. 07151 413300* vereinbart werden. Weiter Informationen zur Geschichte der Burg finden sich unter *www.y-burg.de.*

Schloss Schorndorf

Im 16. Jahrhundert war die Landfestung Schorndorf eine starke Stadtfestung. Sie hat mit ihren runden Ecktürmen zahlreichen Angriffen standgehalten. Bis ins Jahr 1634 waren Soldaten im Schloss stationiert, ab 1835 haben Behörden und Ämter hier ihr Domizil gefunden. In der Umgebung des Schlosses finden sich bis heute Reste der Mauer, die Schorndorf einst umgeben hat. Heute ist das Schloss Finanzamt. Weitere Informationen über *www. schorndorf.de.*

Damwild Alfdorf

In Alfdorf lässt sich Damwild in drei weitläufigen Gehegen in naturnaher Umgebung beobachten. Es gibt Wanderwege zu den schön gelegenen Revieren. Die Tiere können hier in in ihrem natürlichen Lebensraum angeschaut und

ihr Verhalten studiert werden. Die genauen Wegbeschreibungen zu den Gehegen sowie Informationen zu Parkmöglichkeiten bietet *www.alfdorf.de.*

Mountainbike-Touren

Neun Radrouten zwischen 20 und 60 km sind im Schwäbischen Wald ausgeschildert. So bieten sich für jeden Geschmack vielfältige Möglichkeiten,

die Landschaft zu entdecken. Wer gerne mehrere Tage unterwegs sein will, der kann jeweils vier Touren zu Blöcken à 120 km (2500 Höhenmeter) oder à 140 km (3300 Höhenmeter) verbinden. Zum Übernachten bieten sich zahlreiche Möglichkeiten. Ausgebaute Rastplätze, Aussichtspunkte und Seen bieten Gelegenheit für Pausen. Genauere Hintergrundinformationen zu den einzelnen Routen gibt es auf der Internetseite

des Schwäbischen Waldes *www.schwaebischerwald.com* oder beim Landratsamt Rems-Murr-Kreis *www.rems-murr-kreis. de, Tel. 07151 501-1376,* E-Mail: *c.schlag@remsmurr-kreis.de.*

Der Remstal-Radweg erstreckt sich über 41 km zwischen Waiblingen und Welzheim. Auch hier bieten sich mehrere Etappen

an. Auf der 24 km langen Strecke zwischen ***Winnenden*** und ***Schorndorf*** geht es durch die Berglen. Einen Rundkurs bietet der ***Wieslauftal-Radweg*** mit einer Streckenlänge von 47 km. Der ***Leintal-Radweg*** führt durch unberührte Naturlandschaften, seine Länge beträgt 23 km. Eine Verbindung von Rems- und Murrtal schafft der Radweg zwischen ***Burgstetten*** und ***Waiblingen***. *www.fahrradtour.de.*

Sakrale Kunst
im Rems-Murr-Kreis

Weniger in der Baukunst, als in der Ausstattung liegt die überregionale Bedeutung einiger Sakralbauwerke des Landkreises begründet – wobei Ausnahmen wie die Walterichskapelle in Murrhardt die Regel bestätigen. Zur Illustration dieser Aussage sei darauf hingewiesen, dass kein einziger Sakralbau aus der Renaissance im Kreisgebiet genannt werden kann, und auch barocke Kirchen sich auf drei Ausnahmen beschränken.

Moderne Kirchen findet man – bedingt durch die starke Zuwanderung katholischer Neubürger nach dem Zweiten Weltkrieg – vor allem im Auftrag der katholischen Kirchengemeinden und vorwiegend in den Städten. Im Folgenden werden jedoch nur die Highlights der Sakralbauten bis zum Zweiten Weltkrieg präsentiert werden, bei denen es sich um Kulturdenkmale nach dem Denkmalschutzgesetz handelt.

Erste Zeugnisse der Romanik

Die Walterichskapelle in Murrhardt

Die ältesten noch überlieferten Dokumente sakraler Kunst im Rems-Murr-Kreis, auch der Baukunst, stammen aus der Romanik. An erster Stelle ist Murrhardt zu nennen. Anfang des 9. Jahrhunderts erfolgte dort unter Walterich, einem Verwandten des Königs, die Gründung eines Benediktinerklosters auf einem Königsgut, für die Zeit um 817 ist die Stiftung des als Klostergründer verehrten Ludwigs des Frommen überliefert. Das ehemalige Benediktinerkloster im westlichen Drittel der Kernstadt ist noch immer zu erkennen. Die frühere Klosterkirche, die Ev. Stadtkirche St. Maria, St. Trinitatis und St. Januarius, ist eine dreischiffige Basilika über den Resten einer karolingischen Kirche des 8. Jahrhunderts, die wiederum mit den Steinen des Jahrhunderte früher stehenden römischen Kohortenkastells erbaut wurde. Die Marienkirche wurde um die Mitte des 11. Jahrhunderts unter dem Einfluss von Reichenau neugebaut, das Chorjoch ist um 1130/40 mit Chorflankentürmen und vergrößerter Apsis versehen worden, die um 1330 durch den heutigen polygonalen Ostchor überbaut wurde. Im 13. Jahrhundert erfolgte der Anbau der berühmten Walterichskapelle auf dem die Kirche umgebenden Mönchsfriedhof. Die Walterichskapelle stellt ein Hauptwerk spätromanischer Baukunst in Südwestdeutschland dar, nach/um 1230 erbaut als Gedächtnis-

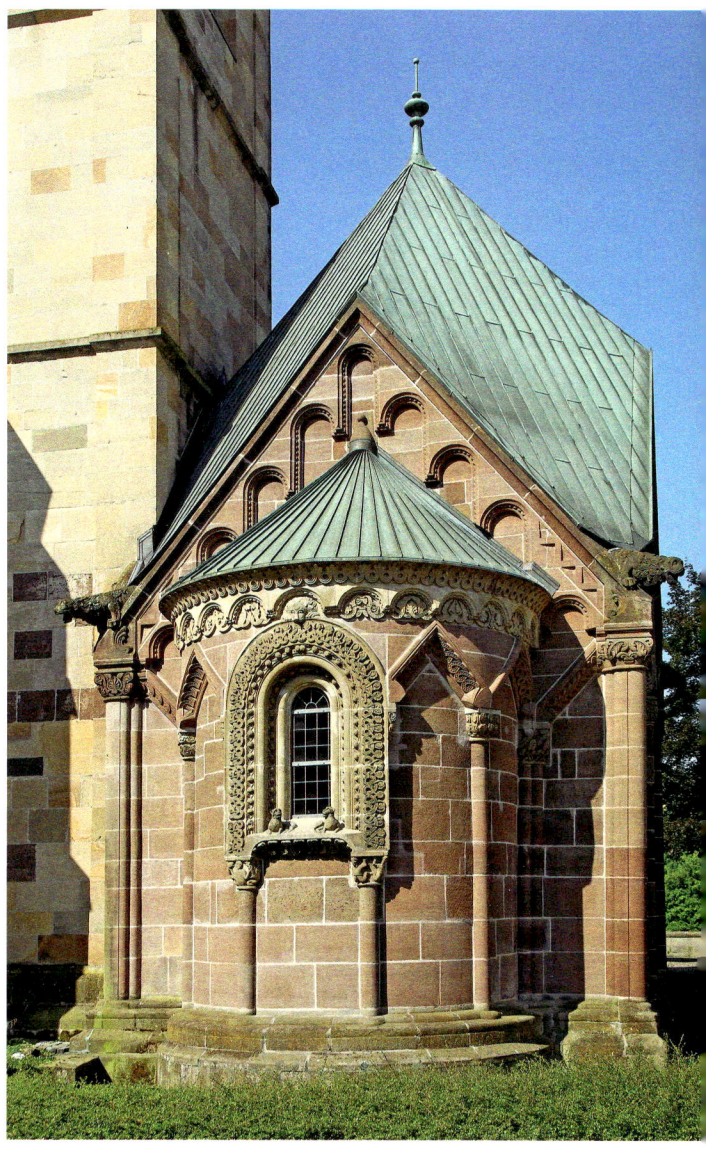

kapelle für den Klosterabt, asymmetrisch an der Kirche stehend. Sie ist quasi als ein „Reliquiar für Walterich" anzusehen. Die Bauplastik wurde allerdings mehrfach, 1875-79, 1871/72 und 1987/88, ausgewechselt, die Originale befinden sich im Carl-Schweizer-Museum in Murrhardt oder vor Ort. Auch die südwestlich des Klos-

Murrhardt, Walterichskapelle

von den Markgrafen von Baden als Hauptort ihrer Besitzungen in Neckarschwaben ausgebaute Burgberg in Backnang beherrschte den wichtigen Übergang über die Murr. Die Burg selbst wurde 1235 zerstört. Die Burgkapelle St. Pankratius wurde vor 1116 markgräfliche Grablege und Sitz eines Augustiner-Chorherrenstiftes. Sie ist die älteste Grablege der Markgrafen von Baden, darunter der 1130 verstorbene Hermann II. von Baden – sein Vater kam durch Heirat in den Besitz von Backnang. Die aus der Burgkirche hervorgegangene Ev. Stiftskirche St. Pankratius ist im Kern die romanische Augustiner-Chorherrenstiftskirche des 12. Jahrhunderts, von der Chorflankentürme zwischen dem Chor und dem Saalbau zeugen. Spätromanisch sind der Sarkophag der 1162 verstorbenen Tochter Judintha des Badischen Markgrafen und zwei Steinkisten von 1130 und 1160. Der Sarkophag zeigt erneut, wie in Murrhardt, das Lamm Gottes, diesmal mit einem Kreuzstab – offensichtlich ein in der Romanik sehr beliebtes Bild. Erhalten ist auch ein Türringhalter der Spätromanik.

Ehemalige Stiftskirche St. Leodegar in Beutelsbach

An dritter Stelle ist eine württembergische Gründung zu nennen: Die ehemalige Stiftskirche St. Leodegar in Weinstadt-Beutelsbach war sicherlich ebenfalls ein bedeutendes Bauwerk der Romanik, schließlich war hier die Grablege des Hauses Württemberg in einem 1247 genannten Chorherrenstift, das nach der 1312 erfolgten

ters stehende Ev. Walterichskirche – die alte Pfarrkirche des Städtchens an der Stelle eines römischen Friedhofs mit Podiumstempel und eigentlich eine Marienkirche, die erst seit dem mittleren 16. Jahrhundert den Namen Walterichs trägt – überliefert noch spätromanische Architekturteile von um 1170/80 aus dem romanischen Vorgängerbau: Innen an der Nordwand (bis 1964 außen) angebracht ist ein Relief mit kämpfenden Löwen und ein Tympanon mit dem Lamm Gottes und Maria. Die Inschrift „Tritt ein in das Gotteshaus" stellt eine Kombination aus Eintrittsaufforderung und biblischem Mahnspruch dar. Sie ist die älteste nachrömische Inschrift des Landkreises. 1963 wurde das Walterichsgrab wieder entdeckt, das unter Verwendung römischer Spolien um 830 zusammengesetzt wurde.

Burgkapelle St. Pankratius, Backnang

An zweiter Stelle ist eine badische Gründung zu nennen: Der um 1100

Zerstörung durch die Reichsstadt Esslingen 1321 an den neuen Sitz der Grafen von Württemberg in Stuttgart verlegt wurde. Auf die früher sicherlich zahlreichen Grablegen der Grafen – die im frühen 14. Jahrhundert ebenfalls nach Stuttgart transloziert wurden – verweist nur noch eine Steinplatte aus der Zeit um 1400. Von der romanischen Stiftskirche sind nur noch Rundbogenfriese überliefert, die in den spätgotischen Neubau der Zeit um 1505/22 übernommen wurden.

Romanische Fragmente

Diese romanischen Kerne, meistens im Turm, sind häufig anzutreffen: Die Ev. Pfarrkirche St. Dionysius und Barbara in Fellbach-Schmiden ist als Chorseitenturmanlage spätestens im

15. Jahrhundert erbaut worden, im Kern ist sie jedoch romanisch, erkennbar an den romanischen Klangarkaden des Turmes.

Wie in Murrhardt an der Walterichskirche ist auch anderswo nur noch romanische Bauplastik als Fragment vom Vorgängerbau überliefert, wohl aus Pietätsgründen aufgehoben, aber meistens aus dem baulichen Zusammenhang gerissen: In Schorndorf-Haubersbronn sind südlich außen an der Wendelinskirche spätromanische Architekturfragmente sekundär eingesetzt. Insbesondere im Ornament können sie überzeugende Qualität liefern – es handelt sich hierbei um Reste eines Eingangsgewändes mit dem Lamm Gottes im Tympanon, gerahmt von Palmetten.

Gotik

Die ältesten nennenswerten kunsthistorischen Dokumente der Gotik im Rems-Murr-Kreis sind nicht bedeutende Bauten, sondern die Wandmalereien aus dem 14. Jahrhundert. Die Ev. Pfarrkirche St. Michael in Winterbach – noch heute mit z. T. mittelalterlicher Kirchhofmauer überliefert – wurde im Kern 1309 erbaut (umgebaut u. a. 1498), datiert durch den ältesten noch erhaltenen Grundstein des Landkreises am südwestlichen Eckquader des Schiffs. Aus dieser Zeit sind Malereien im Chor und am Chorbogen erhalten, die zumindest in Teilen möglicherweise von einem Esslinger Meister stammen, der die Farbfenster in der Esslinger Franziskanerkirche entwarf. Das Chorbogenfresko zeigt den Teufel mit der Kuhhaut, auf der das Geschwätz der Frauen in der Kirche steht.

Fellbach-Schmiden, Ev. Pfarrkirche St. Dionysius

Winterbach,
Michaelskirche

Gotische Neubauten aus einem Guss darf man im Landkreis nicht erwarten, es sind eher die kleinen „Trippelschritte" der Umbauten das prägende Element.

Der Beginn des 15. Jahrhunderts

Beispielsweise ist die Ev. Pfarrkirche Unserer Lieben Frau in Waiblingen-Neustadt eine Chorturmkirche mit spätromanischem Turmchor (um 1300), im späten 14. Jahrhundert (Chorgewölbe) und 1420/30 umgebaut bzw. erweitert (Schiff). Bedeutend sind aber nicht der Umbau, sondern die umfangreichen Wandmalereien im Inneren, sie heben die Kirche weit über eine örtliche Bedeutung hinaus. Datiert werden sie im Chor in die Zeit um 1380/90, im Schiff um 1420/30.

Im 15. Jahrhundert dauert es bis zur Mitte des Säkulums, bis hier wieder Nennenswertes verzeichnet werden kann: Mit dem berühmten Hans Multscher und seinem Aachener Münsterchor in Verbindung gebracht wird der um 1440/50 gefertigte St. Januarius mit der dazugehörigen Engelskonsole in der ehemaligen Klosterkirche in Murrhardt. Auch ein „bildemacher zu Backenat", also aus Backnang, wird von den Kunsthistorikern ins Spiel gebracht, der immerhin für Konrad von Weinsberg arbeitete und somit eine bedeutende Künstlerpersönlichkeit gewesen sein musste.

Die zweite Hälfte des 15. Jahrhunderts

In der zweiten Hälfte des Jahrhunderts ist dann ein erster Höhepunkt nicht nur der Bautätigkeit, sondern auch der kunsthistorischen Bedeutung der Sakralbauten im Landkreis festzustellen. Die Anfänge des „Baubooms" waren bescheiden: Die Liebfrauenkapelle in der Backnanger Sulzbacher Vorstadt (nur noch rudimentär erhalten, das Schiff wich 1967 einem Wohnhausneubau) bzw. der noch erhaltene rippengewölbte Chor ist inschriftlich in das Jahr 1452 datiert.

Nun folgen größere Neubauten: In Weinstadt-Endersbach vollendete man 1454 den Turm, 1469 das Schiff, 1471 den Dachstuhl der Ev. Kirche St. Agatha – bedeutend wurde die Kirche jedoch, wie so oft, nicht wegen dieser mittelalterlichen Bauphasen, sondern wegen der jüngeren, hier barocken Ausstattung. Man beachte die lange, über Jahrzehnte andauernde Bauzeit, die als typisch zu bezeichnen ist.

Die Ev. Pfarrkirche St. Petrus in Leutenbach-Weiler zum Stein ist im Chorseitenturm noch romanisch, sonst spätgotisch von 1456, die Dächer allerdings barock. Innen beachte man ein Kruzifix mit beweglichen Armen für die Grablegungsdarstellung, um 1500 entstanden. In den 50er Jahren des 15. Jahrhunderts wurde im Gebiet des heutigen Landkreises offenbar viel gebaut: Die Kath. Pfarrkirche St. Nabor in Fellbach-Oeffingen überliefert den 1457 datierten Chor; die Ev. Pfarrkirche St. Stephanus in Waiblingen-Beinstein besteht u. a. aus dem 1454 begonnenen spätgotischen Chor mit Wandmalereien von 1459.

In den 70er Jahren des 15. Jahrhunderts folgte der nächste Höhepunkt sakraler Baukunst – es muss eine Zeit des Wohlstands geherrscht haben: Die Ev. Pfarrkirche St. Jodokus in Weinstadt-Strümpfelbach ist eine spätgotische Chorturmkirche aus dem dritten Viertel des 15. Jahrhunderts (mit einem 1784 erweiterten Chor). Die Wandmalerei der Zeit um 1470 und 1495 ist 1970 freigelegt worden, sie zeigt die Zehn Gebote, Evangelisten, Kirchenväter, und – zum Weingärtnerdorf passend – Christus in der Kelter. Bemerkenswert ist der spätgotische florale Fries unter der Decke, der von figürlichen Säulenträgern gehalten wird – eine außerordentlich seltene Darstellung. Beachtliche Wandmalerei der Zeit um 1470 mit der Legende des Titularheiligen, Szenen der Geburt Christi, Kirchenvätern, Evangelisten usw. befinden sich auch in der Ev. Pfarrkirche in Fellbach-Schmiden. Hier überliefert ist das seltene Bei-spiel einer vollständigen Chorausmalung, deren Bedeutung deutlicher wird, wenn man sich vergegenwärtigt, dass das nächste Beispiel, die Chorausmalung in der Mauritiuskirche in Kernen-Rommelshausen, ebenfalls aus dem dritten Viertel des 15. Jahrhunderts, nur noch schlecht erhalten ist.

Die Ev. Pfarrkirche St. Jakobus d. Ä. in Oppenweiler entstand zwischen 1464 und 1471, hervorzuheben ist der Schnitzaltar, gestiftet von Friedrich Sturmfeder und Lucia von Hornstein, der um 1470 gefertigt wurde und der sowohl mit der Ulmer Schule als auch mit der Ausstattung der Katharinen-

Waiblingen-Beinstein, St. Stephanus

fer Stadtkirche wird sogar mit Anton Pilgram in Verbindung gebracht: Die Marienkapelle, um 1500 entstanden, zeigt ein seltenes Gewölbe mit der Wurzel Jesse. Auch die figürliche Bauplastik der Portale ist von nicht minderer Bedeutung, u. a. unter dem Einfluss der Heilbronner Werkstatt der Seyfer und der Stuttgarter Stiftskirche gefertigt. Die Künstlerfamilie Konrad, Hans, Peter und Leonhard Seyfer wirkte in Straßburg, Speyer, Worms, Stuttgart und vor allem in Heilbronn, wo sie mit dem Kiliansaltar ihr Hauptwerk schuf.

Erst in den 1580er Jahren konnte Waiblingen etwas mit Schorndorf Vergleichbares bauen: Die Ev. Michaelskirche in Waiblingen erhielt das dreischiffige Langhaus 1487–90 (ein Werk des Hans von Landau bzw. Hans Ulmer), kurz davor entstand die schöne Kanzel, gefertigt 1484 von Peter von Laun. Dass der Künstler, wie zahlreiche andere auch, im ganzen Kreisgebiet aktiv war, zeigt ein Beispiel: Die Ev. Pfarrkirche St. Ulrich in Waiblingen-Bittenfeld ist eine Chorturmkirche mit einem Langhaus von 1483, das offenbar vom Meister des Marienchores der Waiblinger Michaelskirche stammt (1790 aufgestockt); die Ev. Kirche St. Nikolaus in Waiblingen-Hegnach ist ein kleiner Saalbau mit eingezogenem Chor, 1487–88 nach Entwürfen von Peter von Laun erbaut.

kirche in Schwäbisch Hall in Verbindung gebracht oder dem Meister des Lichtensterner Altars zugeschrieben wird. In die 70er Jahre des 15. Jahrhunderts ist auch der bedeutendste Neubau des Landkreises zu datieren: Laut Inschrift ist 1477 der Baubeginn der Schorndorfer Ev. Stadtkirche als typisch spätgotische dreischiffige Hallenkirche, begonnen durch Aberlin Jörg aus Stuttgart. Der Baumeister des Grafen Ulrich des Vielgeliebten von Württemberg wurde mit der Stuttgarter Stiftskirche, Leonhardskirche und Spitalkirche, den Kirchen in Marbach/N., Cannstatt sowie der Heilbronner Kilianskirche bedeutend. Nach Aberlin Jörgs Tod im Jahre 1486 setzten Peter von Koblenz, Jakob von Urach und Peter von Laun sein Werk fort – auch dies alles namhafte Künstler. Der Innenausbau der Schorndor-

Nach der Wandmalerei der 1470er Jahre in Fellbach-Schmiden ist Vergleichbares erst in den 1480er Jahren entstanden, und zwar in Burgstetten-Burgstall. Die dortige Ev. Pfarrkirche St. Georg ist eine Chorturmkirche von 1485, die unter Einbeziehung von Resten des Vorgängerbaus entstand.

An der Nordwand erhalten ist eine Wandmalerei der Zeit um 1485 mit der Darstellung des Abendmahls und der Mannalese.

Sakrale Kunst um 1500

Ein dem Flügelaltar der Zeit um 1470 in Oppenweiler vergleichbares Werk entstand erst ca. drei Jahrzehnte später: In der Ev. Stadtkirche in Murrhardt ist ein Altarschrein, datiert 1496, mit den Figuren des hl. Sebastian, hl. Veit und weiblichen Heiligen (die Jünger der Predella nach 1511 aus dem Umkreis der Donauschule) erhalten, der wieder in einem Schrein von 1984 zusammengesetzt wurde. Zwei Flügel des Altars waren seit dem 19. Jahrhundert als Tafelbilder in der Kirche aufgehängt. Unvollständig überliefert ist in Fellbach-Oeffingen, in der Kath. Pfarrkirche St. Nabor ein Altarschrein von 1457, mit Altarfiguren um 1490. Wesentlich qualitätvoller ist die Überlieferung in der Wendelinskirche in Weinstadt-Schnait. Hier erhalten ist ein Flügelaltar von 1497, ein Marien-Altarretabel, signiert mit „JF", geschnitzt wahrscheinlich von Michael Bayer aus Ulm, der um 1500 in Stuttgart nachweisbar ist. Seit 1933 ist das Retabel über der Wandkanzel aufgestellt, die Predella gehört nicht dazu. Die Flügelbilder befinden sich über der Nordempore, sie wurden teilweise nach Vorlagen Martin Schongauers gemalt, möglicherweise von Jakob Rembold aus Ulm - sie zeigen die Verkündigung und die Anbetung des Kindes. Auch der Ulmer Rembold zählte zu den bekannten Künstlern, man hatte sich also in Schnait nur die Besten geleistet.

Auch in der Winterbacher Michaelskirche, umgebaut 1498, sind im Langhaus Wandmalereien des späten 15. Jahrhunderts/um 1500 mit dem Passionszyklus nach Martin Schongauers Kupferstichvorlagen überliefert. Die Ev. Pfarrkirche St. Konrad in Remshalden-Geradstetten weist ebenfalls Wandmalereien dieser Zeit auf:

Weinstadt-Schnait, Flügelaltar

Winnenden, Schlosskirche – Jakobus

Sie zeigen die Beschneidung (datiert 1502) und die Himmelfahrt Mariä im Chor, beide wurden 1959 freigelegt.

Weitere Wandmalereien und Kruzifixe von Qualität bezeugen das außerordentlich reiche Kunstschaffen um 1500. Aus dem ausgehenden 15. Jahrhundert ist die Wandmalerei in der Ev. Pfarrkirche in Kernen-Rommelshausen, die 1908 freigelegt und 1954 restauriert wurde – sie zeigt im Chor das Jüngste Gericht, im Chorbogen die klugen und törichten Jungfrau-

en. Ein Kruzifixus der Zeit um 1500 befindet sich in der Konradskirche in Geradstetten. In der Dionysiuskirche in Remshalden-Grunbach ist ein qualitätsvoller Kruzifixus des frühen 16. Jahrhunderts aus dem Umkreis von Hans Seyfer zu sehen, ebenso das Altarkruzifix vom Anfang des 16. Jahrhunderts in Rommelshausen. Der Kruzifixus in der Ev. Pfarrkirche in Korb wird wiederum Michael Erhardt zugeschrieben, dem großen Ulmer Bildhauer, der in ganz Schwaben tätig war.

Die Gotik im 16. Jahrhundert

Ungewöhnlich lang, bis in das 16. Jahrhundert hinein, lebte die Gotik im Kreisgebiet fort – dafür hinterließ sie Werke von hoher Qualität, die weit über die Grenzen des Landkreises hinaus bedeutend sind. Der spätgotische Schnitzaltar, wohl 1512 entstanden, in der Ev. Kirche St. Wendelin in Remshalden-Hebsack, einem Neubau von 1939–47, zeugt davon. Im Schrein präsentiert er Maria mit dem Kind zwischen den Heiligen Barbara und Katharina, Antonius und Wendelin, in der Predella die Kreuztragung. Die gemalten Flügel entstanden nach grafischen Vorlagen Albrecht Dürers aus dem Jahr 1511 und unter dem Einfluss der Donauschule; sie zeigen die Anbetung der Heiligen Drei Könige, außen Barbara und Wendelin. Die Schreinfiguren sind mit denen des Aldinger Altars im Württembergischen Landesmuseum vergleichbar. An der Kanzel beachte man die spätgotischen Brüstungstafeln, die wohl um 1512/15 entstanden.

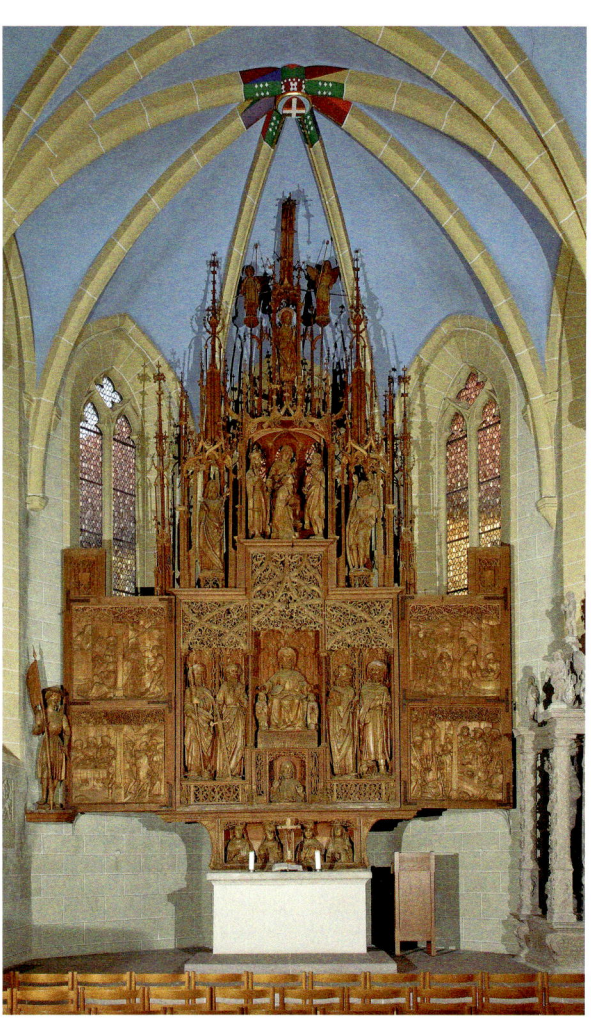

Winnenden, Schlosskirche

Das Hauptwerk der Innenausstattung der Ev. Schlosskirche St. Jakobus d. Ä. in Winnenden ist der 1520 datierte Hochaltar mit dem Titelheiligen in der Mitte – ein richtiger „Knüller" als Ausklang der Gotik im Landkreis. Winnenden war und ist eine Station auf dem Weg der Jakobspilger. Die Schreinfiguren entstanden nach dem Vorbild der Apostelfiguren der Esslinger Frauenkirche, die Flügelreliefs deuten auf Straßburger Herkunft hin, die Kirchenväter wiederum sind nach dem Vorbild des Hochaltars der Heilbronner Kilianskirche entstanden. Die Werkstatt des Jörg Töber, der aus Hagenau im Elsass gebürtig und seit 1487 auch in Esslingen und später für den Markgrafen Christoph von Baden tätig war, wird als Hersteller vermutet.

Renaissance

Mit der Übergabe der Confessio Augustana an Kaiser Karl V. durch evangelische Fürsten auf dem Reichstag zu Augsburg 1530 kann grob der Beginn der nachreformatorischen Zeit und damit zugleich der Renaissance in Deutschland datiert werden. Zunächst ist von den negativen Folgen der Reformation zu berichten, wie die Ruine der Kirche in Korb-Steinreinach sie eindrucksvoll dokumentiert. Die ehemalige Wallfahrtskirche St. Wolfgang war eine spätgotische Chorseitenturmanlage, von der nur noch der Turm und Teile der Langhausumfassungswände stehen. Die Gründe sind nahe liegend: Nach der Reformation gab es im protestantischen Bereich keine Wallfahrten mehr, die Kirche in Steinreinach war überflüssig geworden. Ähnliches geschah in Waiblingen-Bittenfeld, wo die gotische Marienkapelle nach der Reformation profaniert und als Schafstall genutzt, später dann allmählich abgetragen und Ruine wurde. Durch die Bauernkriege und die darauffolgende Rezession bedingt sind bauliche Zeugnisse der Renaissance erst aus späterer Zeit vorhanden. Zuerst sind es die kunsthandwerklichen Ausstattungen wie Fenster, Grabmäler, Kanzeln, Mobiliar etc., die beachtliche Werke der Renaissance in unserem Landkreis dokumentieren. Von der hohen Qualität der Renaissance-Ausstattung einer Kirche zeugen die in der Urbacher Afrakirche noch vorhandenen, inzwischen sehr seltenen Fensterscheiben, die 1512 datierte ist nach dem Entwurf des Holbein-Schüler Leonhard Beck gefertigt worden. Die anderen entstanden um 1520 und sind Augsburger Provenienz – 1931 restauriert und ergänzt mit jüngeren Fragmenten, dürften sie den Abschluss des 1509 begonnenen Kirchenbaus markieren. Mit dem Augsburger Maler und Illustrator Leonhard Beck (um 1480–1542) hat man hier einen der ganz Großen der Kunstgeschichte beschäftigen dürfen: Er gehörte dem Kreis der für Kaiser Maximilian I. arbeitenden Künstler an, er illustrierte für ihn den „Theuerdank" und den „Weißkunig", außerdem malte er die Augsburger Moritzkirche aus.

Grabmäler aus der Renaissance

Der Landkreis ist besonders reich an monumentalen figürlichen Grabmälern der Renaissance – diese sind außerdem das Werk bedeutendster Bildhauer der Zeit. Das älteste ist das

Oppenweiler,
Jakobuskirche

Sem (eigentlich Simon) Schlör (um 1530–1597/98) ist mit Arbeiten im Alten Schloss und am Lusthaus in Stuttgart sowie mit zahlreichen Adelsgräbern in der Tübinger Stiftskirche, in der Stuttgarter Stiftskirche und in der Klosterkirche Heilsbronn berühmt geworden. Seit 1878 im Chor aufgestellt sind die Grabmale vom Heilbronner Jakob Müller: Burkhard (gest. 1594; wahrscheinlich von Jakob Müller), um 1597/98 Grabdenkmal Friedrich Sturmfeder, 1598 Ehepaar Burkhard und Clara Anna Sturmfeder, Chorsüdwand Burkhard (gest. 1599) und Maria Anna von Helmstadt (gest. 1606).

Beachtlich sind auch die heraldischen Grabplatten und Totenschilde des 15. bis 16. Jahrhunderts. In Winnenden, in der Schlosskirche St. Jakobus befindet sich die nächste Sammlung bedeutender Renaissance-Grabmäler von überregionaler Bedeutung: 1592 Epitaph des Kindes Hans Wolf Breuning, 1594 des Andreas Breuning und der Anna Susanna Breuning an der Chor-Nordwand, 1598 des Kindes Hans Friedrich Breuning an der Chor-Südwand aus der Werkstatt Christoph Jelins in Tübingen. Hervorzuheben ist das Grabmal des Komturs Johann von Gleichen (gest. 1608), ein Werk des Heilbronners Jakob Müller. Das gemalte Epitaph der Veronika Blezger (gest. 1581) mit der Auferstehung Christi in der Urbacher Afrakirche ist wohl ein Werk Jakob Züberlins – der Heidelberger Maler stand in den Diensten des Herzogs von Württemberg in Tübingen und war mit einer Schickhardt-Witwe verheiratet.

Beachtenswert ist auch ein Epitaph für Georg Költz und seine Frau, 1577 gefertigt, in der Mauritiuskirche in

1525 gefertigte, in der Jakobuskirche Oppenweilers stehende Grabmal Eberhard Sturmfeders, der in Weinsberg von den Bauern durch die Spieße gejagt wurde. Das Grabmal wird Lienhart Seyfer zugeschrieben. Oppenweiler war reichsritterschaftlich und kam erst 1747 an Württemberg. So zahlreich wie in keiner anderen Kirche des Landkreises sind die anspruchsvollen Grabdenkmäler der Oppenweiler Ortsherrschaft: Das 1558 entstandene Grabdenkmal der Eheleute Friedrich Sturmfeder und Margarethe, geb. von Hürnheim, an der Chornordwand der Jakobuskirche Oppenweilers ist das früheste bislang bekannte Werk des Bildhauers Sem Schlör aus Schwäbisch Hall im schwäbischen Raum.

Schwaikheim, ebenso das Grabmal des 1601 verstorbenen württembergischen Erbmarschalls Conrad Ludwig Thumb von Neuburg in der Ev. Pfarrkirche in Kernen-Stetten. In der Ulrichskirche in Waiblingen-Bittenfeld befindet sich ein Epitaph für Matthias von Herwarth (gest. 1606), Georg Müller zugeschrieben, der im Relief eine bedeutende Raumtiefe herzustellen versuchte. Der Stuttgarter Müller war mit dem Neptunbrunnen in Tübingen und mit dem Tabernakel in Weil der Stadt bekannt geworden. 1611 in der Schorndorfer Stadtkirche aufgestellt wurde ein Sandstein-Epitaph für den Bürgermeister Melchior Breidner und Ehefrau, gefertigt von Melchior Gockheler. 1613/21 entstand schließlich daselbst Epitaph für den Leonberger Obervogt Burkhard Stickel und Ehefrau, ein Spätwerk des Leonberger Bildhauers Jeremias Schwartz, zugleich eines der wenigen signierten.

Kanzeln der Renaissance

Auffallend viele qualitätvolle Kanzeln aus der Renaissance sind im Rems-Murr-Kreis ebenfalls hervorzuheben: In Plüderhausen-Walkersbach, in der Ev. Kirche steht eine Kanzel aus der Zeit um 1570, eine sehr reiche Kunstschreinerarbeit. In der Pfarrkirche St. Agatha in Weinstadt-Endersbach hervorzuheben ist die Kanzel von 1592 mit Evangelistenfiguren und Schalldeckel des mittleren 18. Jahrhunderts. In der Ev. Pfarrkirche in Schorndorf-Schornbach steht die Wandkanzel von Melchior Gockheler aus dem Jahr 1606, sein frühestes bekanntes Werk. 1673/83 entstand die Kanzel in der Fellbacher Lutherkirche von

M. Reumann aus Stockholm. Die Ev. Nikolauskirche in Waiblingen brannte 1634 aus, und wurde erst 1674–77 wieder aufgebaut, von dem Wiederaufbau stammen die Kanzel und das Kruzifix an der Südwand, beides Werke Heinrich Waibels. Die Kanzel der Ev. Pfarrkirche in Burgstetten-Erbstetten stammt wohl aus der Zeit um 1607, wogegen das Altarkruzifix noch eine Arbeit der Zeit um 1520 sein dürfte. 1660 entstand die Kanzel in der Schorndorfer Stadtkirche von Andreas Stellmacher in schon barockisierenden Formen der Spätrenaissance. Von der Ausstattung der Stephanuskirche in Waiblingen-Beinstein ist die Kanzel von 1690 – die offenbar gleichzeitig mit der Stuckdecke im Schiff gefertigt wurde – hervorzuheben.

Malereien

Bemerkenswerte Dokumente der Malerei in den Kirchen unseres Landkreises sind: In Leutenbach-Weiler zum Stein, in der Ev. Petrus-Kirche, befinden sich ein Sakristeikredenz und ein Notenpult, beide 1652 gestiftet von der Herzogin Antonia von Württemberg, die auf dem nahen Steinbächlens Hof wohnte. Die Malerei ist wahrscheinlich von dem Stuttgarter Landschaftsmaler Johann Friedrich Gruber (seit 1662 dort erwähnt, gest. 1681). Im Turm der Kath. Pfarrkirche in Fellbach-Oeffingen hängen die Gemälde von Oswald Onghers, um 1660. Onghers war in Würzburg kurfürstlicher Hofmaler, arbeitete u. a. im Würzburger Juliusspital und Dom. Das Altargemälde in der Schlosskapelle in Kernen-Stetten ist von Johann Konrad Hirth, dem Stuttgarter Hofmaler.

Nachgotik

Die Nachgotik in der Renaissance ist ein seltenes Phänomen der Kunst des 16. bis 17. Jahrhunderts, das die weiterhin anhaltende Hochschätzung des Mittelalters dokumentiert. Im Rems-Murr-Kreis gibt es ein qualitätvolles Dokument dieses kunsthistorischen Phänomens: Im Zusammenhang mit dem 1579 erfolgten Erweiterungsbau der West- und Südempore in der Schorndorfer Ev. Stadtkirche ergab sich die Notwendigkeit eines neuen Außenzugangs. Hierfür baute der Allgäuer Caspar Schnitzer eine Zwillingswendeltreppe südlich an das Langhaus an; über dem Eingang zieht sich eine durchbrochene Balustrade mit reinstem spätgotischem Maßwerk hin.

Zwei weitere Beispiele sogar noch jüngeren Datums sind im Kreisgebiet vorhanden. Die Schlosskapelle in Kernen-Stetten ist 1671–82 in die ehemalige Dürnitz eingebaut worden, sie zeigt nachgotische Fenster. Die Tradition der Schlosskapelle führt noch über ein Jahrzehnt später die Ev. Pfarrkirche St. Maria und St. Veit fort. Sie ist ein wohl von dem fürstlich-württembergischen Baumeister Matthias Weiß 1698/99 erbauter Saalbau, mit einem Turm, der im Kern noch von 1471 stammt (und 1828 in den Obergeschossen erneuert wurde). Die Spitzbogenfenster sind erneut ein bemerkenswertes, diesmal sehr spätes Zeugnis der Nachgotik im beginnenden Barock. Das Innere dagegen zeigt mit der dreiseitigen Empore und dem Kanzelaltar eine frühe Realisierung der im 18. Jahrhundert im Lande typischen Quersaalkirche. Den Standort der Kirche an der Grenze zwischen Tradition und Fortschritt dokumentiert auch die Tatsache, dass Altar und Taufstein noch Formen der späten Renaissance zeigen, während um 1700 anderswo bereits der Barock vorherrscht.

Kernen-Stetten, Schlosskapelle

Erst aus der Zeit nach 1600 stammen im Rems-Murr-Kreis die ersten baulichen Maßnahmen, die nicht der Gotik des Mittelalters huldigen, sondern mutig dem modernen Stil der Renaissance ihre Reverenz erweisen. Es sind die Städte Schorndorf und Backnang, in denen dies möglich war. 1610 entstand der obere Teil des Kirchturms der Schorndorfer Stadtkirche von Melchior Gockheler, einem der bedeutenden Meister seiner Zeit. Vorausgegangen war, dass dieser obere Teil des Kirchturms 1538 im Zuge des Ausbaus der Stadt Schorndorf zur Landesfestung abgetragen und durch eine hölzernen ersetzt wurde, der in Kriegszeiten leicht abgetragen werden konnte und somit dem Feind bei eventueller Einnahme der Stadt eine Beschießung der Festungsburg von oben unmöglich gemacht werden sollte. Auf dem Backnager Stiftshof steht die ehemalige Pfarrkirche St. Michael, von deren mittelalterlichem Kern der Chorturm des 13. Jahrhunderts überliefert ist. Seine oktogonalen Geschosse entwarf 1614 kein geringerer als Heinrich Schickhardt.

Friedrich Fischlin – fürstlicher Oberbaumeister in Stuttgart und Baumeister der Landeskirchenverwaltung – erhöhte 1622 den Turm der Stephanuskirche in Waiblingen-Beinstein (der

Emporenbrüstungsbilder

Eine Besonderheit der nachreformatorischen Zeit und typisch für protestantische Kirchen Württembergs stellen die Emporenbrüstungsbilder dar – die Bilderbibeln für das des Lesens unkundige Volk. Qualitätsvolle Zeugnisse historischer sakraler Raum-Ausstattung sind die anlässlich der Restaurierung von 2007 wiederaufgefundenen Emporenbrüstungsbilder in der Urbacher Afrakirche, die der Raumfassung von 1596 angehören. Die Gemälde der Westempore in der Stiftskirche in Weinstadt-Beutelsbach entstanden um 1600. In Burgstetten-Erbstetten, in der Ev. Laurentius-Kirche, finden sich ebenfalls Emporenbilder, wohl 1607 oder 1621/22 entstanden. Die aus der Zeit um 1680 stammenden Bilder in der Schlosskapelle in Kernen-Stetten malte Georg Thomas Hopfer, die Schnitzereien sind von Hans Jakob Sommer, die Stuckarbeiten (Kapitelle der Emporensäulen) von Andreas Schmuzer, beides erstrangige Künstler. Schmuzer (1658–96), der „Stockhator von Wiblingen", war Angehöriger der wichtigsten Familie der Wessobrunner

Kernen-Stetten, Schlosskapelle

Weinstadt-
Schnait,
St. Wendelin

Stuckatoren-Familie und arbeitete u. a.
in der Klosterkirche in Neresheim. Diese qualitätvolle Arbeit steht im Gegensatz zu den derb-bäuerlichen Bildern
in den anderen Kirchen.

Auch im Barock waren Emporenbrüstungsbilder in protestantischen Kirchen üblich. 1718/19 erfolgte der Em-
poreneinbau in der Mauritius-Kirche in
Kernen-Rommelshausen, bemalt wurde sie durch Johann Christoph Katzen-
stein d. J. (1674–1702) aus Schwäbisch
Gmünd. 1727–33 folgte die Erneuerung
der Fellbacher Lutherkirche mit Emporen, die 60 Brüstungsbilder stammen
von Joh. Conrad Peter aus Esslingen.
In der Afra-Kirche in Urbach entstand
1727/28 die Westempore mit der Malerei von Georg Friedrich Molt, 1731 folgte in Winterbach die Michaelskirche
bzw. ihre neuen Emporenbrüstungen
mit Malereien von ebendiesem Molt
aus Geradstetten (1921 übermalt und
1958 freigelegt).

In Weinstadt-Beutelsbach erhielt die
Stiftskirche 1727 ihre Chorempore und
Orgel, die von Joh. Georg Heyd be-
malt wurde. In Waiblingen-Bittenfeld

stammt die Bemalung der Orgelem-
pore von 1745 von Johann Friedrich
Glocker aus Ludwigsburg – er wirkte
u. a. an der Ausstattung des Stuttgarter
Lusthauses mit. Die Ev. Pfarrkirche St.
Wendelin in Weinstadt-Schnait ist als
Predigtsaalkirche 1748 erbaut worden;
ihre Emporenbrüstungsbilder bemalte
1761 Josef Wagner aus Alfdorf in derb-
bäuerlicher Weise. In Remshalden-
Geradstetten schuf Johann Bernhard
Schnaible 1770 für die Empore der Ev.
Pfarrkirche St. Konrad Brüstungsbilder mit den Evangelisten, Paulus und
Christus. Der Leonberger Schnaible
fertigte u. a. auch die 1769/70 entstandene Holzvertäferung im Schorndorfer
Rathaus und bemalte in Geradstetten
die Orgel.

Obwohl an der Emporenmalerei also
zum Teil namhafte Künstler beteiligt
waren, sind in der Summe allerdings
überwiegend handwerklich-volkstüm-
liche Tafeln entstanden. Diese wurden
ihrer Hauptaufgabe – der bildlichen
Darstellung theologischer Inhalte für
alle, die nicht lesen konnten – bestens
gerecht.

seine nadelartige Spitze wohl erst 1843 erhielt). 1642 begann unter der Leitung von Heinrich Kretzmeyer, dem Angehöriger einer Stuttgarter Baumeisterfamilie, die fürstliche Werkmeister stellte, der Wiederaufbau der Schorndorfer Stadtkirche, die 1634 abgebrannt war. Ab 1655 erfolgte der Wiederaufbau des Langhauses nach Entwürfen des Ulmer Stadtbaumeisters Josef Furttenbach d. Ä., eingeweiht wurde sie 1660. Furttenbach (1591–1667) zählte zu den wichtigsten Architekten und vor allem Architekturtheoretikern seiner Zeit. Das Langhaus der Stiftskirche in Backnang, 1696 erbaut, stellt das letzte Bauwerk der Renaissance im Landkreis dar.

Barock

Wie schon in der Renaissance auch, wurden im Barock die Kirchen aufgrund des Bevölkerungswachstums stetig erweitert. An der Ev. Stadtkirche St. Bernhard in Winnenden wurde das Langhaus 1710–13 durch Hans Michael Groß erneuert, und zwar gemeinsam mit Johann Ulrich Heim (1669–1737), dem fürstlichen Bau- und Werkmeister in Ludwigsburg. Mit Hans Michael Groß tritt hier erst mal ein Angehöriger der berühmten Winnender Baumeisterfamilie in Erscheinung, die bis ins mittlere 19. Jahrhundert hinein in württembergischen Diensten stand und Bedeutendes schuf. Hans Michael (1673–1760) begann als Steinhauer mit Grabmalen und brachte es bis zum Amt des Bürgermeisters in seiner Heimatstadt. In Schorndorf-Haubersbronn baute man 1725 ein neues Kirchenschiff nach Entwürfen von Georg Friedrich

Majer (1695–1765), dem aus Schorndorf gebürtigen Ludwigsburger Kirchenratsbaumeister. Auch in Waiblingen-Bittenfeld 1728 erneute man nach Plänen von J. U. Heim und J. G. Heyd das Kirchenschiff.

Auch die Baumeisterfamilie Groß war wieder aktiv. In Weissach-Unterweissach erhielt die Kirche St. Agatha 1745 ein neues Dach von Johann Adam Groß I., in Winterbach erfuhr die Michaelskirche 1751 einen Umbau durch ebendiesen Groß – der 1697 in Winnenden geborene Architekt brachte es bis zum herrschaftlich württembergischen Landbaumeister und Rentkammerbaumeister und wirkte am Bau des Stuttgarter Residenzschlosses mit. Anderswo hatte man prominente, sogar Stuttgarter Baumeister beauftragt: 1767 erfolgte der Umbau der Stadtkirche in Schorndorf nach Plänen von Johann Friedrich Weyhing. Mit dem in Stuttgart geborenen Sohn des

Alfdorf, Stephanuskirche

herzoglich-württembergischen Bau-meisters Christoph Friedrich Weyhing holte man einen der großen württem-bergischen Baumeister der Zeit nach Schorndorf. Er war ebenfalls am Stutt-garter Residenzschloss und ab ca. 1768 in badischen Diensten in Karlsruhe an der Innenausstattung des dortigen Residenzschlosses beteiligt. Die von Weyhing konzipierten Emporen der Schorndorfer Stadtkirche erhielten geschweifte Brüstungen „in verschie-denen Violinformen", wie sie Leins 1864 bezeichnete.

Auch im ländlichen Bereich wagte man Großes, indem man bedeuten-de auswärtige Künstler beauftragte: Die Ev. Pfarrkirche St. Stephanus in Alfdorf weist vom spätgotischen Vor-gängerbau nur noch den 1528 aufge-stockten Turm auf, die Kirche selbst wurde 1774–76 nach Entwürfen des Gmünders Johann Michael Keller als quergerichteter Emporensaal neuer-baut. Mit Keller war hier „einer der bedeutendsten bürgerlichen Baumeis-ter des schwäbischen Rokoko" – wie das Künstlerlexikon von Thieme und Becker festhielt – tätig, der in Neckar-sulm als Sohn des dortigen Deutschor-densbaumeisters geboren wurde und 1753 nach Schwäbisch Gmünd über-siedelte. Nach Balthasar Neumanns Tod leitete er den Kirchenbau in Ne-resheim – auch dies macht seinen Stel-lenwert deutlich. Vorbild für den Kir-chenbau in Alfdorf war übrigens die 1766/67 erbaute Stadtkirche in Aalen, eine typische protestantische Predigt-kirche aus längsrechteckigem Saal mit querhausartiger Verbreiterung in der Mitte, die Altar, Kanzel und Taufstein beieinander aufnimmt. Der einzige barocke Kirchenneubau im Landkreis

wurde durch die Kunstwissenschaft als ein „schönes Beispiel einer evange-lischen Predigtsaalkirche von starkem Eindruck" (Gmünder Kunst 1923) zu Recht in höhere kunsthistorische Ge-filde gehoben. Die Nähe zum katho-lischen Gmünd, vielleicht auch der Wunsch des Ortsadels, könnten zu diesem herausragenden Werk geführt haben. Eine Besonderheit der Kirche ist die Altarkanzel. Diese Form der Kanzel – in den 1580er Jahren in lu-therischen Ländern aufgekommen – dokumentiert im Protestantismus die Nähe von Sakrament und Predigt.

Mit der bereits genannten Winnen-der Baumeister-Dynastie Groß, die im 18. bis 19. Jahrhundert von gro-ßer Bedeutung war, konkurrierte im letzten Viertel des 18. Jahrhunderts in der Region die nicht minder be-deutende Stuttgarter Dynastie Etzel: Während den Schiffsneubau der Fell-bacher Lutherkirche 1779 Joh. Adam Groß II. (1728-94, wie sein Vater Joh. Adam Groß I. herzoglicher Baumeis-ter) entwarf, wurde in Kirchberg an der Murr an der Ev. Lukas-Kirche der neue Turm 1779 nach Plänen des Hofwerkmeisters Johann Leonhard Etzel (1714–74) gebaut. Er war herzog-licher Hofwerkmeister und entwarf vor allem Straßenbauten, darunter die Stuttgarter Königstraße. Die Ev. Kir-che St. Johannes d. T. in Rudersberg ist wiederum ein Saalbau von Johann Adam Groß II. aus dem Jahr 1782, der mit dem Schiff der Fellbacher Kir-che übereinstimmt – bemerkenswert frühklassizistisch, mit einem Turm vom Vorgängerbau. Auch die ab 1786 durchgeführte Erneuerung der Murr-hardter Stadtkirche erfolgte unter der Leitung von J. A. Groß II., und auch die in Waiblingen-Bittenfeld 1790 eingebaute neue Empore im Chor stammt von ihm.

Barocke Stuckdecken

Stuckdecken sind ein typisches Charakteristikum des Barock. Im Rems-Murr-Kreis finden sich bedeutende Vertreter dieser Gattung. Die älteste barocke Stuckdecke weist die Kath. Kapelle Hl. Kreuz in Fellbach-Oeffingen auf – der Bau ist um 1600 entstanden und wurde um 1680/90 sogar von einem Wessobrunner Meister stuckiert, wahrscheinlich von Johann Michael Zöpf aus der Werkstatt A. Schmuzer. Die Vertreter der Wessobrunner Schule waren führend in Stuckaturen und auch Freskenmalerein, zu nennen ist hier insbesondere die Familie Schmuzer – auch die Stuckarbeiten in den Schlössern Stetten (1682 und 1692/93) und Winnenden (1683–88) sind ihr Werk.

Die zweitälteste frühbarocke Stuckdecke ist in der Pfarrkirche in Waiblingen-Beinstein erhalten, sie entstand gegen Ende des 17. Jahrhunderts wohl in der Werkstatt der Stuttgarter Brüder Hans und Georg Knöpfle nach dem Vorbild in der Stettener Kirche.

In Auenwald-Ebersberg entstand der Neubau der Burgkapelle St. Michael ab 1718 durch Matthias Wiedmann aus dem katholischen Oeffingen, sie wurde 1725 durch den Abt Benedikt Knittel von Kloster Schöntal, dem Burgbesitzer seit 1698, geweiht. Von der Innenausstattung ist nur die Stuckdecke erhalten, die aber von überzeugender Qualität ist – Wiedmann zeigt hier ganz deutlich die Wessobrunner Schule. Die Ev. Pfarrkirche St. Agatha

Waiblingen-Beinstein, St. Stephanus

in Weinstadt-Endersbach ist im Kern eine mittelalterliche Chorturmkirche, die Mitte des 18. Jahrhunderts erneuert wurde. Im Kirchenschiff und Chor sind qualitätsvolle Stuckdecken der Zeit um 1735 bzw. 1755 überliefert. 1738 folgte die Innenrenovierung der Schlosskirche in Winnenden durch Johann Adam Groß II. aus der bereits genannten Baumeister-Dynastie. Aus dieser Zeit stammt die filigrane, im Detail bereits dem Rokoko verhaftete Stuckdecke des Mittelschiffs. In der Stephanuskirche in Alfdorf schuf Joseph Laurentius Huber aus Neresheim den Rokokostuck der flachen Decke und der Kanzel – ursprünglich mit Nürnberger Blattgold verziert.

Bedeutende barocke Innenausstattungen

Nicht nur die Emporenbrüstungsbilder, sondern überhaupt die barocken Neuausstattungen der Kirchen des Rems-Murr-Kreises wurde immer wieder prominenten Künstlern übertragen. Hier seinen einige herausragende Beispiele genannt. Das Altarkreuz von

1687 in der Alfdorfer Stephanuskirche wurde vom Stuttgarter Hofbildhauer Benjamin Grünewald geschaffen. In der Stiftskirche in Weinstadt-Beutelsbach steht die 1727 gefertigte Kanzel von Anton Grünewald; in Plüderhausen, in der Ev. Margareten-Kirche entstand 1742/43 die Kanzel mit Figuren, wahrscheinlich ebenfalls ein Werk des Gmünder Bildhauers Anton Grünwald. 1738 fertigte für die Schorndorfer Stadtkirche Christian Ungerbühl die Altarschranken, die gemäß damaligem Auftrag „saubere fillungen von schen Maserholtz und

Alfdorf,
Stephanuskirche

Zierarbeid eingeleget" haben sollten. Johann Bernhard Schnaible malte den Chor der Schorndorfer Stadtkirche nach 1767 aus. An die Barockisierung der Waiblinger Nikolauskirche von 1777/78 erinnert das Deckenbild der Himmelfahrt Christi von Johann Georg Benzlen. In der 1779 barockisierten Fellbacher Lutherkirche ist die Kanzel von Jakob Bernhard Kutterolf aus dem Jahre 1673 hervorzuheben, ebenso das Orgelprospekt von 1780 und die Kreuzwegstationen Augsburger Herkunft, die Johann Georg Bergmüller zugeschrieben werden. Mit dem Augsburger Akademiedirektor Bergmüller (1688–1762) hat man wieder einen großen Barockkünstler beschäftigt, seine Werke waren die 1745 entstandenen Fresken am Ständehaus in Stuttgart und die Deckenbilder im Augsburger Dom. Von Joseph Anton Huber hängt in der Kath. Pfarrkirche in Fellbach-Oeffingen ein 1780 entstandenes Gemälde. Huber war Direktor der Akademie in Augsburg, sein Lehrer war wiederum J. G. Bergmüller.

Historismus und Jugendstil

Die Ev. Pfarrkirche St. Margarete in Plüderhausen ist der älteste Vertreter des Historismus im Landkreis. Sie ist im Kern eine Chorturmkirche aus dem ersten Drittel des 15. Jahrhunderts, das klassizistische Langhaus entwarf 1804 der Stuttgarter Baumeister Karl Kümmerer – ein seltenes Beispiel einer württembergischen ländlichen Kirche des Klassizismus. Typisch ist die Beibehaltung des mittelalterlichen

Turmes, der trotz der räumlichen Enge – des eigentlichen Grundes für den Langhausneubau – als Glockenturm weiterhin brauchbar erschien.

Weiterhin präsent war auch im Historismus die Winnender Baumeisterdynastie Groß: Die Ev. Pfarrkirche St. Gallus in Welzheim entstand 1815/16 – ebenfalls als Umbau – unter der Leitung von Landbaumeister Christian Adam Etzel (geb. 1743; herzoglich-württembergischer Hofwerkmeister wie der bereits erwähnte Vater Johann Leonhard, entwarf vor allem Brücken) und Baurat Friedrich Wilhelm von Dillenius (1792–1862) nach Entwürfen von Johann Adam Groß III. (1750–1817; er baute Tuttlingen nach dem Brand von 1798 wieder auf). In Korb erhielt die Ev. Liebfrauenkirche 1831/32 ein neues Schiff von Prof. Dr. Karl Marcell Heigelin, klassizistisch mit kassettiertem Satteldach (das sich allerdings als Fehlkonstruktion erwies) unter Verwendung des Chorturmes des Vorgängerbaus. Mit Prof. Heigelin hat man sich in Korb eine der schillerndsten Architektenpersönlichkeiten der Zeit in Württemberg geleistet: Nach Studien in Paris und Italien wurde er Privatdozent der Universität Tübingen, in Stuttgart Gymnasialprofessor, malte das Köngener Schloss aus, baute in Bern und beteiligte sich an der Rottenburger Dombaufrage mit einem wie in Korb avantgardistischem Entwurf.

Klassizismus

Bis Mitte des 19. Jahrhunderts war der Stil des Klassizismus auch in der künstlerischen Ausstattung dominierend. Die Ausstattung der Sakralbau-ten im Rems-Murr-Kreis hat das hohe Niveau vergangener Epochen auch im 19. Jahrhundert beibehalten – dies zeigt die folgende Auswahl.

1792 fertigte der berühmte Stuttgarter Bildhauer Philipp Jakob Scheffauer für die Michaelskirche in Winterbach das Grabmal von Sponeck. Erst Jahrzehnte später entstand die nächste herausragende bildhauerische Arbeit in Gestalt der vor der Ev. Kirche in Waiblingen-Beinstein befindlichen Grabplatte von 1827: Sie wurde für den Pfarrer Ensslin durch den Stuttgarter Erzgießer/Bildhauer Gottfried Raichle gefertigt, und zwar nach einem berühmten Vorbild, der „Kreuzabnahme" von Michelangelo.

Neugotik und Neoromantik

Neben dem Klassizismus ist die Neugotik eine der historistische Architektursprachen in Europa, was auch ein Beispiel im Kreisgebiet bestätigt: In Kernen-Rommelshausen wurde die Ev. Pfarrkirche St. Mauritius 1843 in neugotischem Stil nach Entwürfen von Ludwig Friedrich von Gaab (Schüler von Groß, Hofkammerbaumeister) durch den Stuttgarter Stadtbaumeister Albert Föhr unter Beibehaltung des im Kern spätmittelalterlichen Chorturms erbaut.

Doch ein zeitgleiches Beispiel belegt: Die Neoromanik spielte um die Mitte des 19. Jahrhunderts im Sakralbau des Landkreises eine bedeutendere Rolle – getragen zunächst von den beamteten Baumeistern des Landes, hier vom Bezirksbauinspektor Karl Christian Nieffer vom Bezirksbauamt Ludwigsburg. Der 1787 in Stuttgart geborene Nieffer

war Schüler des berühmten Hofbau-
meisters Nikolaus von Thouret. Die
Ev. Pfarrkirche in Spiegelberg wurde 1843/44 nach seinen Entwürfen
– allerdings noch unter Mitwirkung
anderer Baumeister – in neoromani-
schem Stil erbaut. Typisch für die
Bauzeit ist die Diskrepanz zwischen
dem neoromanischen Äußeren und
dem klassizistischen Inneren. Sein
Werk ist auch die Ev. Pfarrkirche in
Althütte, ein neuromanischer Saalbau, 1857–59 erbaut, und schließlich
der zeitgleich erfolgte Neubau des
Turmes der Ev. Pfarrkirche St. Ulrich
in Sulzbach a. d. Murr, der – wie die
Zeitgenossen feststellten – „in roma-
nischem Stiele gebaut, jetzt eine Zierde der Kirche und des Ortes ist".

Kernen-
Rommelshausen,
Mauritiuskirche

Christian Friedrich Leins

Erst ein Jahrzehnt später folgte das
nächste neoromanische Bauwerk: die
Ev. Kirche in Kaisersbach, 1867-69
nach einer langen Planungszeit, die
bereits 1843 mit Christian Friedrich
Leins begann und 1864 mit Theodor
Landauer endete, erbaut. Mit Leins
(1814–92) tritt hier erstmals eine der
bedeutendsten Architektenpersönlichkeiten Württembergs des 19. Jahrhunderts in Erscheinung. Er war seit 1858
Professor der Technischen Hochschule
in Stuttgart und entwarf die Villa Berg,
den Königsbau, die Liederhalle, aber
auch zahlreiche Kirchen, darunter die
Johanneskirche in Stuttgart. Ab ca.
1860 war er der in der Kirchenbau-
kunst Württembergs dominierende
Architekt. Sein erstes Werk im Landkreis war die Ev. Kirche in Schorndorf-
Oberberken, ein Saalbau, 1858/59 erbaut.
Leins verhalf der Neugotik zu größerer Geltung im Rems-Murr-Kreis,
insbesondere durch die vermeintli-
che Wiederbelebung des Mittelalters:
Die Ev. Pfarrkirche St. Dionysius in
Remshalden-Grunbach ist eine Chorseitenturmkirche von 1481, die 1863
durch Leins regotisiert wurde (u.
a. erhielten die Fenster neue Maßwerke in gotischen Formen). In den
1860er Jahren kam gar eine wahre
Flut Leins'scher Regotisierungen auf:
1866/67 renovierte er die Waiblinger
Michaelskirche – hiervon künden u. a.
der Taufstein, Emporen und Chorge-
stühl. 1864 und 1871/72 folgte die Restaurierung der Schlosskirche in Winnenden durch Leins. Aus der Zeit der
Restaurierung stammen die Emporen
mit ihren neugotischen Brüstungen,

die Kanzel, der Taufstein und das Gestühl sowie ein Kruzifixus von Johann Zaiser aus Stuttgart. 1871 führte man den Umbau der Georgskirche in Burgstetten-Burgstall nach Plänen von Leins durch, selbstverständlich in neugotischem Stil, mit Holzbildhauerarbeiten von Johann Göttler aus Hechingen. 1872/73 schloss sich die Erneuerung der Murrhardter Stadtkirche durch Leins an, sie umfasste insbesondere die „stylgemäße Wiederherstellung der Fenster und Türen" und die Neuausstattung. Noch erhalten ist u. a. die Kanzel des Bildhauers Cleß aus Zwiefalten, der Altar und der Taufstein – beides Kopien der ebenfalls von Leins entworfenen Ausstattungsstücke der Waiblinger Michaelskirche. In Auenwald-Lippoldsweiler baute man 1878 die neugotische Ev. Kirche nach Plänen von Leins, die Ausführung besorgte der Oberamtsbaumeister C. Hämmerle. 1878 führte C. Hämmerle den Umbau und die

Regotisierung der Jakobuskirche Oppenweilers dann schon alleine durch. Die Kanzel und der Patronatsstuhl wurden „in rein gothischem Styl" neu gefertigt, ebenso der Altar und der Taufstein, außerdem entstanden ein neuer Chorbogen, neue Maßwerke etc.

Ab den 1870er Jahren treten Leins weitere Stuttgarter Architekten zur Seite, die sich ebenfalls der Wiederbelebung des Mittelalters verschrieben hatten: In Berglen-Oppelsbohm wurde 1870 die Ev. Mauritius-Kirche durch Karl Friedrich Beisbarth restauriert, und zwar als neugotische Purifizierung einer bis dahin barocken Kirche. Sie erhielt neue Maßwerkfenster und einen Innenausstattung von Johann Göttler. Beisbarth (1809–78) studierte zunächst bei Groß, dann in Paris und München, und wurde Ausschussmitglied des Vereins für christliche Kunst. In dieser Funktion restaurierte er zahlreiche Kirchen, darunter

Murrhardt,
Stadtkirche

die Leonhardskirche in Stuttgart. 1873 folgte die Innenrestaurierung der Kath. Pfarrkirche in Fellbach-Oeffingen, u. a. wurden neue Glasgemälde von Wörnle aus München eingebaut, die neugotische Ausstattung stammt von Mayer aus Saulgau. Die Ev. Kirche zum Hl. Kreuz in Schorndorf-Weiler ist im Kern romanisch, der Westturm spätgotisch, er wurde 1879 von dem Stuttgarter Baurat J. Fr. Stahl (ab 1861 Prof. der Staatsbauschule) neugotisch erhöht.

Neben Beisbarth und Stahl tritt in den 1880-90er Jahren die nächste Stuttgarter Architektenpersönlichkeit im Kreisgebiet in Erscheinung. In Schorndorf-Haubersbronn unterzog man die Ev. Wendelinskirche 1881 einer Erneuerung durch Theophil Frey (1845–1904). Die Ev.-methodistische Kirche in Winnenden baute dieser im Jahre 1883 und

renovierte schließlich 1893 die Ägidiuskirche in Weinstadt-Großheppach. Baurat Frey war Leins-Schüler, bildete sich in England weiter, wirkte dann im Württembergischen Verein für christliche Kunst und im Christlichen Kunstverein und entwarf zahlreiche Kirchen von Stuttgart (Petruskirche, Pauluskirche) bis Mannheim (Christuskirche).

Heinrich und Theodor Dolmetsch

Ab den 1880er Jahren tritt das „Phänomen Dolmetsch" im Sakralbau Württembergs in Erscheinung – bis zum Ersten Weltkrieg wird insbesondere die Restaurierung der evangelischen Kirchen des Landes fast im Alleingang durch Heinrich Dolmetsch (1846–1908) und nachfolgend durch seinen Sohn Theodor (Professor der

Stuttgarter Staatsbauschule, Vorsitzender des Bundes für Heimatschutz in Württemberg) zusammen mit Felix Schuster bewerkstelligt. Heinrich Dolmetsch gilt ebenfalls als Leins-Schüler, er wirkte nicht nur als Architekt (sein Hauptwerk ist die Markuskirche in Stuttgart), sondern auch als Architekturtheoretiker. Folgende Sakralbauten im Rems-Murr-Kreis tragen seine Handschrift: Als erste wurde 1884 die Ev. Pfarrkirche in Kernen-Stetten durch Heinrich Dolmetsch innen erneuert. Anlässlich des Luther-Jahres wurde in Schorndorf 1883 ein Kirchenbauverein gegründet, der ab 1886 unter der Leitung von Heinrich Dolmetsch eine „stilgemäße" Wiederherstellung der Stadtkirche in Angriff nahm – er beabsichtigte die Rekonstruktion der dreischiffigen gewölbten Pfeilerhalle des Mittelalters. Aus dieser Renovierungsphase stammen die 1889 gestifteten Glasgemälde im Chor von Gustav van Treeck aus München. Dass auch in einem Stadtteil Dolmetsch beauftragt wurde, war fast selbstverständlich: In Schorndorf-Schornbach wurde die Ev. Pfarrkirche 1892 durch ihn renoviert.

Kurz darauf folgte 1896 die erneute Renovierung der Murrhardter Stadtkirche, diesmal unter H. Dolmetsch. Nennenswert aus dieser Zeit ist das ehemalige schmiedeeiserne Altargitter mit wertvollen Füllungen aus geschnittenem, getriebenem und gepunztem Leder – seit 1981 als Brüstung des Orgelpodiums eingesetzt. Noch 1902/03 setzte Heinrich Dolmetsch die 1886 begonnene Restaurierung der Schorndorfer Stadtkirche fort – diesmal erneuerte er den oberen Turmteil und das Brautportal und führte den Treppenturm auf. Eduard Pfennig übernahm die gesamte künstlerische Ausmalung, darunter auch die Bemalung der Emporenbrüstungen mit Sinnbildern der Evangelisten und kirchlichen Symbolen – der in Paris ausgebildete Künstler malte den Rittersaal des Tübinger Schlosses aus. Auch in Korb ließ man die Ev. Liebfrauenkirche 1902 durch Dolmetsch umbauen, die Ausmalung besorgte der Hofdekorationsmaler Eugen Wörnle aus Stuttgart. Auch die Waiblinger Nikolauskirche wurde 1903–05 quasi selbstverständlich unter der Leitung von Heinrich Dolmetsch renoviert. Der Renovierung von 1905 sind die Fenstermaßwerke im Chor, die ornamentale Rahmung der Fenster und des Deckengemäldes und Teile der Ausstattung zuzuschreiben.

Während bis zur Jahrhundertwende die Regotisierung/Neugotik das Wirken von Dolmetsch dominiert hatte, konnte er sich nun neuen Stilrichtungen nicht mehr verschließen: Die 1903–05 durchgeführte Renovierung der Lukaskirche in Kirchberg a. d. Murr erfolgte innen bereits vollständig im Jugendstil, mit Kanzel, Altar und Taufstein in einer Achse sowie mit Emporen. Über der Kanzel fand ein Gemälde von R. Yelin d. Ä. (1864–1940) seinen Platz. Yelin war einer der gesuchtesten Kirchenmaler seiner Zeit, seine Werke sind in Preußen, Hessen, Hannover und Sachsen zu finden – und natürlich in Württemberg, wo er die Stuttgarter Stiftskirche ausmalte.

Ab der Jahrhundertwende begann Heinrichs Sohn Theodor Dolmetsch mit seinem Partner Felix Schuster den Vater abzulösen: Die 1903–08 erfolgte

Restaurierung der Mauritiuskirche in Kernen-Rommelshausen begann Heinrich und übergab dann an Theodor Dolmetsch mit Felix Schuster, die Ausmalung führte der bewährte Eugen Wörnle aus Stuttgart durch. Die 1913/14 durchgeführte Umgestaltung des Langhauses der Backnanger Stiftskirche war dann schon alleine das Werk von Dolmetsch und Schuster. Typisch für die Restaurierungen des Büros wie auch der Zeit waren neue Eingänge mit Jugendstil-Türen in einer Architektur, die eher an die Renaissance angelehnt ist – dies gilt auch für die Umgestaltung des Inneren, wobei dort eher eine neugotische Ausstattung neben der Deckenmalerei im Stil der Renaissance dominierte.

Diese Freiheit der Stilwahl löste den Purismus des 19. Jahrhunderts ab. Sehr schön sind auch die Jugendstil-Fenster in der Sakristei – diese sind sogar vollständig von jedem Historismus der Leins'schen Restaurierungen losgelöst. Weitere solche Beispiele findet man in Aspach-Großaspach, die dortige Kirche mit ihren Jugendstil-Fenstern hat 1905 das Büro Böklen und Feil restauriert, ebenso 1914 in Korb-Kleinheppach die Ev. Marienkirche – ein neues Team, das im Vergleich zu Dolmetsch und Schuster noch stärker dem Jugendstil zuneigte. Richard Böklen war Professor der Stuttgarter Königlichen Baugewerbeschule, mit Karl Feil arbeitete er seit 1895 zusammen, sie entwarfen auch die Lutherkirche in Stuttgart-Bad Cannstatt sowie zahlreiche andere Kirchen und öffentliche Bauten. Die fortschrittlicher zu bezeichnende Stilwahl von Böklen und Feil stand im Gegensatz zu den Arbeiten von Th. Dolmetsch und

F. Schuster, beispielsweise der 1909 erfolgten Erneuerung des Chors der Ev. Pfarrkirche St. Konrad in Remshalden-Geradstetten. 1910 restaurierten diese auch die Nikolauskirche in Waiblingen-Hegnach – vor wenigen Jahrzehnten wieder freigelegt wurde die Jugendstil-Ausmalung des Kunstmalers Reile (wahrscheinlich identisch mit dem 1872 geborenen Adolf Reile) an der Decke und den Emporenbrüstungen, die im Kreisgebiet ihresgleichen sucht. Weitere Arbeiten folgten wie am Fließband: Das Äußere der Stiftskirche in Backnang wurde 1913/14 unter der Leitung von Dolmetsch und Schuster verändert, auch die Restaurierung der Wendelinskirche in Schorndorf-Haubersbronn 1913 war ihr Werk.

Martin Ellsässer

Im frühen 20. Jahrhundert tritt eine der bedeutendsten Architektenpersönlichkeiten der ersten Hälfte des Jahrhunderts auch im Rems-Murr-Kreis in Erscheinung: Die Ev. Afrakirche in Urbach (2007 mustergültig restauriert) entstand um 1483 als Chorseitenturmkirche, das Innere ist jedoch durch die 1909 unter der Leitung von Martin Elsässer durchgeführte Umgestaltung geprägt, dazu gehören auch die im Westen angefügten Emporenzugänge. Elsässer (1884–1957) hat hier übrigens eines seiner Frühwerke hinterlassen. Er baute zahlreiche Kirchen, seine bekanntesten Arbeiten sind jedoch die Stuttgarter Markthalle und die Großmarkthalle in Frankfurt/Main. Die in Winnenden, an der Ev. Stadtkirche St. Bernhard 1910–19 durchgeführte

Erneuerung durch Martin Elsässer zeigt mit der von ihm entworfenen Jugendstilausstattung (Altar, Taufstein, Orgelgehäuse, Gestühl, Kronleuchter) die Qualität des Künstlers. Die Wandmalerei am Chorbogen ist dagegen von Franz Heinrich Gref (geb. 1872), der auch die Erlöserkirche und die Markthalle in Stuttgart sowie die Ulmer Garnisonskirche ausmalte. Die Außengestaltung (Emporenaufgang, Fenster, Türen) ist durch die Anlehnung an das Bauen um 1800 mit seiner Formensprache zwischen Spätbarock und Frühklassizismus gekennzeichnet – im bewussten Kontrast zu den Jugendstilformen der Innenausstattung, die Freiheiten der Kunst der Zeit aufzeigend.

Als Abschluss dieser Kunstepoche sei noch eine Besonderheit des Rems-Murr-Kreises genannt: Zu den im ländlichen Raum Württembergs äußerst seltenen Repräsentanten eines vollständigen Kirchenneubaus im Jugendstil zählt die in Winnenden-Höfen stehende Ev. Kirche, 1912 nach Entwürfen der Stuttgarter Architekten K. u. E. Oelkrug erbaut. Karl und Erwin Oelkrug entwarfen auch die 1931 erbaute Ev. Kreuzkirche in Stuttgart-Heslach.

Expressionismus und Heimatstil

Nach dem Ersten Weltkrieg dominierten zwei unterschiedliche Stilrichtungen den Sakralbau auch in der Region: Der moderne Expressionismus und der rückwärts gewandte, historisierende Heimatstil, der sich an der Baukunst um 1800 orientierte.

Expressionismus

Die Fellbacher Ev. Pauluskirche entwarf 1926/27 Wilhelm Jost, sie ist dem Expressionismus zuzuordnen. Der 1887 in Zwickau geborene, 1949 in Saratov im Internierungslager verstorbene Jost war Assistent Paul Schmitthenners in Stuttgart, dort Professor der Technischen Hochschule und später Professor und Rektor der TH Dresden, zu seinen Werken zählt die Volkssternwarte in Stuttgart. Den inneren Eindruck der Fellbacher Kirche prägen gotisierende seitliche Anräume mit tief geschnittenen Rabitzgewölben, der rechteckige Chorraum besaß ursprünglich ein Glasdach. Prägend ist auch die einheitliche Innenausstattung mit figürlichen Glasfenstern, Altar, Taufe und Kanzel mit Terrakottafiguren, alles Werke von Ernst Neumeister, Jakob W. Fehrle und Lydia Jost, führenden Künstlern der Zeit. Neumeister fertigte um 1912 die Stuckarbeiten in der Universitätsbibliothek in Tübingen und 1901 die Bildhauerarbeiten in der von Theodor Fischer entworfenen Münchener Ev. Erlöserkirche; Fehrle aus Schwäbisch Gmünd (geb. 1884) studierte in Rom und Paris und wurde Professor der Gmünder Fachhochschule; Lydia Jost-Schäfer war Ehefrau des Architekten Wilhelm Jost und vor allem als Glasmalerin tätig.

Doch noch andere namhafte Künstler der Epoche hinterließen ihre Spuren im Landkreis: In der Ev. Pfarrkirche in Fellbach-Schmiden erhalten sind die ehemaligen Chor-Fenster von Maria Hiller-Föll von 1927, heute im Turm sekundär eingebaut. Die aus Odessa stammende Künstlerin war Schüle-

rin von Adolf Hölzel in Stuttgart und wirkte daselbst. Prof. Wilhelm Jost war in den 1920er Jahren einer der führenden Kirchenbauer des Landes, sein Werk ist auch die 1928 in der St. Gallus-Kirche in Welzheim durchgeführte Innenerneuerung. Einer der in Fellbach tätigen Künstler hinterließ noch mehr qualitätvolle Arbeiten im Landkreis: 1929 fand die Innenumgestaltung der Backnanger Stiftskirche statt, hierfür lieferte der Bildhauer Prof. J. Fehrle den Altar im Chorschluss und den Taufstein daneben – beide ausgesprochen blockhafte Arbeiten, insbesondere der Taufstein mit zurückhaltenden gegenständlichen Details, daher eher dem Expressionismus zuzuordnen.

Heimatstil

Eher der anderen Stilrichtung der Zeit, dem Heimatstil, huldigten andere Künstler: In Weissach-Unterweissach, in der St. Agatha-Kirche, erfolgte 1930 die Erneuerung unter der Leitung von Prof. Hans Seytter, die Chorfenster mit Passionsszenen sind von Walter Kohler, der Altar von Ernst Neumeister aus Stuttgart nach einem Entwurf von Seytter. Hans Seytter aus Stuttgart war Schmitthenner- und Fischer-Schüler, Hochschullehrer in Stuttgart und Weimar, er entwarf zahlreiche Dorfkirchen. Kohler war Gründungsmitglied der Neuen Sezession in Stuttgart, seine Farbfenster sind unzählig. Genauso prominent war die künstle-

Fellbach,
Pauluskirche

rische Besetzung bei der Erbauung
der Wendelins-Kirche in Remshalden-
Hebsack, die nach Entwürfen von
Prof. Rudolf Lempp 1939–47 unter
Mitverwendung von Steinteilen (insbesondere Gewände) aus dem 1938
abgebrochenen spätgotischen Vorgängerbau entstand. Lempp war Professor
der Technischen Hochschule in Stuttgart und später Direktor der dortigen
Staatsbauschule.

Einen Höhepunkt des Heimatstils
stellt jedoch die Ev. Kirche in Althüt-
te-Sechselberg dar, 1946–49 von dem
„Lokalmatador" Otto Nussbaum, jedoch nach Vorentwurf des Stuttgarter
Architekten Werner Klatte von 1939
erbaut. Der Theodor-Fischer-Schüler
Klatte war in den 1930/40er Jahren
einer der Hauptvertreter des Heimatstils im Sakralbau Württembergs, dies
belegen seine Kirchen von Leinfel-
den-Echterdingen-Stetten (1933) bis
Steinenbronn (1948). Diese Zeit des
Nationalsozialismus vertrug keinen
modernen Expressionismus, aber auch
die Nachkriegszeit scheute anfangs
moderne Ausdrucksformen: 1951 ent-

stand in der Alfdorfer Kirche hinter
der Altarkanzel das Wandgemälde von
Rudolf Schäfer für die Gefallenen des
Zweiten Weltkriegs. Prof. Dr. theol. R.
Schäfer aus Hamburg war seinerzeit
einer der erfolgreichsten und po-
pulärsten Maler religiöser Themen,
eine Autorität für kirchliche Kunst,
er hat den Stil der Nazarener aus dem
19. Jahrhundert weitergeführt. Mit
diesem letzten Werk des sehr späten
Historismus schließt eine Epoche der
suchenden Anlehnung an historische
Formen ab, in der zweiten Hälfte der
1950er Jahre fand die Sakralbaukunst
endgültig zu einer eigenständigen,
modernen Formensprache.

Tipps

Schlosskirche St. Jakobus in Winnenden

Die Schlosskirche in Winnenden wurde im 14. Jahrhundert errichtet. Vom Stellenwert der Kirche als Station auf dem Jakobsweg nach Santiago de Compostela zeugt der schöne, geschnitzte Hochaltar. Er wurde 1520 von den Rittern des deutschen Ordens gestiftet und zeigt Szenen aus dem Leben des Heiligen Jakobus. Über Öffnungszeiten, Besichtigungen und Führungen von Gruppen gibt die evangelische Gesamtkirchengemeinde Auskunft *Tel. 07195 5892972*. Weiterer Hinweise gibt es auch unter *www.winnenden.de*. Regelmäßig finden in der Kirche weit über die Grenzen der Stadt hinaus beachtete Schlosskonzerte und Matineen statt, dabei ist besonders die Orgel mit ihrem schönen Klang zu bewundern. Das Kulturamt der Stadt Winnenden informiert über die Konzerte telefonisch unter *Tel. 07195 13-141*.

Pflanzen der Bibel - Bibelgarten Korb

Im Pfarrgarten der evangelischen Kirche in Korb finden sich seit 2006 „Pflanzen der Bibel." Gepflanzt wurden 60 der 110 in der Bibel erwähnten Pflanzen. Hinweistafeln stellen den Zusammenhang mit den entsprechenden Bibelstellen her. Der Garten bietet zum einen die Möglichkeit zu Ruhe und Meditation, zum andern führt er auch vor Augen, welche Feste, Bräuche und Gebote mit den Pflanzen, deren Pflege und Anbau im Zusammenhang stehen. Im Bibelgarten finden sich Pflanzen aus den Regionen des biblischen Israels. Fragen zu Besichtigungen werden unter *Tel. 07151 36314* beantwortet, weiterführende Hinweise sind im Internet zu finden unter *http://home.arcor. de/evkirche-korb/Bibelgarten/*.

Kloster Murrhardt und Walterichskapelle

Der Benediktinerabt Walterich gründet in den Jahren 816/17 mit Unterstützung Kaiser Ludwigs des Frommen, Sohn Karls des Großen, das Benediktinerkloster

Murrhardt. Bis heute ist das Kloster mit seinen zahlreichen Nebengebäuden fast komplett erhalten. Die über 850-jährige Geschichte das

Klosters wird hier gut sichtbar und lässt sich in Führungen nachvollziehen.

Zu Ehren des Klostergründers wurde die Walterichskapelle erbaut. Sie ist ein schönes Beispiel spätromanischer Baukunst und wurde um 1230 fertiggestellt. Der Besuch der Kapelle lohnt sich ausgesprochen. Viele weitere Informationen zur Geschichte des Klosters und der Kapelle gibt es unter *www.murrhardt.de*.

Stiftskirche Weinstadt-Beutelsbach

Die Stiftskirche ist sicher das markanteste Bauwerk Beutelsbachs. Schon von weitem sind der Turm und das Schiff der Kirche sichtbar. Die Kirche stammt aus der Mitte des 16. Jahrhunderts. Das Fundament des Turmes stammt noch von der romanischen Vorgängerkirche. Die Kirche diente früher nicht nur als Gotteshaus, sondern auch als Schutzraum der Bevölkerung. Teile der Wehranlage sind bis heute erhalten. Auch die Glocken der Kirche sind besonders: Die älteste stammt aus dem Jahr 1375. Weitere Informationen zur Kirche unter *www.wsta.de/beutelsbach/Stiftskirche/Stiftskirche.htm*.

Afrakirche Urbach

Die Afrakirche Urbach feiert im Jahr 2009 ihr 500-jähriges Bestehen. Heute ist die Kirche als Beispiel für Remstäler Dorfkirchen ein Kulturdenkmal. Die Kirche von Anfang des 16. Jahrhunderts ist ausgesprochen groß, in ihr finden rund 800 Personen Platz. Vor dem Sonntagsgottesdiensten spielen vom Turm der Kirche Posaunen einen Sonntagschoral. Weitere Informationen bietet *www.urbach.de*.

Michaelskirche Waiblingen

Zu regelmäßigen Veranstaltungen lädt die Michaelsgemeinde in Waiblingen ein. Besonders Vielfältig ist das Angebot an Konzerten, die im Rahmen des Orgelsommers in der Kirche stattfinden. Informationen zu Konzertterminen finden sich unter *www.ev-michaelskirche.de*.

Stadtkirche Schorndorf

In der Stadtmitte Schorndorfs liegt die Stadtkirche, sie ist bekannt für dort stattfindende Konzerte und Matineen. Regelmäßig werden hier hochklassige Werke aufgeführt und namhafte Solisten finden den Weg nach Schorndorf. Vom Orgelkonzert über Kammermusik bis hin zu Bläserkonzerten wird ein

vielseitiges Programm geboten. Termine und weitere Informationen zu den Veranstaltungen gibt es unter *www.schorndorf-evangelisch.de*.

Pauluskirche Fellbach

Sehenswert ist die Pauluskirche in Fellbach in der Bahnhofstraße. Das Gotteshaus wurde in den Jahren 1926/1927 entworfen und ist dem Expressionismus zuzuordnen. Die bunten Glasfenster sind ebenso interessant wie die Terrakottafiguren an Altar, Kanzel und Taufbecken. Weitere Informationen finden sich unter *www.evang-kirche-fellbach.de*.

Hervorragende Fachwerklandschaft

Der Rems-Murr-Kreis ist vor allem und insbesondere durch seine hervorragende Fachwerklandschaft geprägt. Vom Mittelalter bis in das 20. Jahrhundert hinein sind Repräsentanten hohen handwerklichen Könnens zu finden. Die mittelalterlichen Bauten sind in nennenswerter Zahl vorhanden und von beachtenswerter Qualität.

Die ältesten bekannten noch stehenden Fachwerkbauten des Landkreises stammen aus dem 15. Jahrhundert, aus der Zeit der so genannten alemannischen Fachwerkbauweise. Angemerkt muss werden, dass die Bezeichnung „alemannisch" etwas irreführend ist, denn weder waren die tonangebenden Meister des Fachwerkbaus Alemannen, noch beschränkte sich die hier gemeinte Fachwerkbauweise auf das von Alemannen bewohnte Land – die Verbindung der Hölzer mittels Verblattung ist nicht nur in Baden-Württemberg anzutreffen.

Bauliche Zeugnisse des Mittelalters

Das Fehlen älterer Fachwerkbauten aus der Zeit vor dem 15. Jahrhundert im Rems-Murr-Kreis resultiert aus der Tatsache, dass in den Städten des Landkreises durch zahlreiche kriegerische Auseinandersetzungen und Brände die mittelalterliche Fachwerksubstanz verloren ging. In den Städten stehen daher höchstens noch die nicht brennbaren massiven Erdgeschosszonen aus dem Mittelalter – so beispielhaft in Waiblingen, wo die Häuser Kurze Straße 7 (ehemaliges Stadthaus eines Adelsgeschlechts) und Lange Straße 40 (ehem. Adelberger Pfleghof) an ihren gotischen Fenstern bzw. Türen den Kernbau der Gotik ablesbar machen (Fachwerkwiederaufbau nach dem Brand von 1634 ab 1656).

Vollständig überlieferte Fachwerkbauten stehen insbesondere in Weinstadt – allerdings nicht im fachwerkreichsten Stadtteil Strümpfelbach, denn dieser ist Mitte des 15. Jahrhunderts durch die Esslinger niedergebrannt worden, und musste sich danach jahrzehntelang, bis ins 16. Jahrhundert hinein, erholen. Das bisher älteste bekannte und noch stehende Fachwerkhaus des Landkreises findet sich in Großheppach, Am Heuhaus 2 – dem äußerlich unscheinbar wirkenden Wohnhaus sieht man nicht an, dass es im Jahre 1426 erbaut wurde und innen sogar noch die Reste einer Bohlenstube aufweist. In Endersbach steht das Haus Pflaster 14 aus dem Jahr 1455, zugleich das bisher älteste bekannte und noch stehende Fachwerkhaus des Landkreises. In Beutelsbach das Haus Marktstraße 36 aus dem Jahr 1462, dieses sogar mit einer originalen und seltenen Bohlenwand der früheren Wohnstube im Obergeschoss. Auch in den anderen Teilorten wie auch in anderen Gebäuden ist noch undatier-

Weinstadt-Endersbach, Pflaster 14

tes mittelalterliches Fachwerk vorhanden, so auch in Großheppach, Am Heuhaus 2, in Beutelsbach die Häuser Marktplatz 8, Marktstraße 52 und Ratsgasse 2. Auch das Haus Marktstraße 48 wird wohl zumindest im Kern aus dem 15. Jahrhundert sein, wie die verblattete Dachstuhlkonstruktion zeigt. Nicht auszuschließen ist, dass Weinstadt noch mehr verborgene mittelalterliche Fachwerksubstanz besitzt. In Endersbach stand schließlich auch die 1455 datierte Obere Mühle – im mittleren 15. Jahrhundert herrschte offenbar Wohlstand im Weinbauort. Damit stellt Weinstadt heute ein Überlieferungszentrum der mittelalterlichen Fachwerkbaukunst im Landkreis dar.

Die nächstfolgenden Fachwerkbauten sind nur noch im Kern aus dem Mittelalter: Das Pfarrhaus in Rudersberg-Steinenberg geht auf das Jahr 1461 zurück, der Härdleshof in der Öffinger Straße 9 in Fellbach-Schmiden ist im Kern in das Jahr 1476 datiert und die Mühle in Oppenweiler-Zell stammt ebenfalls aus dem 15. Jahrhundert.

Vergleichbares erhalten ist auch in Remshalden-Geradstetten, wo einige Wohn- und Ökonomiebauten des Mittelalters stehen, allerdings wiederum nur noch im Kern überliefert: Hirschgasse 6, Rathausstraße 12 und 13/1 sowie das ehemalige Haus Zillhard in der Schmalzgasse 14, dieses mit auch äußerlich gut ablesbarer gotischer Stube. Auch im Ortsteil Hebsack ist ein mittelalterlicher Kern in einigen Häusern überliefert (z. B. Pfarrweg 12) und wartet auf vertiefende Untersuchungen.

Viel besser erhalten sind mehrere mittelalterliche Fachwerkbauten in Urbach – der Ort weist die zweitdichteste Substanz von gotischen Fachwerkhäusern im gesamten Rems-Murr-Kreis auf. Aus dem Jahr 1475 sind gleich zwei Fachwerkbauten erhalten, nämlich die Häuser Rain 7 und Burgstraße 30. Auch das älteste noch vergleichsweise ablesbar überlieferte gotische Ökonomiegebäude steht in diesem Ort, mit bemerkenswert guter Fachwerksubstanz: In der Kirchgasse/Wittumstraße 10, in Gestalt der ehemaligen Scheune von 1483–89, zum früheren Widumhof des Benediktinerklosters Elchingen in der Wittumstraße 7–9 gehörig, der vor 1489 erbaut wurde und noch heute eine geschnitzte gotische Stubendecke und -wand besitzt. Das 1484 datierte Haus Kirchplatz 5 sowie daselbst das 1496 datierte Haus Beckengasse 24 und die Hohenackerstraße 12 aus dem 15. Jahrhundert verdeutlichen die hohe Qualität mittelalterlicher Fachwerksubstanz im Ort.

Fachwerkbauten nach 1500

Erst Jahrzehnte später entstand in Waiblingen-Bittenfeld ein weiterer sehenswerter Bau: die ehemalige Zehntscheuer des Adelberger Klosters im Jahre 1503 – der Bau ist hervorzuheben wegen der vor kurzem erfolgten hochwertigen denkmalgerechten Instandsetzung. Dafür ist er nicht mehr ganz original überliefert, im Jahre 1797 erfolgte eine bauliche Erweiterung um das nördliche Drittel. Auch die Scheune Schillerstraße 101 lässt in Anbetracht ihrer verblatteten Konstruktion eine Datierung in das Spätmittelalter zu, womöglich zusammen mit dem dazugehörigen Wohnhaus Nr. 99 (siehe angeblattete Strebe im OG).

Kennzeichen all dieser mittelalterlichen bzw. gotischen Fachwerkbauten ist – neben der verblatteten Konstruktion – das Fehlen von Zierformen, höchstens verzierte Knaggen sind zu registrieren. Beispiele hierfür sind in Backnang-Oberschöntal das Gebäude Lindauer Straße 54/Meersburger Straße mit spätgotisch gekerbten Knaggen und das Alte Rathaus in Weinstadt-Beutelsbach, im Kern von 1534, mit ebensolchen Knaggen. Kennzeichnend ist auch die gute Ablesbarkeit der Stuben, die quasi eingespannt zwischen angeblatteten Ständern erscheinen. Die Hölzer sind ausschließlich gerade, höchstens naturkrumm, ihre diagonale Führung meistens über das ganze Stockwerk. Dominierend im Fachwerkbild sind die Putzflächen, nicht das Fachwerk, das rahmend wirkt.

Über die Bauweise bis um 1500 informiert auch eine herzoglich württembergische Verordnung dieser Zeit. Um das späte 15. Jahrhundert sind in Gestalt der Landesbauordnung von 1495 erste staatliche Reglementierungsmaßnahmen im württembergischen Fachwerkbau zu beobachten. Der Herzog von Württemberg verfügte, dass der „understock mit stainen gemacht" sei und „nit mit holtz", auch die Dachdeckung soll zumindest in den Städten mit Ziegeln erfolgen, die Bauernhäuser sind über gemauertem Erdgeschoss zweigeschossig zu bauen, und mit Bauholz ist sparsam umzugehen – dies war wohl die Reaktion auf den allmählich auftretenden Holzmangel.

Insbesondere die letzte Verfügung sollte gravierende Auswirkungen auf die Fachwerkbauweise haben: Die Stockwerksbauweise löste die First- und Geschossständerbauten ab, denn diese Bauweise benötigte weniger Holz. Dies führte auch zur Engmaschigkeit der Fachwerkwände.

Fränkisches Fachwerk

Waiblingen,
Stadtmuseum –
Weingärtner
Vorstadt

Um die Mitte des 16. Jahrhunderts muss in der Region die Ablösung der mittelalterlichen Fachwerkbauweise durch die neuzeitliche – die volkstümlich als „fränkisch" bezeichnet wird – breit eingesetzt haben. Ein Paradebeispiel, da dank musealer Nutzung bestens überliefert, stellt in Waiblingen das Haus Weingärtner Vorstadt 20, das heutige Stadtmuseum, dar, 1553 datiert, wohl als Gerberhaus erbaut, mit Fenstererker und Schiebefenstern, innen mit Resten floraler Ausfachungsbemalung. Besonders hinzuweisen ist auf die hier zu beobachtenden Anfänge des Zierfachwerks in Gestalt von so genannten Feuerböcken. Damit bezeichnet man im Fachwerkbau sich diagonal kreuzende Hölzer in Form eines Andreaskreuzes, die aber geschwungen ausgeführt sind. Weitere

Beispiele aus den Jahren des Übergangs vor der Bauordnung von 1567 sind das Rathaus in Kernen-Stetten von 1552, ebenfalls mit Feuerböcken, wogegen in Weinstadt-Strümpfelbach die Häuser Hauptstraße 22 und 42, beide von 1551, und Hindenburgstraße 38, um 1550 erbaut, noch ganz ohne Zierfachwerk auskommen. Dafür wird Strümpfelbach wenige Jahrzehnte später eine wahre Flut von Fachwerkzierrat präsentieren.

Die nächste württembergische Bauordnung folgte 1567/68, sie verbot Verblattungen, schrieb schmale Stockwerksvorstöße vor, forderte Steinausfachungen anstelle von Lehm und Biberschwanzdeckungen und verbot Erker sowie Scheunen an Hauptstraßen. Das verzapfte Fachwerk machte auch unzählige Zierformen möglich. Demnach sind noch um 1567/68 verblattete, d. h. mittelalterliche (!) Fachwerkkonstruktionen durchaus verbreitet gewesen (sonst hätte man sie nicht verbieten müssen) – da solche Beispiele im Landkreis fehlen, kann hier von einer fortschrittlichen Region gesprochen werden.

Fachwerk Ende des 16. Jahrhunderts

Typisch wird ab der Mitte des 16. Jahrhunderts eine explosionsartige Zunahme von Bauzier, Malerei und Plastik: Es treten Neidköpfe, geschwungene Andreaskreuze und als plastische Zier Schlangen, Sterne, Sonnen etc. auf. Die Fachwerkbauten gewannen außerdem an Farbe. Die Fassaden erhielten gelbe Balkenverbreiterungen und schwarze Begleitstriche, die

Formen und Bauzier im Fachwerk

So genannte Andreaskreuze dienen der Aussteifung von Fachwerkkonstruktionen vor allem in den Brüstungsfeldern unter den Fenstern der Obergeschosse. Sie sind hier seit der Renaissance verbreitet und noch im Sichtfachwerkbau der 1950er Jahre vertreten. Das Andreaskreuz kann aber auch eine reine Zierform sein, dann mit geschweiften Armen ausgebildet auch Feuerbock genannt.

So genannte Neidköpfe, volkstümlich so bezeichnet, wissenschaftlich jedoch nicht bewiesen. Sollten angeblich Neid und Missgunst vom Hause fernhalten. Sehr wahrscheinlich jedoch nur schlichte Bauplastik bzw. Kunst am Bau, eher mit dem Bildnis des Bauherrn oder des Baumeisters, als des Neides.

So genanntes Alemannisches (mittelalterliches) Fachwerk ist besonders anschaulich sichtbar am Eckständer mit den Verblattungen.

So genanntes Fränkisches (neuzeitliches) Fachwerk: In der Region beginnend um die Mitte des 16. Jahrhunderts, das verblattete, mittelalterliche Fachwerk wurde dabei durch das verzapfte Fachwerk abgelöst.

Erdgeschosszonen Eckquaderung und schwarze Rollwerkfassungen.

Eine wahre Schatzkammer der Fachwerkbaukunst in der zweiten Hälfte des 16. Jahrhunderts stellt Strümpfelbach dar, denn die Mehrzahl der überregional bedeutenden Fachwerkbauten des Weinbauortes stammt aus dieser Zeit. Fast alle stellen nach dem Denkmalschutzgesetz von Baden-Württemberg Kulturdenkmale von besonderer Bedeutung dar. Dies wird durch die überdurchschnittliche Qualität der Weingärtnerhäuser begründet, deren Qualität wiederum durch den Wohlstand und dieser durch den schon immer exzellenten Weinbau. Dass sich z. B. die Reichsstadt Esslingen 1449 die Mühe machte, das damals zu Württemberg gehörende Dorf zu zerstören, spricht auch für die Bedeutung des Weinbauortes – der gute Wein wurde schließlich bis nach Augsburg und sogar vor die Tore Münchens exportiert.

Strümpfelbachs Hauptstraße – bzw. ihre Fortsetzung, die Hindenburgstraße – ist ein Musterbuch der Entwicklung des Fachwerkbaus in der zweiten Hälfte des 16. Jahrhunderts. Bemerkenswert ist, dass mehrere Weingärtnerhäuser sogar – abweichend von den Wünschen der Landesbauordnung von 1567/68 – dreigeschossig errichtet wurden. Ausgangspunkt der Entwicklung ist das noch schmucklose Fachwerk der bereits genannten Häuser Hauptstraße 22 und 42 aus dem Jahre 1551, wogegen das Haus Nr. 30 von 1559 bereits Anfänge des Zierfachwerks im Giebel aufweist. Es folgen in chronologischer Reihenfolge: Hauptstraße 33, im Kern von 1561, und Nr. 61 von 1565, beide fast ohne Zierrat, dann aber Hauptstraße 46 mit einer Reihe von Feuerböcken im Giebel und Hindenburgstraße 4 mit den Feuerböcken, aber auch mit beschnitzten Balustern im obersten Giebeldreieck, beide von 1570. Hauptstraße 65 von 1587 wieder mit „Feuerböcken" und Rosetten als neuem Zierelement, Hindenburgstraße 6 und 24 von 1594, Letzteres wieder nur mit „Feuerböcken", aber auch mit ornamentaler Flachschnitzerei. Und schließlich quasi als krönender Abschluss das Rathaus von 1591. Das Haus Hindenburgstraße 6 weist mit dem Abtsstab des Spitals von Esslingen und dem Reichsadler des Esslinger Stadtwappens auf einen Pfleghof des Esslinger Katharinenhospitals hin – die Zeiten hatten sich geändert, die im Mittelalter noch als Zerstörerin auftretende Reichsstadt Esslingen war nun mindestens von 1594 bis 1642 Immobilien- und Abgabenbesitzerin in Strümpfelbach. Und am Rathaus

Weinstadt-Strümpfelbach, Hauptstraße

findet man all die Zierelemente, die seit der Mitte des Jahrhunderts Einzug gehalten hatten – vor allem die so genannten Feuerböcke – ergänzt allerdings durch reiche Balkenschnitzereien und vor allem durch die bemalte Holzdecke im Inneren.

Außerhalb Strümpfelbachs sind nennenswerte Fachwerkhäuser aus der zweiten Hälfte des 16. Jahrhunderts eher seltener und dann auch nicht vom einfachen Weingärtner, sondern vom Adel oder wohlhabenden Gastwirten erbaut. Hierfür typisch ist in Plüderhausen das Alte Rathaus von 1569, das im Gegensatz zu den zeitgleichen Bauten in Strümpfelbach noch ganz ohne Zierfachwerk auskommt, oder auch das 1577 erneuerte Alte Rathaus in Beutelsbach, das lediglich im obersten kleinen Giebelspitz Zierformen zeigt. Auch noch die 1601 erbaute Häckermühle in Weinstadt-Großheppach besteht vorwiegend

aus konstruktivem Fachwerk, das nur punktuell akzentuierend Zierelemente eingesetzt bekam – eigentlich auf dem Niveau der Fachwerkhäuser der 1550er Jahre in Strümpfelbach.

Ganz anders in Kernen-Stetten, wo das Schloss der Truchsessen der Grafen von Württemberg im 17.–18. Jahrhundert Witwensitz württembergischer Herzoginnen wurde. An der linken Hofseite steht der so genannte Bonnsche Bau vom Beginn des 16. Jahrhunderts, am Treppenturm 1516 datiert, mit spätgotischem Chörlein und Zier-Fachwerkgiebel von 1570. Das Fachwerkbild ist den Weingärtnerhäusern in Strümpfelbach ebenbürtig, es präsentiert die breite Palette des Zierrats von „Feuerböcken" bis zu geschnitzten Kopf- und Fußstreben.

Originale Innenraumgestaltung dieser Jahrzehnte ist selten überliefert, so dass Stellvertreter Rückschlüsse gestatten müssen. Beispiele für dekorative Farb-

Weinstadt-Strümpfelbach, Altes Rathaus

Plüderhausen, Altes Rathaus

gestaltung überliefern das Große Haus in der Remstalstraße 1 in Fellbach-Schmiden, es entstand 1577. Hier sind innen florale Dekorationsmalereien überliefert; im selben Ort in der Oeffinger Straße 9, im sog. Härdleshof, ist die Innenausmalung der Wohnstube aus der Renaissance (1581) anlässlich der letzten Restaurierung zutage getreten. Sicherlich zu den reichsten Gefachemalereien mindestens im Landkreis zählt die 1584 datierte Dachkammer im Hause Bergstraße 16 in Weinstadt-Schnait. Die kennzeichnenderweise in einem Weingärtnerhaus ausgeführte Dekorationsmalerei zeigt Tiere und ein Oktogramm. Wiederum im selben Ort, im Unteren Schloss, sind innen Räume mit Ausmalung und Stuckdecken sichtbar, die um 1590 entstanden. Vergleichbare Qualität findet man erst im 17. Jahrhundert in Waiblingen, in der Kurzen Straße 11.

An kunsthandwerklicher historischer Innenausstattung dieser Zeit muss ein singuläres Beispiel hervorgehoben werden: Die Hauptstraße des noch erfreulich ländlich-kompakt wirkenden historischen Ortskerns von Waiblingen-Beinstein weist einige Fachwerkbauten des späten 16. bis frühen 17. Jahrhunderts auf, hiervon genannt sei das 1601 erbaute Haus Kleinheppacher Straße 7 mit einer vollständig überlieferten, holzvertäfelten Wohnstube.

Die im Kreisgebiet an Fachwerkbauten überlieferte Bauplastik der Zeit um 1600 zählt zu den herausragenden bildhauerischen Arbeiten der Renaissance im Lande. Als Beispiel sei das Backnanger Rathaus genannt, es stammt im Kern aus dem Jahr 1599, hiervon zeugt das massive Sockelgeschoss – dieses wird Georg Beer und Heinrich Schickhardt zugeschrieben.

Fellbach-Schmiden, Großes Haus – Oeffinger Straße 9

Die Trägerfiguren und Volutenkon- solen im Erdgeschossgesims des Backnager Rathauses entstanden für das frühere Obergeschoss, die qualitätsvollen Maskenköpfe werden mit Hans Kretzmaier in Verbindung gebracht. Waiblingen ist besonders reich an figürlicher Bauplastik der Renaissance. Der Erker vom Haus Villinger/Marktplatz 1 (1600), vom Haus Zwerchgasse 6 das Türgewände, ebenfalls von 1600, sind möglicherweise ebenfalls von Hans Kretzmaier, dem fürstlichen Baumeister, der viel gemeinsam mit Schickhardt baute. Singulär ist die Bauplastik am ehemaligen Müller-Haus von Kirchberg a. d. Murr in der Magengasse 2: 1616/17 erbaut, weist es über drei Stockwerke reichende Ecksäulen mit reichen Kapitellen auf.

Bauwerke des 17. Jahrhunderts

Die Pestepidemien zu Beginn des 17. Jahrhunderts haben die Bautätigkeit weitgehend zum Erliegen gebracht, weshalb für die Bautätigkeit der ersten Jahrzehnte des Jahrhunderts nur zwei oder drei Häuser benannt werden können: In Weinstadt-Beutelsbach das Haus Marktstraße 55, 1615 erbaut, mit der ganzen Palette der Bauzier dieser Zeit, von der Flachschnitzerei über einen figürlichen Neidkopf bis zu reich geschnitzten Brüstungsfeldern.

Vom reichen Bestand alter Fachwerkhäuser aus dem 16. bis 18. Jahrhundert in Kirchberg a. d. Murr sei das in der Magengasse 2 bereits genannte hervorgehoben. Hier sieht man erstmals die liegende Raute als neues Motiv

der Fachwerkbaukunst, das uns bis ins späte 18. Jahrhundert begleiten wird. Dasselbe Motiv zeigen das 1623 erbaute Haus Neckarstraße 25 in Backnang-Waldrems und das Fachwerkhaus in der Allmersbacher Straße 10 in Aspach-Kleinaspach von 1634 schon in zweifacher Ausführung. Vorsicht geboten ist beim „Hirsch" in Remshalden-Grunbach, 1610 datiert: Das Zierfachwerk ist größtenteils aufgemalt/aufgedoppelt, so dass die Wahrheit über die – zugegebenermaßen üppigen – Zierelemente im Verborgenen bleibt.

Nach der Pest folgte von 1618 bis 1648 der Dreißigjährige Krieg, auch in dieser Zeit ging naturgemäß die Bautätigkeit praktisch auf Null zurück; doch Ausnahmen bestätigen die Regel – solche Ausnahmen sind die in Kleinaspach und Waldrems genannten Bau-

Schorndorf, Palm'sche Apotheke

Waiblingen,
Zwerchgasse

ten. Nach dem Dreißigjährigen Krieg brauchte die Bevölkerung ländlicher Orte Jahrzehnte, um die Baukonjunktur wieder in Gang zu bringen – dies dokumentiert das Fehlen von Fachwerkbauten des 17. Jahrhunderts in Strümpfelbach ebenso wie in anderen Gemeinden. Ganz anders in den Städten, die sich offenbar schneller erholten und wieder aufgebaut werden mussten – so z. B. Waiblingen, wo der Wiederaufbau in die Zeit zwischen 1638 und 1656 fiel und Bauten von überdurchschnittlicher Qualität hervorbrachte, sodass die Stadt den anspruchsvollsten Bestand an Fachwerkbauten der Renaissance im ganzen Landkreis aufweisen kann. Vielfach sind die stehen gebliebenen massiven Erdgeschossmauern der Vorgänger-

bauten weiterverwendet worden. Der ehemalige Adelberger Hof in der Langen Straße 40 entstand beispielsweise über einem mittelalterlichen Erdgeschoss-Kern in den Fachwerkteilen 1656–58 neu. Das Haus Kurze Straße 7 ist über dem gotischen Kern eines ehemaligen Adelshauses der Zeit vor 1459 wiederaufgebaut worden. Von den bürgerlichen Wohnbauten hervorzuheben sind das Haus Marktplatz 1 – ehemals das Haus des Adelberger Klostervogts – mit seinem ortsbildbeherrschenden Erker, 1600 im Massivteil und 1680/90 im Fachwerkteil erbaut; dann das Haus Schmidener Straße 2, ehemals Herberge zum Roten Löwen und Haus des Bürgermeisters Pfleiderer, 1574 (EG) und 1680 (Fachwerk) erbaut, mit der Eckkonsole von dem Bildhauer Johann Georg Allezeh. Beispiele des Wiederaufbaus durch Neubauten sind die Gebäude Kurze Straße 18, 1685 datiert, das durch eine Steinkonsole mit Kopfmaske und das Wappenschild eines Küfers (später Gasthaus zur Krone) gekennzeichnet ist. Die ehemalige Stadtschreiberei in der Kurzen Straße 15 ist ein Bau von 1643, bemerkenswert wegen des marmorierend bemalten Fachwerks. An der Ecke Zwerchgasse/Kurze Straße 28 steht die ehemalige Rathaus-Apotheke mit überdurchschnittlicher Ausfachungsbemalung der Zeit um 1680, und in der Kurzen Straße 18 mit figürlicher Steinkonsole eine ehemalige Küferei und später Gasthaus zur Krone von 1685. Das Haus Obere Sackgasse 17, ebenfalls mit figürlichen Steinkonsolen, 1704 erbaut und dem Steinhauer Seufferlen gehörig, leitet bereits in die Epoche des Barock über.

Auch Schorndorf kann beeindruckendes Fachwerk aus der Zeit des 17. Jahrhunderts aufweisen. Ein weithin bekanntes Beispiel ist die Palm'sche Apotheke am Schorndorfer Marktplatz, die nicht umsonst als eines der schönsten Fachwerkgebäude Süddeutschlands gilt. Sie wurde bis 1655 (linke Hälfte) und 1665/75 (Eckhaus/rechte Hälfte) erbaut. Bedauerlicherweise ist von dem ehemaligen Fachwerkbau seit 1979 nur noch die Fassade erhalten, einem vollständig neuen Stahlbetonbau vorgeblendet.

Noch weitgehend original ist dagegen das Haus Im Sack 3, um 1660 erbaut über einem Keller von 1606, bemerkenswert durch zwei Reihen von Fenstererkern in den Obergeschossen.

Immer wieder legten Brände im 17. Jahrhundert ganze Städte in Schutt und Asche – auch Backnang ereilte dieses Schicksal. Diese Stadt wurde nach den Stadtbränden von 1635 und 1693 wiederaufgebaut, und zwar nach Plänen von so prominenten Stuttgartern wie dem fürstlich-württembergischen Baumeister Matthias Weiß und Stiftswerkmeister Johannes Heim. Diesen Wiederaufbau repräsentiert das Haus Am Rathaus 4, 1695 datiert, ehemals das Haus des Stadtphysikus Masson – das Zierfachwerk hat sich hier bereits in das Dachgeschoss zurückgezogen, im Obergeschoss ist es nur noch konstruktiv ausgebildet und weist somit barocke Züge auf. Das Haus Schillerstraße 11/Am Obstmarkt fällt durch die seltene dreifache Flachschnitzerei vom Ende des 17. Jahrhunderts auf.

Die Stadt Winnenden hat aus dieser Zeit heute nur noch das Rathaus aufzuweisen, im Kern um 1700 entstanden, mit Veränderungen im 19. Jahrhundert (Turm 1815, Erdgeschoss und Fachwerk Süd bzw. Ost 1827). Bemerkenswert sind die beiden liegenden Rauten und zwei Feuerböcke im Giebel des Hauses – das ansonsten durch eine noble Zurückhaltung bezüglich des Zierfachwerks gekennzeichnet ist und somit bereits neue Entwicklungen vorwegnimmt.

Außerhalb der Städte ist eher vereinzelt qualitätvolles Renaissance-Fachwerk zu nennen, meistens sind die Bauten als Adelssitze oder bestenfalls als wohlhabende Handwerkerhäuser entstanden. In Sulzbach/Murr ist es die ehemals Gräflich Löwensteinische Wasserburg, 1665 erbaut (und 1713 umgebaut), zu nennen, mit Resten originaler Ausmalung in der Turmstube. In Urbach – einem auffallend reichen Fachwerkort – ragen das Haus

Backnang, Schillerstraße

geschoss ausgebildet und von flächenhafter Wirkung.

In Murrhardt, in der Grabenstraße 53, verdient besonders der Anbau von 1681 (Haus im Kern von 1556) mit seinem dichten rautenförmigen Fachwerk an einem offenbar reichen Handwerkerhaus (1832 Rotgerber Wieland gehörig) Beachtung.

Das heutige Pfarrhaus in Aspach-Großaspach war ehemals der Wohnsitz der örtlichen Verwalter der Herren von Sturmfeder und stammt im Kern von 1612, 1693 wurde es durch die Franzosen niedergebrannt und 1698 mit dem Zier-Fachwerkgiebel auf Kosten der Sturmfeder wieder aufgebaut. Die Ausführung besorgten drei Salzburger Zimmerleute gemeinsam unter der Leitung des Zimmermanns Jerg Boss. Man beachte auch hier die flach liegenden Rauten und den beginnenden Rückzug des Zierfachwerks aus dem Obergeschoss.

Auch der ehemalige Kanzleibau der Erbmarschälle in der Hindenburgstraße 24 in Kernen-Stetten (jetzt Heimatmuseum) ist durch die Ortsherrschaft, die Thumb von Neuburg errichtet worden, der Bau entstand im Kern 1600 und wurde zunächst sogar von Konrad Ludwig Thumb von Neuburg bewohnt, bis es 1698 vielleicht nach Kriegsschäden im Fachwerkteil erneuert wurde, und als Wohnsitz dem herrschaftlichen Küfer diente – dies erklärt den relativ anspruchsvollen gestalterischen Aufwand bei der Erneuerung des Gebäudes mit Fenstererker, Raute, geschweifte Diagonalstreben usw. Auch hier ist der allmähliche Rückzug des Zierfachwerks beachtenswert. Die rechte Obergeschoss-Befensterung ist eine Änderung der Zeit um 1800.

Urbach,
Mühlstraße

Kirchgasse 11 aus dem letzten Viertel des 17. Jahrhunderts, das Haus Schloßstraße 3 aus dem Jahr 1688 und das Fachwerkhaus Mühlstraße 11 hervor. Letzteres wurde angeblich um 1690 durch Schweizer Zimmerleute erbaut, vermutlich als Weingärtnerhaus, und zeugt vom Wohlstand dieses im Ort kaum noch existenten Handwerks. Allen Häusern gemeinsam ist insbesondere das netzförmige, vorwiegend hochrechteckige und rautenförmige Fachwerk, meistens im Erd- und Ober-

Innenausstattungen

Fragt man nach dem historischen Innenleben der Fachwerkbauten dieser Zeit, so wird man nur noch auf einige wenige Ausstattungsdetails zurückgreifen können, vollständig überlieferte Innenräume besitzen hohen Seltenheitswert. Einige Ausstattungsdetails dieser Zeit sind herausragend und können durchaus einen Eindruck von der Qualität der Raumausstattungen der späten Renaissance im Fachwerkbau vermitteln: Das in der Ortsmitte stehende alte Rathaus von Waiblingen-Beinstein weist noch die 1680 von Hans Christoph Maurer gefertigten Wappenscheiben auf – sie sind das seltene Werk einer schwäbischen Glaserfamilie, die seit dem 16. Jahrhundert in Stuttgart und Reutlingen nachweisbar ist, ihre Arbeiten schmücken die Schlösser in Bebenhausen und Friedrichshafen. Ebenfalls aus dem Jahr 1680 stammen die Stuckdecken im Hause Kurze Straße 11 in Waiblingen, erbaut 1643 für den Stadtschreiber Vollmar – sie sind mit hoher Wahrscheinlichkeit von Heinrich Waibel, der auch die Kanzel der Nikolauskirche und die Stuckdecke in Beinsteins Kirche schuf. Schon dem Frühbarock gehört dagegen die Stuckdecke im Hause Lange Straße 17 an. Im Inneren des 2007 mustergültig restaurierten Gebäudes Oeffinger Straße 9 in Fellbach-Schmiden sind florale Wandmalereien der Renaissance von 1679 erhalten – vorwiegend Begleitstriche, aber auch florale Motive in den Balkenkopfgefachen. Ein anderes typisches Ausstattungsmerkmal an der Wende von der Renaissance zum Barock überliefert in Fellbach

Murrhardt, Grabenstraße

das Haus Vordere Straße 1 in Gestalt einer noblen Wohnstube mit Kassettendecke und Wandtäfer, um 1700 gefertigt.

Fachwerkarchitektur des 18. Jahrhunderts

Nachdem sich in der ersten Hälfte des 18. Jahrhunderts die wirtschaftlichen Verhältnisse nach den Kriegen und Bränden im Lande stabilisiert hatten, erfuhr auch die Fachwerkarchitektur neuen Aufschwung, eine neue Blüte des Zierrats. Ein Musterbeispiel des Fachwerkbaus um 1700 stellt das 1716 wiederaufgebaute Rathaus in Backnang dar. Wir finden auch hier die hochrechteckigen Rautenfelder, die bekannten Feuerböcke, aber auch eine ganze Reihe von Fenstererkern und in Teilen bereits nur noch konstruktives Fachwerk. Typisch ist nun das rote Fachwerk mit schwarzen Begleitstrichen, Graufassung im Inneren – und immer mehr das weiße Fachwerk, manchmal sogar noch mit Zierfachwerk kombiniert. Das städtische Fachwerkhaus dieser Zeit zeigt auch immer mehr Motive der Steinarchitektur mit profilierten Gesimsen, Zahnschnittfriesen, vorgeblendeten Pfeilern, Säulen, Karyatiden, Hermen, Voluten und anderen Ornamenten – die Anfänge dieser Entwicklung haben wir hier am Beispiel des 1617

Backnang, Rathaus

erbauten Hauses in der Magengasse in Kirchberg a. d. Murr gesehen. Gesteuert wurde diese Entwicklung durch erneute Landesverordnungen wie die Feuerordnungen der Jahre 1703, 1716, 1730 und 1752. Sie verboten Stroh- und Schindeldächer (die es demnach überraschenderweise noch immer gegeben haben muss) und Zugläden, forcierten den Steinbau und schließlich auch den vollständigen Putzbau: Herzog Karl Eugen hat bereits 1744 den Verputz auch bei herrschaftlichen Bauten gewünscht, „nachdem Private den guten Anfang gemacht haben" – demnach war der Putzbau schon in der ersten Hälfte des 18. Jahrhunderts weit verbreitet. In der Tat hat bereits die Feuerordnung von 1703 gefordert, dass „womöglich die Häuser verblendet werden".

Weitere typische Merkmale der Fachwerkarchitektur dieser Zeit sind die Ausstattung der Innenräume mit Stuckdecken, Lamberien, wandfestes Mobiliar wie umlaufende Sitzbänke – und die allmählich beginnende Hinwendung zum Massivbau. Beste Beispiele dieser Hinwendung zeigt Winnenden. Auch diese Stadt ist durch den Wiederaufbau nach einem großen Stadtbrand gekennzeichnet, der hier 1693 erfolgte – so ein Wiederaufbau birgt immer auch die Möglichkeit einer radikalen architektonischen Wende in sich. Das Haus Marktstraße 24 ist zumindest an der straßenseitigen Schauseite bereits in Werkstein ausgeführt und mit dem Steinmetzzeichen von Johann Michael Groß versehen, der das Haus 1729 erbaute. Das Haus Marktstraße 42 ist wiederum 1748 erbaut worden, in der Architektur der Steinfassade dem Schlossbau des

Adels entlehnt, die zu dieser Zeit immer stärker im Bürgerhausbau Einzug hielt. Kennzeichnend sind auch die Stuckdecken im Inneren.

Ein singuläres Dokument in Backnang, das Haus Marktstraße 31, thematisiert ein anderes entwicklungsgeschichtliches Phänomen: Die um die Mitte des 18. Jahrhunderts hier realisierte barocke Fassadenmalerei an einem Fachwerkhaus, also den Versuch, am Fachwerkbau einen Massivbau mit Bauplastik zu imitieren, ja vorzutäuschen! Das im Kern 1625 als herzoglich-württembergische Vogtei nach Entwürfen von Heinrich Schickhardt erbaute Haus ist 1699 nach dem Stadtbrand von 1693 wiederaufgebaut worden und blieb weiterhin Vogtei, die architektonische Fassadenmalerei könnte 1726 oder 1756 anlässlich des Amtswechsels der Vögte entstanden sein – sie ist 2008 nach Originalbefund wiederhergestellt worden. Auch das gegenüberstehende Alte Rathaus wollte sich dieser Entwicklung anschließen, ihr sogar voranschreiten: Nach dem „Franzosenbrand" von 1693, dem die Fachwerkobergeschosse zum Opfer fielen, war der 1716 vollendete Wiederaufbau ursprünglich mit einem verputzten und womöglich bemalten Fachwerk projektiert, nur aus Kostengründen unterblieb diese architekturgeschichtlich mutige Tat.

Ein anderes Beispiel stellt das in Waiblingen – ebenfalls in zentraler Lage auf dem Marktplatz stehende – bemalte Fachwerkhaus Kurze Straße 27, ehemals Fruchtkasten der Geistlichen Verwaltung, im Kern aus dem 16. Jahrhundert, jedoch um die Mitte des 18. Jahrhunderts, nach 1767/ vor 1780 erneuert als Wohnhaus für den Bürgermeister Seeger, also etwa zeitgleich mit dem Backnanger Haus. Hier versuchte man nicht die Imitation von Bauplastik wie in Backnang, sondern ist den Weg der Quadermalerei gegangen, also der Imitation des massiven Quadermauerwerks. Auffallend ist, dass in beiden Fällen unabhängige herrschaftliche oder großbürgerliche Bauherrschaft es sich leisten konnte, dem konservativen Trend der Zeit trotzend Neues zu schaffen – in Backnang war es die herrschaftlich-württembergische Vogtei, in Waiblingen der Bürgermeister.

Dass wohlhabende Häuser herrschaftliches Bauen imitieren, und zwar auch im Inneren, ist ein Topos der Kunstgeschichte. Zumindest ein Beispiel soll im Kreisgebiet diese Aussage belegen und illustrieren: In Schorndorf erhielt um 1765/70 das Haus Gottlieb-Daimler-Straße 18, Johann David Vaihinger gehörig, eine überaus aufwändige Deckenmalerei (mit Merkur auf den Beruf des Bauherrn (Handelsmann) Bezug nehmend!), die sogar mit Philipp Jakob Ihle, dem Ludwigsburger Theater- und Porzellanmaler und späteren herrschaftlich-württembergischen Hofmaler in Mömpelgard, in Verbindung gebracht wird.

Wiederaufbauten nach Bränden sind ein Markenzeichen der baugeschichtlichen Entwicklung des Landkreises. Aus dem Barock ist der Wiederaufbau von Murrhardt nach dem Brand von 1765 unter der Leitung von Johann Adam Groß d. J. hervorzuheben. Diesen Wiederaufbau dokumentiert der 1767 datierte Eckständer in der Entengasse 6 – mit dem reich ornamentierten Eckständer wird hier erstmals ein kunsthandwerkliches Baudetail

1796, die Scheune Lindauer Straße 50 von 1809 und das neue Wohnhaus von 1833 – das zuletzt genannte Ensemble ist ein Mikrokosmos der Architekturgeschichte um 1800, endend mit dem Wohnhaus von 1833 in Oberschöntal, das bereits keinerlei Zierfachwerk zeigt und ursprünglich ein Putzbau gewesen sein dürfte. Diesen Bauten gemeinsam ist die Reduktion des Zierfachwerks auf die dichte Reihe von Rauten in den Brüstungsfeldern der Fenster – und auf den geschnitzten Eckständer, den das Haus in Oberschöntal zeigt. Die dekorative Funktion des Sichtfachwerks übernehmen ab 1800 ebensolche Details, wie auch in Aspach-Rietenau, in der Trinkgasse 6, der Eckständer von 1831 zeigt.

Verputztes Fachwerk des 19. Jahrhunderts

Im 19. Jahrhundert herrschte das verputzte Fachwerk vor – das durchaus dekorative Qualitäten besaß. Dies zeigt am qualitätvollsten erneut der Häuserbestand der Stadt Waiblingen, hier konkret das Haus Lange Straße 19. Erst gegen Ende des 19. Jahrhunderts trat erneut Sichtfachwerk in Erscheinung, freilich meistens nur als applizierte Dekorationsform. Beispielhaft zeigt dies in Backnang, in der Aspacher Straße 57, das Ausflugslokal „Zur Limpurg", den Grafen von Pückler-Limpurg in Gaildorf gehörig, 1890 nach Entwürfen des „Lokalmatadors" Hämmerle erbaut. Und in der Zeit um 1900 erfuhr das – nun oft nur in Teilen sichtbare – Fachwerk eine neue Form an Verzierungen, die frei geschaffen, ohne Anlehnung an his-

präsentiert, das im späten 18./frühen 19. Jahrhundert die Fachwerkbaukunst insbesondere im benachbarten Hohenlohischen prägen sollte.

Die letzten Zeugen des Sichtfachwerks im ausgehenden 18. Jahrhundert treten nur noch im ländlichen Raum auf: In Alfdorf in Gestalt der Meuschenmühle von 1787, in Aspach-Kleinaspach das Haus Oberstenfelder Straße 15 von 1786, in Backnang-Oberschöntal das Gehöft mit dem Wohnhaus Konstanzer Straße 2 von

torische Vorbilder, der geometrischen Dekoration huldigte. Das Wohnhaus-Beispiel in Remshalden-Grunbach, in der Friedhofstraße 17, dokumentiert das neu kreierte Zierfachwerk der Zeit um 1900. Insbesondere im ländlichen Bereich lebte um 1900 auch die historisierende Form des Sichtfachwerks neu auf, eine Form, die sich bewusst an historische Vorbilder anlehnte. Das Vorbild der Weingärtnerhäuser der Zeit um 1600 ließ das 1902 entstandene Gasthaus zum Pfeffer in Kernen-Stetten wiederaufleben, bezeichnenderweise von einem Stadtarchivar und Denkmalpfleger entworfen, von Albert Benz aus Esslingen. Die Ausmalung der Gaststube von 1907 spielt auch mit dem Thema Vergangenheit, hier konkret mit der Gestalt einer namensgebenden lokalen legendären Persönlichkeit. Die Malerei ist das Werk des Kunstmalers Karl Vetter, der bezeichnenderweise „Lüftlmalerei" in Passau studierte, eine auf Bauernhäusern des Alpenlandes weit verbreitete und beliebte künstlerische Ausdrucksform. Und abschließend sei noch die dritte Form des Sichtfachwerks um 1900 benannt: Das reine konstruktive Fachwerk, das speziell bei Industriebauten oder bei den für die Region typischen Keltern Verwendung fand. Herausragender Vertreter dieser Baugattung ist die in Fellbach stehende Alte Kelter von 1906, innen von eindrucksvoller Konstruktion geprägt, nach langem Kampf als Kulturdenkmal vor der Abrissbirne gerettet.

Kernen-Stetten, Gasthaus zum Pfeffer

Tipps

Nachtwächterspaziergang in Murrhardt

Ein besonderes Erlebnis ist der Nachtwächterspaziergang in Murrhardt. Der Nachtwächter nimmt seine Gäste mit auf einen „sagenhaften" Rundgang. Im Fackelschein geht es durch die nächtliche Stadt zu malerisch beleuchteten und geheimnisvollen Orten. Der Rundgang findet seinen Ausklang im Wirtshaus mit weiteren Informationen zu Sitten und Bräuchen. Auskunft zu Terminen und zur Anmeldung gibt es beim Naturparkzentrum der Stadt Murrhardt unter *Tel. 07192 213-777* und auf der Internetseite der Stadt Murrhardt *www.murrhardt.de.*

Alte Kelter – Haus der Kultur und der Weine

Die Alte Kelter war nur etwas mehr als 30 Jahre – bis zum Bau der neuen Fellbacher Genossenschaftskelter 1939 – in ihrer ursprünglichen Funktion in Betrieb. Seit dem Jahr 2000 beherbergt Fellbachs Alte Kelter das „Haus der Kultur und der Weine", eine Begegnungs- und Veranstaltungsstätte mit besonderem und unverwechselbarem Flair. Im Jahr 2001 fand in den Hallen die 8. Triennale Kleinplastik statt. Auch als Ort für Ausstellungen und Messen bietet sich die Alte Kelter an und wird in dieser Funktion auch gerne benutzt. Das Stadtmuseum und -archiv Fellbach zeigt in der Alten Kelter eine Dauerausstellung zum Weinbau in Fellbach.

Außerdem betreibt der Verkehrsverein Remstal-Route in der Alten Kelter ein zentrales „Haus der Weine". 23 Weinbaubetriebe bieten dort rund 150 verschiedene Remstäler Weine an, die verkostet werden können. Es können Weinbergbegehungen und Kelterbesichtigungen gebucht sowie Weinseminare besucht werden. Weitere Informationen *www.fellbach.de.*

Weinkellereien im Rems-Murr-Kreis

In der Remstalkellerei in Weinstadt-Beutelsbach kann man die Vielfalt der Weine das Rems-Murr-Kreises entdecken und erleben. Im größten Holzfasskeller Süddeutschlands kann man 99 große Eichenholzfässer besichtigen. Beeindruckend sind auch Europas modernernste Abfüllanlagen. Neben Rundgängen durch die Kellerei sind auch die Weinberge einen Besuch wert, hierbei gibt es weitere Hinweise zum An- und Ausbau der Weine. Weinproben werden ebenfalls angeboten. Termine für Führungen und Weinproben sowie Hinweise auf Veranstaltungen gibt es auf der Internetseite der Kellerei *www.remstalkellerei.de* oder unter *Tel. 07151 6908-16 (-36)*. Die Fellbacher Weingärtnerei hat sich die authentische Erzeugung von Wein mit höchster Qualität zum Ziel gesetzt. Die Fellbacher Weingärtner laden zu Weinproben mit Kellerführung und Imbiss ein. Hierbei lässt sich der Weg der Traube durch den Keller verfolgen. Man erfährt dabei viel Interessantes und Vergnügliches zum Thema Wein. Informationen unter *www.fellbacherweine.de* oder *Tel. 0711 578803-13*. Viele namhafte private Weinkellerein laden ebenfalls zu Weinverkostungen und Kellerführungen ein.

Fachwerkführung durch Schorndorf
Schorndorf liegt an der deutschen Fachwerkstraße, die komplette Altstadt steht unter Denkmalschutz. Grund hierfür sind die zahlreichen herausragenden Fachwerkhäuser. Gerade der Marktplatz gehört zu den schönsten Fachwerkkulis-

sen Süddeutschlands. In Fachwerkführungen können sich Gäste über die Bauweise informieren und erfahren Wissenswertes über architektonische Besonderheiten. Termine und Informationen zu den Stadtführungen finden sich unter *www. schorndorf.de*.

Deutsche Fachwerkstraße
Seit 2002 ist Waiblingen in der Arbeitsgruppe „Deut-

sche Fachwerk-Straße" aktiv. An der 360 km langen Strecke liegen zahlreiche malerische Orte, die sich durch ihr Fachwerk auszeichnen. Allein in Waiblingens Kernstadt befinden sich 120 Kulturdenkmäler. Viele davon sind in den letzten Jahren aufwändig restauriert worden. Unter *www.waiblingen.de* gibt es Informationen zur Fachwerkstraße und zu Führungen.

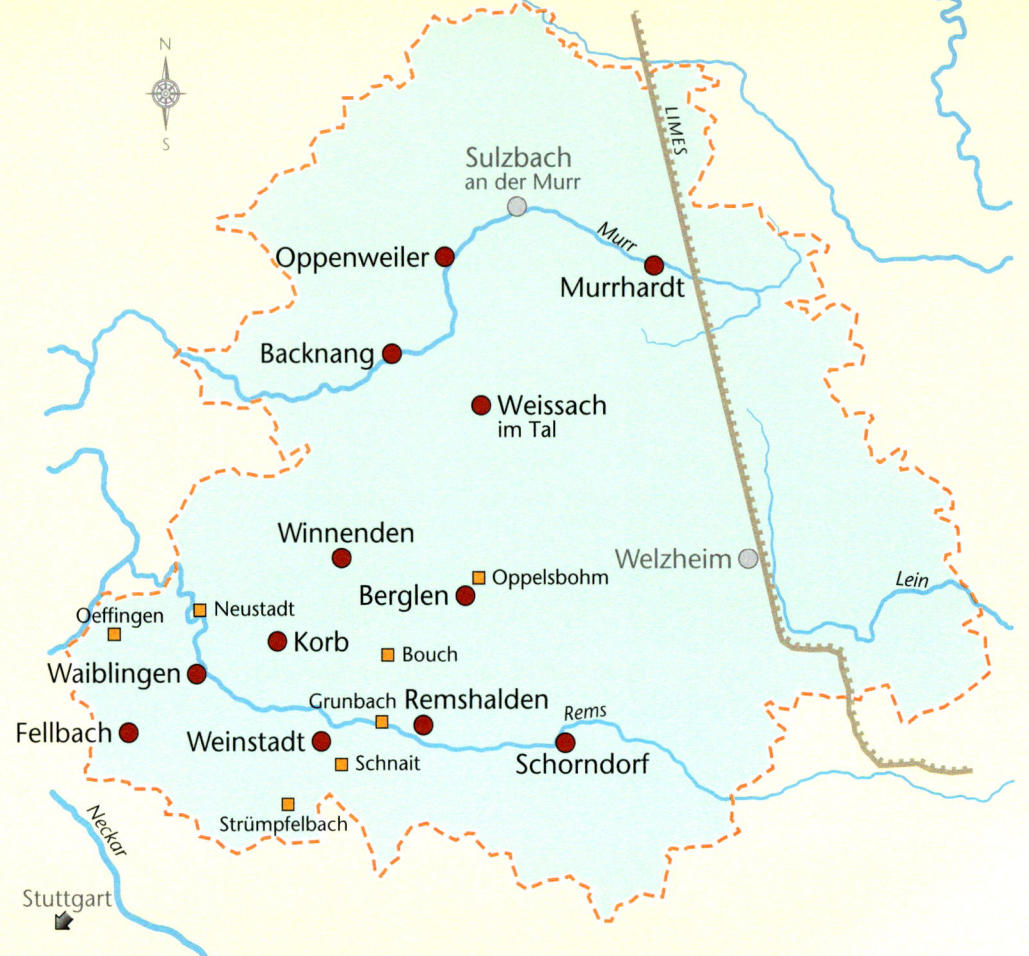

Kunst- und Kulturerlebnisse

Museumsrundgänge

Der Rems-Murr-Kreis bietet mit über 50 verschiedenen Museen, Galerien und Sammlungen eine außerordentlich vielfältige Museumslandschaft. Sie besteht aus größeren und kleineren, kommunal getragenen und privaten Einrichtungen. Wer Museen auch als Erlebnisorte begreift, kann hier auf eine spannende Reise gehen.

Die Mehrzahl der Museen im Rems-Murr-Kreis sind Geschichtsmuseen. Sie machen die Lebenswelt der Städte und Gemeinden erkennbar und nach-vollziehbar, vermitteln Geschichtsbewusstsein. Sie erschließen dem heutigen Betrachter, aber vor allen Dingen den künftigen Generationen in ausdrucksvoller Form Geschichte, die Vergangenheit, die Heimat. Die Inhalte beziehen sich auf die Lebensstile und bürgerliche Kultur, die Geschichte der dort lebenden Menschen, ihre Umwelt und Heimat in der Region Rems-Murr-Kreis. Sind die größeren Museen in den Städten hauptamtlich besetzt, so werden die vielen kleineren und von Gemeinden getragenen Museen meist ehrenamtlich geführt.

Murrhardt,
Kunsthalle

Es kommt einem illustren Spaziergang in die Vergangenheit gleich, verlässt man einmal die große Verkehrsader des Remstals, die B 29, und schwenkt in Weinstadt in das kleine Seitental nach Schnait, um dort das Silcher-Museum zu besuchen. In hervorragender Manier erschließen sich dem Besucher dort in 14 ausgesprochen gut gestalteten Stationen das Leben und Wirken Friedrich Silchers. Seine Zeit wird wach, steht man vor seinem Schreibtisch aus Tübinger Zeit. Die Feder liegt griffbereit vor dem Tintenfass und irgendwo daneben kann man auch noch seine Notenlinienfeder entdecken.

Eine andere Reise in die Vergangenheit führt dorthin, wo in den so genannten Berglen drei Tälchen zusammentreffen. Da liegt Oppelsbohm, Hauptort der Gemeinde Berglen. Schon die geografische Lage dieser Landterrasse über dem Remstal lädt zum Verweilen ein. Dort im Museum kann man sie finden, die kleinen „Regenbogenschüsselchen". Diese goldenen, aus keltischer Zeit stammenden Münzen sind wohl die ältesten geprägten Münzen. Sie geben bis heute aber viele ihrer Rätsel noch nicht preis. Ihr Name wurde vom Volksglauben geprägt, der sich um diese kleinen Fundstücke rankt. Paracelsus nannte sie Sonnen- oder Regenbogensamen und der Volksglaube erzählt, dass es das vom Regenbogen abgetropfte Gold sei, das nur Glückskinder am Ende eines Regenbogens finden können. Und noch immer haben Glückskinder hier in den Berglen eine Chance ...

Ein besonderes Vergnügen verspricht die Galerie für Kunst und Technik in Schorndorf. Gottlieb Daimler ist sicher der bekannteste Schorndorfer. Er und seine Erfindungen stehen hier im Mittelpunkt. Moderne Medientechnik erlaubt es dem Besucher, eine Zeitreise in die Welt des Erfinders zu erleben. Eine interaktive Drehscheibe vermittelt Details der hier ausgestellten Fahrzeuge und darüber hinaus erfährt der aktive Besucher etwas über die eigenen Kräfte und die eigene Beschleunigung mittels „Pedalo". Ein interaktives Museum für aktive Besucher.

Wie ein Ensemble aus einem Freilichtmuseum steht es in der Brüdener Straße in Weissach im Tal: das Wohnstallhaus oder Eindachhaus mit Bauerngärtle, wie es für diese Gegend üblich war. Geht man durch die Haustüre, so betritt man eine kleinbäuerliche Welt, wie sie über Jahrhunderte gelebt wurde. Gleich einer Entdeckungsreise lässt sich das Haus über Backstube, Werkstatt, Stube und Kammern bis unter das Dach und den Garten begehen.

Ein Museum in Familienbesitz ist das Carl-Schweizer-Museum in Murrhardt. Die naturkundliche Sammlung

seit Mitte des 19. Jahrhunderts entwickelte. Ein besonderer Hingucker wird die Station um den Flugzeugpionier Ernst Heinkel sein. Er ist ein Sohn des Remstals, ein Sohn Grunbachs. Nach akribischer Forschung wird sein Werk und die wechselvolle, vom Dritten Reich beeinflusste Geschichte seines Lebens und Wirkens aufgeblättert.

Galerie Stihl und Kunstschule am Remsufer in Waiblingen

Sie kommen einfach anders daher. Wie zwei überdimensionale, vom Wasser der Rems feinst geschliffene und schließlich ans liebliche Ufer des Remsbogens gespülte Kiesel liegen sie – tags grünlich schimmernd, nachts sanft leuchtend – nebeneinander, die zwei neuen funktionalen Bauwerke des Kulturzentrums in Waiblingen: Galerie Stihl und Kunstschule.

Mit diesen beiden Gebäuden wurde die Struktur der dichtbebauten Waiblinger Altstadt an traditioneller wie prominenter Remsuferstelle zeitgenössisch geschlossen. Standen doch hier „auf dem Kies" bereits seit „unvordenklichen Zeiten" traditionell Mühlen, die im Alltag der Bürger Waiblingens eine nicht geringe Rolle spielten. Wie die 1876 zuletzt erbaute Kunstmühle des G. Häcker, die nach zeitgenössischer Auffassung des 19. Jahrhunderts den Wortteil „Kunst" in sich trug. Diese Bezeichnung bedeutet nichts anderes als im weitesten Sinne jede weiter entwickelte Tätigkeit, die sich auf Wissen, Erkennen, Fertigkeit und Einsicht

präsentiert in ansprechenden Dioramen eine beeindruckende Tierwelt. Etwa 2000 Säugetiere und Vögel aller Gattungen Mitteleuropas werden hier präsentiert. Das Sammlungsgebiet des Schweizer Museums ist immens groß. Auch regionalgeschichtliche Themen, beginnend mit der Römerzeit, werden dort eindrucksvoll gezeigt.

Seit 2008 hat der Rems-Murr-Kreis mit der Galerie Stihl in Waiblingen als Kunstgalerie regional wie auch überregional einen würdigen Repräsentanten in der Reihe der Kunstmuseen.

Die Museumslandschaft ist ständig im Wandel. Durch neu entstehende Museen, Sammlungen und Sonderausstellungen werden Themen aus Vergangenheit und Gegenwart immer wieder erschlossen und beleuchtet. So entstand in einem dafür umgestalteten Kelternensemble im Ortsteil Grunbach der Gemeinde Remshalden das neue Museum Remshalden Heimat-Wirtschaft-Heinkel. Der erste Bauabschnitt wird in fachkundiger Präsentation die Wirtschaftsgeschichte aufrollen, wie sie sich, typisch für den Raum „mittleres Remstal", explizit

gründet. Kunst ist Kulturprodukt und die Folge kreativer Prozesse: Ob sich „Kunst" in der fortgeschrittenen Technik einer Mühle oder in den Ergebnissen einer Kunstschule niederschlägt, ist wort-(sinn-)betrachtend unerheblich.

Wendet man sich zur Stadt hin, so stehen diese „Remskiesel" mit ihrer aus Industrieglas gefertigten Außenhülle in sowohl attraktivem wie auch spannendem Kontext mit dem wohl ältesten Gebäude der Stadt, dem Stadtmuseum Waiblingen, und der nahen historischen Stadtmauer.

In diesem neuen Kulturzentrum Waiblingens ist vieles ganz einzigartig. So muss man schon weit gehen, um diese ideale, sich gegenseitig ergänzende und belebende Kombination „Kunstschule und Kunstgalerie" zu erfahren. Hinzu kommt die in Waiblingen bereits traditionelle Ausstellungsmöglichkeit für Begleitschauen im Kameralamtskeller hinzu. Dieser Dreiklang hat sich erstmals innerhalb

der Auftaktschau „Reisen mit William Turner" positiv gezeigt.

Die Galerie Stihl wurde nicht geschaffen, um eine stadteigene Sammlung aufzunehmen, vielmehr legt sich die Konzeption darauf fest, alle Spielarten der „Arbeiten auf Papier – Kunst auf Papier" hier zu positionieren. Dabei kann es sich um ganz klassische Arbeiten genau so handeln wie um erste Skizzen festgehaltener Gedankensplitter und Entwürfe von Grafikern, Architekten oder Designern. Werke direkt vom Kopf/Bauch auf das Papier also – Entstehungsstufen. In der Konsequenz eröffnet sich damit ein sehr weiter Bogen von aufschlussreichen Möglichkeiten.

Die Kunstschule ist ein eigenständiger Kunstbetrieb wie die Galerie. Im ihrem Konzept liegt die Betonung auf Schulung ganzheitlicher Wahrnehmung und Ausdrucksfähigkeit auf den Gebieten Bildende Kunst, Tanz und Theater. Das Spektrum der angebotenen Kurse, Workshops, Projekte und

Waiblingen,
Galerie Stihl und
Kunstschule

Aktionen ist breit. Als Kompetenzzentrum für Kunst, Kultur und Kreativität sucht sie beständig neu die Kooperation und Innovation. Besondere Kooperationspartner sind Kindergärten und Schulen, Einrichtungen der Jugendarbeit und andere Bildungseinrichtungen. Das Zusammentreffen von Kindern, Jugendlichen und Erwachsenen soll generationsübergreifend Diskussionsprozesse fördern.

Darüber hinaus geht die Kunstvermittlung der Kunstschule aber auch auf die Themenschwerpunkte und Ausstellungen der Galerie Stihl ein. Kurse, Führungen und Begleitveranstaltungen machen das kompetente Zusammenspiel zwischen beiden Häusern deutlich.

Atelierbesuche

Im Rems-Murr-Kreis hat sich in den letzten Jahren und Jahrzehnten unabhängig von der nahen Großstadt Stuttgart eine beachtliche und vielfältige Kunstszene entwickelt. Einige dieser Künstlerinnen und Künstler haben wir für dieses Buch in ihren Ateliers besucht, um sie hier vorzustellen.

Peter Haussmann

Jahrgang 1952, hat sein Atelier in der ehemaligen Werkhalle einer Lederfabrik in Backnang. Bekannt ist der Künstler einer breiten Öffentlichkeit durch seine großen Stahlskulpturen, meist kombiniert mit Elementen aus Holz, Stein oder wie bei dem seit den Landeskunstwochen 1995 in der Waiblinger Talaue aufgestellten „Stahltisch, mit Erdschollen bedeckt" eben auch mit Erde. Die meisten seiner Objekte sind durch Materialbeschaffenheit und Konstruktion so geschaffen, dass sie einem stetigen Prozess der Veränderung unterworfen sind. Dies ist ein wesentlicher Bestandteil von Peter Haussmanns Arbeiten.

Ein weiterer Schwerpunkt seines künstlerischen Schaffens sind seine Grabobjekte, die weit über die Beliebigkeit herkömmlicher Grabmale hinausgehen. Materialien und Formen führen zu einem Ausdruck und zu einer Aussage, die der Individualität der Verstorbenen entsprechen und sich als derer würdig erweisen. Eine konsequente Fortführung dieser der Persönlichkeit dienenden Ausdrucksweise sind Skulpturen, die schon zu Lebzeiten geschaffen und erworben werden. So können sich die jeweiligen Besitzer an ihnen erfreuen und nach dem Tod werden sie dann als Relikte der Erinnerung auf deren Grab aufgestellt.

Gerhard Hetzel

Jahrgang 1935, kann man als einen der Waiblinger Altmeister bezeichnen. Er ist ein kritischer Beobachter der Zeit und der Gegend, in der er lebt. Für seine Bildthematiken benützt er zwar

realistische Mittel; er setzt sie aber so zusammen, dass sie symbolische Wertigkeiten erhalten, die weit über die reine Realitätsschilderung hinausgehen. Seine Bilder und Grafiken sind vieldeutig und enthalten verdeckte Botschaften, die genauen Hinsehens bedürfen und somit das Sehen zum assoziativen Denken anregen und auffordern. Seine Darstellungen sind ohne seine unmittelbare Umgebung nicht denkbar, sie interpretieren das Herbe unserer Region, kritisieren das Abkapseln, das Verklemmte und das Lustlose. Er trifft mit viel Ironie, Spitzfindigkeit und einem gewissen Biss haargenau die Volksseele und die Schwächen von uns allen. Sein Atelier hat er in einem alten Lebensmittelladen in Korb, es ist nicht nur Arbeitsort, sondern steckt voller Sammelobjekte an Alltagsgegenständen, die er in seinen Bildern aufnimmt.

Ada Isensee

Jahrgang 1944, hat sich zum Leitmotiv ihrer künstlerischen Arbeit die Auslotung der geistig-seelischen Dimensionen der menschlichen Existenz gemacht. Ursprünglich hat sie

Ada Isensee lebt und arbeitet in Remshalden-Buoch, das aufgrund seiner exponierten Lage hoch über dem Remstal ein beliebter Ausflugsort ist, der bis zurück ins 19. Jahrhundert immer wieder auch Wohnsitz von Dichtern und Malern war. Diese Tradition dokumentiert vor Ort das kleine, aber sehenswerte Museum Hirsch.

Heiner Lucas

Jahrgang 1944, lebt seit 1983 in Murrhardt. Seine ausdrucksstarken Bilder sind eine Verbindung von Stillleben, Selbstporträt und Bildzitaten der Kunstgeschichte. Umgebung und Landschaft werden in Spiegelungen und Metaphern der Welt verwoben. Letztendlich sind sie eine Auseinandersetzung mit der Geschichte, Religion und heutigen Weltsituation. Die Darstellung in starken Farben fordert

hauptsächlich gezeichnet und radiert. Dabei sind auch große Zeichenzyklen entstanden, die zu bibliophilen Künstlerbüchern wurden. Heute liegt ihr Schwerpunkt beim Material Glas, bei dem die Lichtdurchlässigkeit ihrer inhaltlichen Absicht entgegenkommt. In ihren meditativen Bildern versucht sie die Transparenz des Glases in eine Transzendenz zu verwandeln. Ihre eindrucksvollen und intensiven Bilder gestaltet sie sowohl in Einzelscheiben als auch architekturgebunden in Kirchen, anderen öffentlichen Gebäuden und Privathäusern.

heraus, erschließt neue Dimensionen, kann aber auch meditative Stille vermitteln und feinsinnige, fast romantische Elemente enthalten. Deshalb sind seine Gemälde nur schwer einer Stilrichtung zuzuordnen und fordern vom Betrachter Zeit und Konzentration, um alle Nuancen wahrzunehmen und zu entdecken.

Heiner Lucas ist auch in der Städtischen Kunstsammlung Murrhardt vertreten, einer der wichtigsten Sammlungen im Rems-Murr-Kreis. Sie will Werke aller in Murrhardt geborenen oder mit der Stadt in enger Verbindung stehenden Künstler öffentlich präsentieren und soll zeigen, wie viele und verschiedenartige Künstler in Vergangenheit und Gegenwart durch die Stadt und ihre landschaftlich schöne Umgebung angezogen und inspiriert wurden und werden. Neben Heinrich von Zügel (1850-1941) ist Reinhold Nägele (1894-1972) der bedeutendste Murrhardter Künstler. Von ihm stammt auch die Idee, eine Ausstellungsmöglichkeit für alle Murrhardter Künstler zuschaffen, die im Jahr 1969 anlässlich seines 85. Geburtstages ins Leben gerufen wurde.

Christoph Traub

Jahrgang 1964, ist einer der renommiertesten Bildhauer im Rems-Murr-Kreis. Sein Werkstoff ist der Stein und er spürt, wie die Waiblinger Kreiszeitung einmal schrieb, der menschlichen Anatomie nach, macht das ohne Respekt, komprimiert, perforiert und abstrahiert auf grob geometrische Weise die Körper, die nichts Heiles oder Heldenhaftes mehr haben, sondern einen ganz spezifischen Witz in der Darstellung. In seinem Atelier in

Schorndorf ist Christoph Traub immer weniger anzutreffen, da er zunehmend gefragt ist bei Bildhauersymposien in aller Welt.

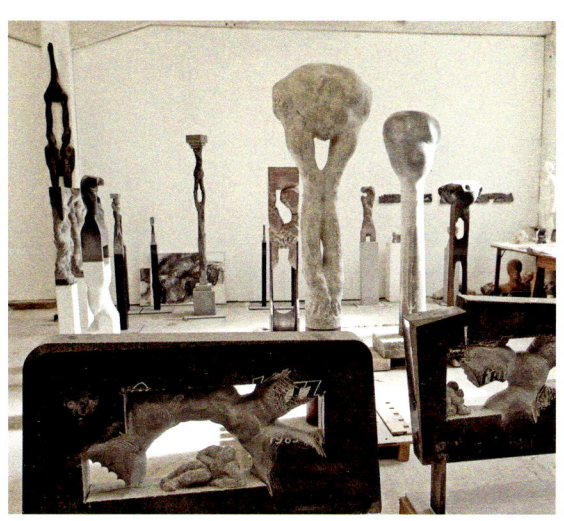

Seine Thematik ist der Mensch mit seinen existenziellen und philosophischen Fragen. Welker ist derzeit Leiter der Regionalgruppe des Verbandes Bildender Künstler und Künstlerinnen Württembergs.

Die Künstlerfamilie Nuss

Im beindruckenden Fachwerkdorf Weinstadt-Strümpfelbach hat die Künstlerfamilie Nuss allerorten Spuren hinterlassen, die sich als Ganzes zu einem faszinierenden Miteinander von Kunst, Kultur und Natur zusammenfügen. Triebfeder dieser Entwicklung ist Karl-Ulrich Nuss (Jahrgang 1943), der seit beinahe vier Jahrzehnten als freischaffender Bildhauer in Strümpfelbach tätig ist und ein umfangreiches Werk an Skulpturen geschaffen hat. Mit Vorliebe formt er dabei lebensgroße Skulpturen aus Bronze, die gut zweieinhalb Zentner wiegen. Nachdem sein Garten dafür längst nicht mehr ausreicht, nutzt der Künstler die hügelige Weinbaulandschaft um Strümpfelbach als natürlichen Ausstellungsraum.

Im Jahr 2001 hat er einen Skulpturenpfad in den Weinbergen oberhalb seines Hauses eingerichtet, der heute 39 Werke aus Bronze und Stein umfasst. Dabei hat er auch Figuren seines Vaters Fritz Nuss (1907–1999) und dessen Enkels Christoph Traub miteinbezogen und so drei Künstlergenerationen einer Familie vereint. Diese Kunst lebt dabei im Wechsel der Jahres- und Tageszeiten, dem Spiel des Wetters und der Vielfalt der Perspektiven und Ansichten.

Jan Welker

Jahrgang 1964, hat sein Atelier mit eigener Galerie in Waiblingen-Neustadt in einem alten Bauernhaus. Sein Schwerpunkt ist die Malerei, bei der er in expressiver Weise ein breites Spektrum von konkreter Darstellung über reduzierte Figürlichkeit bis hin zu abstrakten Werken abdeckt. Digitale Medien bezieht er wie selbstverständlich in sein Kunstschaffen ein.

Im Jahr 2008 wurde das „Freilichtmuseum" rund um Strümpfelbach durch eine Skulpturenallee am Naturfreundehaus erweitert. Sie liegt an der Hangkante mit prächtiger Aussicht über das untere Remstal und im Gegensatz zum Skulpturenpfad nicht in den Weinbergen, sondern in den Obstwiesen und Ackerflächen eines Nordhangs. Nachdem am Skulpturenpfad hauptsächlich Einzelfiguren zu sehen sind, zeigt die Skulpturenallee Figurengruppen, die durch die Art ihres Zueinander mit Witz und Ironie gesellschaftliche und individuelle menschliche Beziehungen deutlich machen.

Auch im Dorf selbst finden sich weitere Kunstwerke von Vater und Sohn Nuss. So am Startpunkt des Skulpturenweges an der Hauptstraße, dann ortseinwärts vor dem Theater an der Linde, gegenüber der Sparkasse, am Eingang und im Hof des Weingutes Kuhnle und am Rathaus. Abschluss dieses Künstlerweges ist die Strümpfelbacher Kirche mit

einer von Karl-Ulrich Nuss gestalteten Bronzetür und im Inneren dem von Fritz Nuss gestalteten Taufsteindeckel. Fritz Nuss war es auch, der 1943 wegen der Kriegswirren von Stuttgart ins beschauliche Strümpfelbach zog, seinem dann bleibenden Wohnsitz, der ihn bis ans Lebensende prägte. Eines seiner Hauptwerke, der Rems-Murr-Brunnen, steht vor dem Landratsamt in Waiblingen. Nuss hat ihn 1984 als damals 76-Jähriger zur Eröffnung des Erweiterungsbaus geschaffen und in ihn viele seiner Lebenserfahrungen eingebracht. Die Figuren und Abbildungen am Ring des Brunnens erzählen in vielfältiger Symbolik vom Rems-Murr-Kreis und seinen Menschen. Übrigens hatte Nuss bereits 1958 zur Eröffnung des Hauptbaus des Landratsamtes ein Relief geschaffen, das noch heute das damalige Foyer ziert. Fritz Nuss war jedoch nicht nur als Kunstschaffender tätig, sondern sammelte zeitlebens auch die Bilder seiner Malerfreunde und Kollegen, anfangs

Weinstadt-Strümpfelbach, Skulpturenpfad

oft auch im Tausch gegen eigene Arbeiten. Sein Sohn Karl-Ulrich Nuss hat dies fortgeführt, woraus im Lauf der Jahre eine beeindruckende Sammlung entstand, die einen Überblick vom schwäbischen Impressionismus am Ende des 19. Jahrhunderts bis zu den Darstellungen des expressiven Realismus und der klassischen Moderne bietet. Er hat auch die Sammlung im Museum Nuss, ebenfalls in Strümpfelbach, seit einigen Jahren in wechselnden Ausstellungen in einem alten Weingärtnerhaus der Öffentlichkeit zugänglich gemacht.

Wege zur Kunst und Kultur

Im Rems-Murr-Kreis gibt es auf historischen und künstlerischen Wegen viel Interessantes zu Fuß zu entdecken. In den letzten Jahren sind im Kreisgebiet etliche ambitionierte Wege entstanden, die Kunst und Kultur mit Natur und Besinnung verknüpfen und so zu neuen Sichtweisen beitragen wollen.

Besinnungsweg

Ein besonderes Projekt in dieser Hinsicht ist der Besinnungsweg in Fellbach-Oeffingen, der versucht, existentielle Fragen mit künstlerischen Mitteln zu beantworten. Ausgehend von der alten Oeffinger Feldkapelle „Heilig Kreuz" führt er unter dem Motto „Menschen auf dem Weg" am nördlichen Rand Fellbachs durch Felder, Wiesen und Wald und ist auf 12 Stationen angelegt. Im Unterschied zu üblichen Skulpturenwegen werden die Kunstwerke hier unter bestimmten Themenstellungen extra für den Besinnungsweg geschaffen und die umliegende Landschaft in die Gestaltung mit einbezogen. Zitate aus der Literatur und der Bibel verdeutlichen die Botschaft der Kunstwerke. Seit 2001 wurden von namhaften Künstlern vier Stationen zu den Themen Zeit, Gott/Transzendenz, Geborgenheit/Vertrauen und Schöpfung verwirklicht. Angestrebt wird dabei die Schaffung eines Erfahrungsraumes jenseits der alltäglichen Hektik und doch gleichsam mitten im Leben.

Köpfe am Korber Kopf

Ganz anderer Art ist der Rundweg „Köpfe am Korber Kopf", der jährlich wechselnd jeweils 10 Skulpturen zum Thema Kopf zeigt, die sich jedoch in Material, Ausführung und Form deutlich unterscheiden. An einem der schönsten Aussichtswege im Remstal hoch über den Korber Weinbergen kann so Kunst einmal mehr außerhalb der Museumsmauern im Wechsel der Jahreszeiten erlebt werden.

Kunst in Schorndorf

Moderne Kunst in einer historischen Altstadt ist in Schorndorf zu erleben und gibt dem Stadtraum dort ganz neue Akzente. 39 Kunstwerke sind zum Schorndorfer Skulpturen-Rundgang verknüpft. Keine andere Stadt im Rems-Murr-Kreis und wohl auch nicht in der Region verfügt über eine derartige Skulpturensammlung im öffentlichen Raum. Die Werke sind bei zwei Bildhauersymposien 1987 und 1997 entstanden, zusätzlich sind in der Zwischenzeit weitere Werke hinzugekommen. Auch wenn diese anfangs manchmal zu kontroversen Diskussionen führten, wie z. B. der Brunnen

von Jürgen Götz vor der Stadtkirche, so sind sie inzwischen aus der Stadt nicht mehr wegzudenken und geben ihr ein unverwechselbares Profil.

Der Jakobsweg

Rund 2500 Kilometer trennen den Rems-Murr-Kreis von Santiago de Compostela in Spanien, dem Zielort aller Jakobspilger. Trotz dieser großen Entfernung verbindet beide Orte ein historischer Weg, auf welchem Schnelligkeit und Erreichbarkeit keine Rolle spielen: der Jakobsweg. Mitten durch den Landkreis verläuft mit der Etappe von Rothenburg ob der Tauber nach Rottenburg am Neckar eine historisch und touristisch bedeutsame Route im Netz der europäischen Jakobswege.
Die Jakobuskirche in Oppenweiler und der Jakobus-Hochaltar der Schlosskirche Winnenden sind nur zwei der Stationen im Landkreis. Der Weg verläuft über Murrhardt, Sulzbach, Oppenweiler, Weissach im Tal, Allmersbach im Tal, Berglen, Winnenden, Korb, Weinstadt und Kernen im Remstal nach Esslingen und Rottenburg am Neckar. Die Strecke im Rems-Murr-Kreis wurde 2004 durch ein ökumenisches Jakobsweg-Team komplett neu ausgeschildert. Mythen, Legenden und geschichtliche Besonderheiten ranken sich um den Weg. Die bekannteste Legende ist das so genannte „Hühnerwunder", das sich in einem kleinen Ort in Spanien ereignete. Er heißt Santo Domingo de la Calzada, liegt direkt am Jakobsweg, und ist die Partnerstadt von Winnenden. Das Jakobswunder ist in der Schlosskirche Winnenden eindrucksvoll dargestellt.

Mit freundlicher Unterstützung durch die **SWN** Kreissparkasse Waiblingen

Herausgeber	Landratsamt Rems-Murr-Kreis
Konzeption	Pressestelle Rems-Murr-Kreis

Autorenverzeichnis

Blicke ins Land hinaus ...	Reinhard Wolf
UNESCO Welterbe Limes	Dr. Andreas Thiel
Wirtschafts- und Sozialgeschichte und	
Kunst - und Kulturerlebnisse	Dr. Michael Vogt
Wilhelmine Canz und Anna Haag	Renate Winkelbach
Die Wieslaufbahn, die Wieslauftalbahn und	
Schwäbische Waldbahn	Albrecht Ebinger
Mühlen	Barbara Schunter und Eberhard Bohn
Leben und Überleben in der Geschichte und	
Auf den Spuren großer Herrscherhäuser	Dr. Uwe Heckert
Burgen und Schlösser	Dr. Georg F. Kempter
Sakrale Kunst im Rems-Murr-Kreis und	
Hervorragende Fachwerklandschaft	Dr. Julius Fekete
Fotografie	Gerhard Neusser

(außer: Seite 12: Reinhard Wolf; Seite 32: Carl-Schweizer-Museum, Murrhardt;
Seite 51: Archiv Heimat- und Kulturverein Backnang; Seite 57: Albrecht Ebinger;
Seite 69, Zeichnung: Gottfried Bäuerle; Seite 130: Dr. Julius Fekete)

Bibliografische Information der Deutschen Nationalbibliothek
Die Deutsche Nationalbibliothek verzeichnet diese Publikation in der
Deutschen Nationalbibliografie; detaillierte bibliografische Daten
sind im Internet über http://dnb.d-nb.de abrufbar.

Umschlaggestaltung: Stefan Schmid Design, Stuttgart, unter Verwendung
von Aufnahmen von Gerhard Neusser

Kartografie: Peter Palm, Berlin

© 2009 Konrad Theiss Verlag GmbH, Stuttgart
Alle Rechte vorbehalten
Redaktion: Margarete Seibold, Pressestelle
Lektorat: Barbara Buchter, Neuenbürg
Satz und Gestaltung: Ronald Parusel, Sigmaringen
Reproduktion: digigra4, Fellbach
Druck und Bindung: Firmengruppe APPL, aprinta druck, Wemding
ISBN 978-3-8062-2256-2